JN034589

国際社会において、名誉ある地位を占めたいと思ふ

藤井宏昭

細谷雄一/白鳥潤一郎/山本みずき 編

藤井宏昭外交回想録

We Desire to Occupy an Honored Place in an International Society

吉田書店

はしがき

世界は今、大きな変革の時を迎えている。

人々が長く慣れ親しんだ戦後の体制は、終わりの始まりを迎えている。

これからの時代に日本は、何を目指し、どのような立ち位置で生きてゆくのか。

外交が日本の命運を左右する時代が、再びやってきたと思う。「再び」というのは、第二次世界大戦に至る過程で、日本は世界情勢についての認識を誤り、外交でも失敗したからだ。私は、日本が敗戦の屈辱にまみれ、国土が焦土と化した時代を生きてきた。外務省に入省してからも、日本国憲法の前文にある、「国際社会において、名誉ある地位を占めたいと思ふ」という一節が、常に念頭にあった。

「名誉ある地位」にあるとは、他国の上に立つのではなく、世界の人々が「世界にとって日本という国があって良かった」と思ってくれることであると、私は考えている。これからの外交のためには政治家、官僚、学者、ジャーナリスト、シンクタンクの専門家のみならず、さまざまな立場にある人々が深い議論を繰り広げることが、ますます重要になってくる。

外交史研究者の細谷雄一慶應義塾大学教授と会話をする中で、回想を残しておこうと考えるに至った。この一冊の本は、細谷雄一氏、白鳥潤一郎放送大学准教授などによる八回にわたるインタビューを基に、構成したものである。本書が、外交に関する議論に、いささかでもお役に立てば望外の喜びである。そのため、できるだけ説明やエピソードなどを多く加えて、平明さを出すように努めた。

一外交官として、あくまでも脇役、裏方であった私は、日米安保条約の調印式、日中国交正常化、昭和天皇の御大葬といった重要な行事に、たまたま立ち会うことができた。第九章に詳述するように、私が外務省に在勤していた頃は、日本の良き時代であったと思う。日本に対する深刻な安全保障上の脅威はほとんどなく、日本は経済大国への道を上り詰めていった。大使を務めていた頃は、私の実力ではなく、日本の大使という重みで活動ができたのだと思う。だが、これからの時代においては、従来以上に知恵を出し合うことが求められるであろう。

私は、本書の中で事実を歪めたつもりは一切なかったが、外交は多くの人々の共同作業であり、同じ事柄でも関係者の立場によって違う見方もあり得るし、思い違いもあるかもしれない。その際は、お許しいただきたい。

ここに改めて、本書の刊行にあたって力添えと貴重なアドバイスをいただいた細谷雄一教授と白鳥潤一郎准教授、慶應義塾大学大学院の山本みずきさん、そして編集をご担当いただき細部に至るまでご指摘をくださった吉田書店の吉田真也氏に、心より御礼を申し上げたいと思う。また、外務省外交史料館の関係者にも御礼を述べたい。

二〇二〇年二月

藤井　宏昭

目次

第四章　深化する日米関係 ―― 085

第八章　日本文化の発信　253

＊本文中における部署名、役職、肩書などは原則として当時のものである。
＊本文掲載の写真は、特記したものを除き筆者所蔵のものを使用している。

第一章　外務省入省まで

一　生い立ち

二・二六事件の記憶

物心ついて最初の忘れ得ぬ記憶は二・二六事件である。記憶といっても幼い私は父母や周囲の人々から聞いたことが主である。私は昭和八（一九三三）年、東京の三宅坂で生まれた。父は民間療法の創始者であったが、政財界、各国大使等に親しい方々が多かった。生家のあったところには今では国会図書館が建っている。ちょうど同館が三宅坂に面した角のところで、当時道をへだてて陸軍省があり、三宅坂の広場と皇居のお濠が見渡せる場所にあった。

昭和一一（一九三六）年二月二六日の未明、天皇親政の政治を目指した青年将校が決起した。歩兵第一連隊（赤坂）、同第三連隊（六本木）等、総勢約千五百名の将兵が首相官邸及び元老重臣等を襲撃し、国会議事堂周辺一帯を占拠した。おおむね二十代の青年将校達は皇道派と呼ばれた軍人達を首班とする政権を打ち立てようとしていた。一時はこれが成功するかにも見えたが、昭和天皇御自身が反徒を討伐するとの強い御意志を示され、陸軍首脳部も天皇の命令（奉勅命令）を遂行することとなっ

5歳の頃の筆者

た。

家の前の道路に反乱軍の一部が陣取った。私の家に当時いた書生が残した記録がある。それによると、父は青年将校や彼らに率いられた兵士達に同情し、彼らを門長屋に招き入れ、食べ物や酒をふるまい、また火鉢やストーブを配置した。状況が悪化するなか、母と子供三人だけは反乱軍支配地域から逃れることになった。姉の加藤恭子（上智大学講師の後、ノンフィクション作家）によると、家の門の前には反乱軍の車が待ち、母と子供三人は大玄関から出たが、門までの間の約二十メートルの石畳の両側に兵士が隊列を組み、一将校の「捧げ銃」の号礼の下、銃を上げて見送った由。私達を乗せた反乱軍の車は三宅坂から半蔵門を左に曲がり、ほどなく政府軍の地域に入り、新宿の伊勢丹で私達を降ろし、それから私達は母の友人宅へ向かったそうである。

二月二九日の早朝に至ると、戒厳司令部から「勅命は発せられたのである。既に天皇陛下の御命令が発せられたのである」で始まる、「兵に告ぐ」という帰順勧告の文章がラジオで繰り返し流され、ビラも撒かれた。書生の記録によると、これを聴いた反乱軍は皆動揺しており、やがて一少尉の指揮で全員皇居に向かって捧げ銃を行い、国歌を斉唱したという。

父は皇道派のトップの一人である本庄繁大将や、玄洋社の総帥であった頭山満氏とは大変親しい仲であった。しかし母によれば、反乱軍を助けた動機は政治的なものではなく、青年将校の純な心情にほだされたからだそうである。伝えられるように、東北出身の兵が夜中に忍び泣きをしているので、当直将校がわけを尋ねると、東北の大飢饉で妹が売られたとの知らせが届いたとのこと。財閥、権門との格差を何とかせねばという若者の正義感が当時の多くの国民の心情と通じるものがあったのだと思う。青年将校達は、その年の七月に現在のＮＨＫ放送センターの辺りで銃殺刑に処せられた。

歴史として振り返れば、二・二六事件こそ日本における軍部支配体制を確立し、無謀な戦争へ日本を突入させるもととなった事件であった。この幼少の記憶が「日本はなぜあの無謀な戦争へ突入して行ったのか」という私の一生の疑問に通じる。なお、この二年後に父は他界し、私は母の手一つで育てられた。

戦前・戦後の東京

二・二六事件の翌年、昭和一二（一九三七）年七月七日にはいわゆる盧溝橋事件が起き、日中両軍が戦争状態に入った。世の中は昭和二桁に入った頃から年々、自由な雰囲気やにぎわいが薄れていった。

昭和一四、五年頃までは、私は「ばあや」と呼ばれたお手伝いと一緒に休日には有楽町の日劇地下劇場で「ポパイ」や「テンプルちゃん」（子役時代のハリウッド女優シャーリー・テンプル主演）の映画

頭山満（左から３人目）と筆者（右端）の家族

を観た後、パーラーで銀器に入ったウェハースつきのアイスクリームを食べたりしていた。夏冬の休みには神奈川県の三浦半島にある秋谷の海辺や長野県の蓼科高原の温泉に行った。蓼科では、母の友人で大正三美人の一人といわれた柳原白蓮さんに何回かお会いした。当時すでに御高齢で白髪だったが、子供心に美しい女性だなと思った最初である。

開戦の詔勅を校庭で聞いたのは、番町小学校（当時は国民学校）二年生の時であった。五年生の時には集団疎開で山梨県の富士吉田へ移った。当時すでに食糧事情は悪く、乾パンが常食だった。宿の前に小川が流れており、土地の人が野菜を洗いに来る。洗い終わった後、よく見ると切れ端が沈んでいるので、それを拾って生のまま食べていた。さつま芋は大変な御馳走であったが、生のじゃが芋はひもじい私でも食べられなかった。その後長野県湯田中に疎開した家族に合流し、そこではかぼちゃが主食になった。ほどなく終戦。私は六年生になっていた。その年の秋、神奈川県の逗子に家を借りそこに住んだ。その頃、三宅坂の旧宅へ行った時の光景は忘れられない。国会議事堂以外は陸軍省も参謀本部もドイツ大使館もすべて焼野原で、私の家の跡は雑草で覆われていた。

やがて、高円寺の近くに家を借り移り住んだが、番町小学校に戻ってみると懐かしい顔ぶれにも会えた。「リンゴの歌」を皆が歌っている。焦土の中の日本人には死と圧政の恐怖から解放されたせいだろうか、意外とある種の明るさが漂っていた。この意外な明るさは、社会文化的に言えば山崎正和氏が戦後の混乱期に日本を包んでいたあの熱気は何だったのかと自問し、「戦後復興は昭和一桁文化の復興」であり「戦後の大人たちには「帰るべき場所」が見えていたのだと思う」と述べている通りで、同世代人として私も共感する。同時に、政治では大正デモクラシーの復興があり、終戦の年の一〇月にはかつて外交官であり、協調外交を主導した幣原喜重郎氏が七三歳で総理となった。なお、今日の国会議事堂の荘厳な建物は大正デモクラシーの産物であり、完成したのは二・二六事件と同じ昭和一一（一九三六）年であった。戦後もある時期まで日本一の高さを誇る建築であった。

そして、昭和二二（一九四七）年五月三日に施行された日本国憲法も、その時代の感覚では占領軍によって強制されたというより、解放感とともに明るい未来志向のものとして一般に受け入れられたと思う。批判も多い「前文」ではあるが、少なくともその中の一節「国際社会において、名誉ある地位を占めたいと思ふ」というくだりは私にとって一生の願いとなった。

この戦後の明るさや熱気はやがて時代が復興期から高度成長期に移っても一貫して存続したと思わ

れる。なお、この「明るさ」は近代日本にとって初めてではなかったのではなかろうか。司馬遼太郎が『坂の上の雲』を新聞に連載したのは一九六八年から七二年にかけてであった。高度成長の先がそろそろ見えかくれする時であった。この本の「あとがき」で著者は次のように述べている。「楽天家たちは、そのような時代人としての体質で、前のみを見つめながらあるく。のぼってゆく坂の上の青い天にもし一朶（いちだ）の白い雲がかがやいているとすれば、それのみをみつめて坂をのぼってゆくであろう」。この明治の時代精神はある程度戦後昭和の復興成長期のそれと似通っている。また、明治における日本人の楽天性については「政府も小世帯であり……部分々々の義務と権能をもたされたスタッフたちは世帯が小さいがために思うぞんぶんにはたらき、そのチームをつよくするというただひとつの目的にむかってすすみ、その目的をうたがうことすら知らなかった。この時代のあかるさは、こういう楽天主義（オプティミズム）からきているのであろう」としている。戦後の復興成長期もほぼ類似のことが言えたのだろう。

日本を取り巻く国際環境もあったのではないかと思う。第二次世界大戦後は戦争や紛争もあったが、日本には差し迫った対外的な脅威もなく、世界全体としても基本的には東西冷戦という枠の中でまれに見る安定期が冷戦終結まで続いていた。

二　中学・高校時代

終生の友を得た中高時代

一九四六年、都立一中に入学した。この学校には六年間いたが、途中で日比谷高校と名前が変わった。この六年間は自由奔放な時間であった。中学一、二年の頃は戦災をかろうじて免れた新潮社の『世界文学全集』を片っ端から読み耽り、短時間に哲学者、作曲家、詩人と次々に志望を変え、作家を目指すことに落ち着いた。ボードレールやアルチュール・ランボーを愛読し、オノレ・ド・バルザックに心服して「ヒロアキ・ド・ミヤケザカ」と自称したりしていた。要するに、やっていることは足が地についていないのであった。廃墟になったあと三宅坂に家が再建されたので学校は歩いて一〇分だった。

一中で私は柏原兵三という終生の友を得た。彼と出会ったのは四六年の春、入学直後だった。二人がそれぞれの疎開先から帰京して半年後のことである。はるか後になって、柏原は疎開時代のことについて『長い道』という小説を書いた。それを基にして藤子不二雄Ⓐが『少年時代』という漫画を描いている。さらに一九九〇年にはそれが映画化され、井上陽水の名曲とともに大ヒットした。その映画のラストシーンは、帰京のため疎開先を離れる主人公の汽車を友人が追いかけて行く印象的な場面であった。それから半年後に柏原と私は会ったことになる。柏原と私は二人とも文学を志した。二人は休み時間に学校の屋上で、放課後私の家で、いつも一緒にいた。私について言えば全く噴飯物の一語につきるが、二人ともノーベル文学賞をもらってしまったらどうしようと本人達だけが大真面目に心配したりしていた。

数年後には、佐藤正憲という国語の先生に立派な筆運びで「青年文学会」という看板を書いていただき、家が学校に近かったので、私の部屋の前にこの看板を掲げていた。何人かの同志もいたが、同級生の江頭淳夫君（後の江藤淳）を参加させようとして柏原に引き合わせたものの、どうも二人は馬が合わずとりやめとなった。やがて、自分に才能のないことを悟り、文学からは意識的に離れることとした。柏原や四、五人の仲間達との関係は従来通りで、一晩中語り明かしたことも何度かあった。高校一年生だった一九四九年一〇月一日、国共内戦に勝利した毛沢東が中華人民共和国の建国を宣言した。柏原の自宅で私は中国の地図を広げ、中国がこれからいかに強くなってゆくかを熱心に説いていたことを思い出す。

私達は他の仲間と一緒に南アルプスの北限に近い甲斐駒ヶ岳に登山して遭難一歩手前の経験をしたり、伊豆の一碧湖方面に野宿の旅に出たりした。また、柏原と私はお互い高校卒業後の浪人時代であったが、一九五二年のいわゆる「血のメーデー事件」を目撃した。たまたま遭遇した一群のメーデーの行進の様子がおかしいので、後を追った。群衆が直前までGHQのあったビルの前で車を焼いたりしているのを見ているうちに、皇居前広場へ入ってしまった。デモ隊は、二重橋のお濠に警官を投げ込んだりしている。私達が次第に追いつめられながら見物していたのは、お濠越しに日比谷の法曹会館が見える土手であったが、警官が発砲した実弾が木をかすめる音を聞いた。

柏原との思い出は尽きない。下って一九六八年、柏原は『徳山道助の帰郷』で、第五八回芥川賞を受賞した。川口則弘『芥川賞物語』（バジリコ、二〇一三年）によると、審査員の一人だった井上靖氏は「久しぶりに本格派の新進作家の登場といった感じ」と述べた由。受賞後の活動は順調だった。三四歳での受賞の後は将来にわたる長い活動を期待されていた。しかし、一九七二年二月、三九歳にして急逝。その業績は早くも翌七三年には『柏原兵三作品集』全七巻にまとめられた。当時私は柏原と同じ本郷の西片町に住んでいたので、知らせを受けて朝に駆けつけ彼の枕元で涙を流した。思えば、私の一生で最も忘れられない涙は柏原の死と母の死、それに大平正芳総理の葬儀の三回であった。一中以来の仲間の一人であった平沼高明君が書き残した文章が手許にある。それによると「火葬場で柏原を焼く火の煙が煙突から空に散ってゆくのをじっと見つめていた藤井が「俺達の青春は終わった」とつぶやいた」由である。爾来渺渺四十余年、いまでも毎年二月一一日の建国記念の日には上野寛永寺墓地にある柏原の墓に中学、高校時代の友人達が集まる慣わしを続けている。

また、中高時代には米国大使館のそばにある霊南坂教会へ毎週日曜に通っていた。クリスチャンになろうかと考えたこともあったがとりやめにした。

「原点回帰」の教訓

私はまたスポーツにも夢中になっていた。主として中学ではボクシング、高校時代は登山である。スポーツは人に一生の教訓を与えてくれる。ボクシングは人相手なのに対し、登山は人（自分）と自然相手であり深みがあった。ボクシングで得た教訓は、決して防御一辺倒になるな、前に進めということであった。

登山については、山岳部の正規のメンバーとなり、北アルプス縦断をはじめ、多くの山に登った。山岳部ではいろいろと鍛えられたが、一番大切なことは深山で道に迷った時の鉄則である。道に迷うと人はともすれば気が動転して直感で脱出の近道を探そうとする。するとかえって迷いが深くなりますます焦りが強まる。なかなかできないことだが、迷ったら道が分かっているところまで引き返すのが鉄則だ。「原点回帰」である。気をつけなければいけないのは、引き返す途中でここは知っていると錯覚しやすいことだ。どの原点に帰るのかがまた難しい。それでも視界のある時はまだよいが、山の言葉で「ガス」、つまり濃霧に包まれている時や、地図に書かれていないところに分け入った場合は極めて難しくなる。視界不良がいかに恐いか。山でしばしば遭難した人の墓標に出会った。その中の一つに「あと十分」と書いてあるものがあった。「ガス」さえなければ近くに頂上がはっきり見えているのだ。この「原点回帰」の教訓を近年私はしばしば思い出す。大きな変化が起こり、世界の先行きの視界が悪くなった中で前に進んでゆく時、正しい原点に戻るという行動がますます求められていると実感する。

勉強にあまり時間を割かなかった私は当然ながら大学入試に失敗した。浪人してみて初めて世の中には何の保証もないのだと実感した。浪人直後にある人から「どこの学校にお通いですか」と聞かれて、「学校へは行ってません」と答えた時の相手の表情を見てハッと気づいた。私は全く意識せずに磐石だと思っていた床の上に安住していたが、その床が急に抜けてしまったように思った。この浪人時代は組織を離れて一人になるという初めての経験を与えてくれた。この一年は私の人生で最も貴重な一年であったと思う。

私は予備校に一時通ったが、受験のコツというものが分かってきたように思えた。それは、あまりほめられることではないが、深く考えず、多くを読まず、年代とかの事実と数字とキーワードを正確に丸暗記することであった。ともかく、東京大学教養学部文科Ⅱ類に入学することができた。

三　外務省入省

外務省を志す

東大に入学すると一時の自由を楽しんだ。文Ⅱ8Dの同級生は知性の優れた人が多く私も仏文学を勉強すべきところ、すでに文学への志は遠く去った。ボート部（漕艇部）の活動に最大の時間を割き、一時は一九五六年のメルボルン・オリンピックにどうかと誘われ、挑戦するか考えたこともあったが、政治、外交に関心を抱くようになる。一九五五年四月には教養学部の国際関係論専攻へ進んだ。私が外国に関心を持つようになったきっかけが中国であったことはすでに述べた。その後も毛沢東の著作を読み、彼が井岡山でいかに戦ったか、また『実践論』や『矛盾論』を読み、日本軍が匪賊と呼んで相手にしなかった人民解放軍がいかに戦略的に物事を考えていたのかを知り愕然とした。総じて日本は、一九一九年の五・四運動等、中国のナショナリズムに対する配慮がなさ過ぎたと感じた。日本が隣国の中国を知ることの重要性を感じた。

そのうち徐々に外交官を志望するようになった。そのきっかけの一つが戦前に駐日米国大使を務めたグルー（Joseph Grew）氏に対する憧れであり、もう一つは読書を通じての国際政治への関心の高まりであった。戦時中に信州の湯田中に疎開していた時、私の母は平和な昔を懐かしがっていた。特にグルー大使のことをすばらしい紳士であるとしばしば述懐していた。「鬼畜米英」の巨魁の一人であるはずの人がそんなにすばらしいのかと小学校六年生の頭にはこびりついていた。

国際政治への関心はいまも大切にしている二冊の本で特に高まった。二冊とも今日ではすでに古典となっているが、当時は出版されたばかりであった。一つはE・H・カーの『危機の二十年』であり、もう一つはジョージ・F・ケナンの『アメリカ外交50年』であった。『危機の二十年』の中でカーは次のように述べている。「歴史において危機の時代というのは、そう珍しいものではない。一九一九年から一九三九年までの二十年間に及ぶ危機には、それ独自の特徴があった。最初の十年の夢想的な願望から次の十年の容赦ない絶望へ、すなわち現実をあまり考慮しなかったユートピアから、ユートピアのあらゆる要素を厳しく排除したリアリティへと急降下するところにその特徴があった」。そして、カーは第二次世界大戦後の新しい国際秩序においては、軍事力や経済力といった「力」と同時に、各国の利害関係を超越した価値に基づく「国際道義」の二つが必要とされることを強調している。

ケナンの『アメリカ外交50年』は彼が〝X〟という匿名の下、一九四七年に「フォーリン・アフェアーズ」誌に「ソヴィエトの行動の源泉」と題する、いわゆる封じ込め政策の理論的基礎を提供したとされる論文を発表してから約三年後に書かれている。ケナンはアメリカ外交の五十年間を振り返って、アメリカの外交における過誤が、主として国際政治における国民的利益や権力関係などの現実を無視して、いわゆる「法律家的・道徳家的アプローチ」をもって錯綜した国際問題をすべて割り切って行おうとすることにあったと指摘している。

この二つの本に共通するのは、国際政治とは現実と理想の二つに立脚し、自国の利益と国際社会の利益の二つのバランスを考えてゆくべきものであるとする考えである。当時共鳴したこの考え方は、その後六十年以上経っても変わらない。

私は一九五五年一月から外交官試験の勉強を集中的に始めた。とりあえず同年秋の試験を試してみたが、なぜか合格ということとなった。若干考えたが大学を三年で中退し、翌年の春に外務省に入省した。入省後は、直ちに外務省研修所へ通うこととなった。温厚な八木正男大使がわれわれ同期の研修指導官をしてくださった。また、当時、麴町三番町にあった霞友会館に同期一五名が合宿などをしていた。箱根に行って吉田茂元総理にお話を伺ったり、諸先輩から外交官の心得などをお聞きしたりした。京都、奈良へ旅行し、日本の文化について専門の方から諸々教えていただいた。その年の秋には各自在外研修のため赴任して行った。私は在米大使館配属となり、五六年九月にアマースト大学に二年間の研修のため派遣された。

アマースト大学留学

留学には羽田空港からプロペラ機で出発した。ハーバード大学のロー・スクールに留学する入省同期の田中義具君と一緒であった。私達はまずウェーキ島で降り、そこで生のオレンジジュースと本物のアイスクリームを食べて感激した。次いでハワイ、ロサンゼルスを経てニューヨークまで行き、「マイ・フェア・レディ」というミュージカルを楽しんだ。ボストンで田中君と別れ、列車でアマーストへ向かった。胸によぎった想いは、こんな広大で文化の水準も高い国に日本はよくもまあ戦争を仕掛けたものだという実感であった。

アマースト大学はマサチューセッツ州にあるリベラルアーツで有名な大学で、日本との関係も深かった。「少年よ、大志を抱け」で有名な札幌農学校のウィリアム・クラーク（William S. Clark）先生の出身校であり、同志社を設立した新島襄や、無教会主義の内村鑑三、さらにはグルー大使と最も親交の深かった樺山愛輔なども留学していた。特に新島襄は、大学の精神的な中心であるジョンソン・チャペルという礼拝堂の正面に肖像画が掲げられていた。第二次大戦中、米国政府が日系人差別に走った頃、一部からは新島は「ジャップ」だから肖像画を下ろせとの声も上がったが、学校側は断固としてこれを退けたとのことである。アマースト留学時は戦争が終わってから一一年しか経っていなかったが、学内外で差別的な視線に遭ったことは一度もなかった。米国の広大さ、豊かさ、その文化に感じ入っていた私は新島の肖像画の話を聞いて、米国の度量の大きさに感動し、日本は決して物量だけで戦争に負けたのではないことを痛感するとともに、戦前の指導者達はなぜこのようなことが分からなかったのかとの疑念が湧いた。

もっとも、感心ばかりしてはいられない「事件」もあった。ある日、黒澤明監督の映画「七人の侍」を見た。アマーストのような片田舎にも日本の映画が来るのかと期待に胸を弾ませて見に行った。大入り満員であり、友人もほとんどが見ていた。何となく彼らの私に対する視線に違和感を覚え、友人に感想を聞いてみた。ある友人は、ヒロ（私はそう呼ばれていた）は可哀そうだ、あんな所に住んでいるのかと思ったと言ってくれた。彼らが今日の日本と映画の時代の日本とを混同していることに気づき、映画の字幕に「四百年前の日本は戦乱の巷にあった」と書いてあったではないかと皆に言って歩いた。日本のイメージがいかに誤って理解されているかを知ったのはこの時である。私の一生を通じて意識してきた、いまの言葉でいう「パブリック・ディプロマシー」に事実上目覚めた最初であった。

アマーストの生活は「学問」と「体力の増強」と「社交力」をつけることが三本柱であった。後の二つは週末の活動だが、ここでは私は初めて「ソーシャル・アクティビティ」と出会った。週末にスミス・カレッジやマウント・ホリヨーク・カレッジなどの女子学生達と、背広ネクタイの正装をして複数のカップルがデートをするというものである。そのような場で社交術の訓練をしていない日本人が世界で大分損をしていると実感したのは相当後になってからであった。

私は経済学を専攻した。当初は拙い英語でもひとかどの議論ができたが、時が経つにつれ遅れを感じるようになった。全体で一日百ページくらいの宿題（アサイメント）があり、初めはこれについて行けなかった。より基本的には、東大では極端に言えば概論を整理して記憶していたが、リベラルアーツで求められるのは原典に直接当たって自ら考えるというものであった。整理された知識よりも、物の見方、分析力、論旨の進め方が肝要であり、正しい答えよりも正しい質問をする力が求められた。

アマーストの学生の読書を可能にしているのは、大学の中心に深夜の一時まで開いている図書館があり、そこでいつでも勉強ができることと、さらに全寮制で五分も歩けば自分の寮に戻れることである。多くの寮は一見大きな邸宅風の家であり、私はその一つでルームメイトとともに起居していた。妙な言い方だが、世界の古典に自分を直接なすりつける機会であった。

卒業論文は、開発途上国の輸出を振興するために特恵関税を認めるべしという論旨で執筆した。担当の教授はこの結論に強く反対していたが、論文自体は評価していただいた。この時点ではまさか将来自分自身がこの特恵という問題に取り組むとは夢にも思っていなかった。

私はアマーストの卒業式（コメンスメント）に二度出席した。一度は一九五八年にBA（学士号）をもらうため、二度目は二〇〇一年に名誉博士号を授与されるためであった。BAの時は、東洋人は私を含めて三人の日本人だけであったが、二〇〇一年の時はかなりの数の東洋人がいたのに、韓国人と中国人ばかりで、日本人はほとんどいなかった。ちなみに、アマーストの卒業生の多くはハーバード等のロー・スクールやビジネス・スクールに進み、そこで職業訓練的な専門教育を受けていた。

第二章　経済大国への道

一　在米大使館

初めての仕事——在米大使館外交官補

一九五八年年六月にアマースト大学を卒業すると、ワシントンＤＣの在米大使館で外交官補としての勤務が始まった。波多野敬雄氏の後任であった。私にとっては初めての正式な仕事である。慣例により最初の一年はプロトコール（大使秘書）、次の一年は経済班であった。

当時の在米大使館は朝海浩一郎大使の下、次席は下田武三公使、三席が安川壮参事官という陣容で、私が一応班長を務めるプロトコール班は安川参事官の指揮下にあった。いまにして思えば、下田、安川両氏は戦後初期の日本外交を体現するような方々であった。

たとえば、下田氏は条約局第一課長としてポツダム宣言関連文書を邦訳した。日本政府の受諾通告に対する連合国側の回答の中に、天皇及び日本国政府の国家統治の権限は連合国最高司令官に「subject to」とあった。これを「隷属する」と直訳すれば徹底抗戦派が再びポツダム宣言の最終的受諾に反対すると下田氏は考え、「制限の下に置かれる」と意訳することにした。また、安川氏は「密約」を含む日米安保条約締結にあたった事務方の主役の一人であったが、当時の私はそのことをよく知らなかった。下田公使にはよくお宅にお呼ばれしたが、仕事の面ではあまり関わりがなかった。

一九五九年五月には、国務長官だったダレス（John Foster Dulles）氏が亡くなった。ダレス氏は五一年のサンフランシスコ平和条約の取りまとめ役を果たし、同時に日米安保条約の締結に導いた立役者の一人だった。葬儀後、ダレス氏の柩が大使館の近くを通る際、ロック・クリークに面した斜面で下田公使以下館員が見送った情景は忘れられない。なおそれから四年後、下田武三氏の次女清子と私は結婚した。

形の上ではプロトコール班の班長ということであったが、私自身について言えばその一年間は、実際にはウロウロするだけで大して役に立っていなかった。大使館も人手不足であり、日本からワシントンに来訪した政治家等要人の通訳兼案内要員としてしばしば駆り出された。ある高名な政治家は先方との会談が始まるや否や「どうぞ適当に会話を作ってください」と発言され、通訳の私から当人に質問してそれを意訳し何とかとりつくろったこともあった。また、ある政治家は米側要人との会談で、「今日ホワイトハウスに行ったら米国の紋章があったが、その中に鷲がいたのでなぜここがワシントンというかが分かった」と言って通訳を求められたりした。このような政治家の皆さんに共通していたのは、押しの強さと何とも憎めない明るさであった。

一年後、プロトコール班から経済班に移って初めて内容のある仕事につけた。一九六〇年一月にパリで開かれた会合で、ＯＥＥＣ（欧州経済協力機構）を改組してＯＥＣＤ（経済協力開発機構）を設立することが合意され、同時に将来ＯＥＣＤの下部機構となる開発援助グループ（ＤＡＧ）を設置し、それに日本を参加させることが当時のディロン（C. Douglas Dillon）米国務次官の強い働きかけもあり決定された。日本はこれに直ちに応じ、ＤＡＧの第一回会議は同年三月ワシントンで開催された。このような動きをフォローしていたためか、私は日本代表団の最末席で参加した。会議終了後、代表団全員が朝海大使主催のディナーに出席する直前に、会議の模様についての報告電報を起案するよう突然命ぜられた。国際会議というものに初めて出席した私は大いに戸惑ったが、何とかその夜のうちに決裁を得ることができた。国際会議の末席にいてもうかうかするものではないと痛感した。ともかく、この会議は戦後日本外交の一側面となる「援助大国」につながる最初の機会の一つとなった。

右の会議より前だが、六〇年一月には新日米安保条約の調印式がホワイトハウスで行われ、大使館員全員がこのサポートをした。私はホワイトハウスが持ち場となり、調印式を目の当たりにした。調印式の模様はいまでも目に浮かぶ。名通訳として知られた島内敏郎参事官の音吐朗々たる声が会場に鳴り響いていたことが忘れられない。

忘れ得ぬ人々

以下、私が在米大使館時代にお会いした忘れ得ぬ人々について書き留めておきたい。

（1）朝海浩一郎大使

朝海大使はよき時代のよき外交官であった。一九二九年に外務省入省後、英国研修を命ぜられエディンバラ大学に留学された。吉田茂総理のように英国気質を持っておられ、米国政府要人に対して一歩もひけをとらぬ一本背骨の通った対応をされていたように思う。

私の最初の仕事であったプロトコール班は大使公邸の一部屋にあり、私を含め三人の班員がいた。一人は練達な女性で、もう一人は経験豊かな事務官であった。その女性はワシントンの政界、経済界の人物等について広汎な知識を持っていた。プロトコール室でベルが一つ鳴ると私が公邸内にある大使室へ向かうのだが、通常ベルは二つか三つ鳴る。たまに一つ鳴ると勇んで大使室へ入るがたいていは用事ではなく大使が息抜きをされていることが多かった。時には公邸の芝生の上を二人で歩きながら、あるいは大使室で「今日は国務省の誰々と会ってきた。案件はしかじか。先方はこういう反応をしたが、藤井君だったらどう対応するか」などと質問される。私が思ったことを述べるとそれに対していろいろとコメントしてくださった。二五歳のぽっと出の若者に稽古をつけてくださっているのだなとありがたかった。そんなある日、先輩の書記官が、皇太子妃に擬せられている正田美智子さんがお忍びで公邸に泊まられる、このことは極少数の大使館員しか知らないので一切口外無用と伝えてきた。それから長く続く「極秘事項」の始まりであった。

六〇年夏に二年間の大使館勤務を終え、私は帰国することとなった。朝海大使は送別会だと言って私を野球のナイターに連れて行ってくださった。本当のところ、野球にはあまり関心はなかったが、私は大使と二人で雑談に興じた。「大使もそう遠からず帰朝されることと思いますが、その後は選挙に出られるのですか」と質問したところ、大使は笑いながら「最近は官僚から政治家になる人が多いようだが、政治家と官僚は、弁護士と医者のように全く別の職業だよ」とおっしゃった。その時の野球場の灯りに照らされたさわやかな笑顔が忘れられない。朝海大使は引退後、いくつかの団体の顧問等は務められたが、静かな余生を送られた。

（2）グルー大使

グルー大使と言っても今日では大多数の人は知らないであろう。グルー氏は米国の職業外交官であり、一九三二年六月に駐日大使として着任した。以来、四二年六月に日米開戦後の交換船で帰国するまで一〇年間駐日大使を務めた。グルー氏は最後まで日米開戦を回避するために尽力した。

そもそも私が外交官を志した理由の一つがグルー大使であったことはすでに述べた。そのグルー大使にお目にかかることができたのは、確か一九五八年の末か翌年の初めだったかと思う。戦後制定された日本国憲法とその問題点について調査するため、五六年に憲法調査会が内閣に設けられ、高柳賢三氏が会長となった。その高柳氏が訪米され、ワシントンでグルー大使に面会したのである。高柳会長のお供でワシントンの中心部、ロック・クリークにあったグルー大使のお宅に伺った。グルー大使はかなりの御高齢であったが、胸のポケットに深紅のハンカチをさしたダンディな方で凛とした気品に満ちあふれていた。私はその姿と話し振りを見て、憧れの人に会え、外交官になってよかったとつくづく思った。

グルー大使は、自分の進言が受け入れられていれば日米開戦は避けられたと考えていた。また、帰国後、国務次官として早期戦争終結のため寛大な占領政策に向けて尽力した。マッカーサー元帥の顧問として日本へ行かないかという話に対しては、支配者として日本へ行くのは意に沿わないとしてこれを断った。

吉田茂元総理は回想録でグルー大使のことを「真の日本の友」と呼んでいる。

（3）岸信介首相

岸首相とは直接二人でお話ししたことはない。しかし私にとっては忘れられないお方である。

一九五七年、アマースト大学で最初の夏休みが近づいていた頃、ワシントンの日本大使館から電話があり、岸総理一行が日米安保条約の改定交渉のため訪米されるので、その手伝いのためにワシントンに来るようにと伝えられた。六月に私はワシントンへ行った。ホワイトハウスの向かい側にあるブレアハウスが私の持ち場であった。ブレアハウスは迎賓館であり、岸首相一行もそこに宿泊していた。私は屋根裏のような所に一部屋与えられ、一日中走り回っていた。岸首相と数人が真剣に密談をしている情景を見ても何が起きているのか分からなかった。私にとっては、一生で初めて「働いた」のがこの時であり、忘れ得ない日々であった。交渉の内容は全く分からず、岸首相がアイゼンハワー(Dwight D. Eisenhower)大統領と親密な個人的関係を築いていることが分かった程度であった。

それから二年半の後、日米安保条約が岸首相とアイゼンハワー大統領との間で一九六〇年一月一九日に調印された。私は、調印式の行われたホワイトハウスのイーストルームの入口のところで様子を見ていた。私の主な役目は、岸首相一行がホワイトハウスの玄関まで来た時に車列が着いているかどうかを見極めることであった。

サンフランシスコ平和条約と同時に調印された旧日米安保条約は、日本国憲法が戦力の保持を禁じたので米国と提携して国の安全を守る以外になかったので結ばれた。しかし岸総理は占領中に結ばれた旧安保条約には米国の日本防衛義務が明記されていない等、片務性が強いため、より対等な関係における条約に改定するべきだと決意され、一九五六年に外相、そして間もなく総理になられ、一貫して努力をされてきた。調印式の時すでに一年余の実務経験を経た私もこのおおよそは分かっていた。しかし自分が後に北米局長として安保条約を国会等で弁護する立場になるとは思ってもいなかった。

新日米安保条約に関しては空前絶後の反対闘争が繰り広げられ、アイゼンハワー大統領の訪日は中止となり、岸首相は六月に新安保条約成立後に辞職することを表明、七月に総辞職された。いまにして思えば新安保条約がなかったら日本はどうなっていたであろうか。反対闘争のあの熱気は一体何だったのか。歴史家が分析し、「空気」に乗りやすい我々日本人の欠陥として反省すべきであろう。最後まで信念を通した岸首相の胆力に敬意を表したい。

（4）ジョン・F・ケネディ上院議員

ケネディ（John F. Kennedy）大統領の時代は戦後米国が最も輝いた時代であったかもしれない。ソ連が一九五七年に人類初の人工衛星スプートニクを打ち上げ、五九年にはキューバで革命が起こるなど自信を傷つけられた米国に六一年一月、四三歳の若き大統領が颯爽と登場した。就任演説は内容とスタイルで古今の名演説の一つとなった。アポロ計画、キューバ危機、公民権法案等、歴史に残る施策や対決が実行された。しかし、その時代は夢のように足早に過ぎ去った。あたかもケネディ氏が愛した「キャメロット」（アーサー王物語の円卓の騎士の都）のように。

ケネディ大統領誕生により、日本は少なくとも二つの点で恵まれることになった。一つは、戦後の日米関係ではしばしばあることではあったが、ケネディ氏は日本に対し特別の感情を持っていた。彼は米海軍の一員として日本軍と交戦し、かろうじて一命をとりとめた経験を持っている。これが日本兵の勇猛果敢な自己犠牲の精神に対する称賛の気持ちとして残った。もう一つは、ハーバードなどからいわゆる「ベスト・アンド・ブライテスト」を多く政権に呼び寄せたことである。ライシャワー（Edwin O. Reischauer）教授を駐日大使に任命し、日米間の「対等なパートナーシップ」構築に努めた。新日米安保条約が発効してから一年後の一九六一年六月には、池田勇人総理訪米の結果として両国の主要閣僚が一堂に会する日米貿易経済合同委員会の設立が合意され、また日米の科学協力委員会と文化教育交流会議が立ち上げられ、民間レベルでの交流の拡大による幅広い関係の構築も目指された。

ケネディ氏は私が出会った人々の中で最も魅力的な人物の一人である。一九五八年、在米大使館の外交官補をしていた時、ある先輩からワシントンに勤務しているなら、議会を見るようにとのアドバイスがあり、時間を見つけては議会を見学していた。議会には外交官席という傍聴席があり、そこから議会の様子をうかがっていた。ある日一人の若い議員の姿が目に飛び込んできた。あでやかなライトブルーの背広に身を包み、身のこなしは実にエレガントでグレースフルに見えた。調べてみると、マサチューセッツ州選出のケネディ上院議員であった。私はそれから彼に注目し続けたが、五九年の春、大使公邸で開かれた天皇誕生日のレセプションにケネディ上院議員がいるのを発見した。公邸のベランダで満開の桜を背にしたケネディ上院議員に近づいて話をさせていただいた。それからしばらくして、日本の国会議員の一行を私は議会に案内していた。すると偶然ケネディ議員が前を歩いていた。私は「ケネディ上院議員（Senator Kennedy）」と呼び止め、国会議員を紹介し、ケネディ議員のことを「次に大統領になる方です（The Next President of the U.S.）」と英語で紹介した。当時ケネディ議員が翌年の大統領選で有力な候補者の一人であることは報道されていたが、当人は未だ出馬表明をしていなかった。ケネディ議員は「いえいえ（Oh, No）」と否定していたが満更でもない顔付きであった。「彼らは日本の政治家ですか」「そうです」というようなやり取りをして別れた。

翌六〇年一月にケネディ議員は大統領選に立候補することを表明し、一一月にはニクソン（Richard Nixon）を破って大統領就任が確定した。当時すでにケネディ議員は著書の『勇気ある人々（*Profile in Courage*）』でピューリッツァー賞を受賞した国民的な人物だったが、私のような末端の外交官にも気軽に接してくれたのは本当にありがたかった。

時は流れて一九六三年一一月、私は外務本省の経済局米国カナダ課で日米貿易関係を担当する事務官であった。ケネディ大統領と池田総理が作った日米貿易経済合同委員会の第三回会合が東京で開催されるため、その準備で忙殺されていた。ラスク（Dean Rusk）国務長官をはじめとする一行の日本到着を前に準備万端整い、私は自宅で仮眠をとっていた。朝早く、家内に起こされケネディ大統領が凶弾に倒れたことを知った。急いで出勤したが、中山賀博経済局長以下関係者が集まり、ただ呆然としていた。後で分かったことであるが、ラスク長官一行は訃報に接し、ハワイからUターンしてワシントンに引き上げた由であった。

ケネディ大統領は、その著書『勇気ある人々』の中で「勇気」について、小説家アーネスト・ヘミングウェイの言葉を借りて、「重圧のもとでの気高さ（grace under pressure）」と定義している。このフレーズは私にとって一生の道しるべとなった。ジョン・F・ケネディ氏こそ真に勇気としての「気高さ（grace）」を持っていた人であったと思う。

二　経済協力部政策課

開発援助——初めての事務官

私は帰朝命令を得て帰国し、一九六〇年八月から、外務省に新設された経済協力部政策課に二年上の栗山尚一氏とともに初代事務官の一人として勤務した。部長は関守三郎氏で鶴見清彦課長の下に天羽民雄首席事務官がいて、栗山氏と私が課の事務を二分した。私の担当は前述のDAG（開発援助グループ）で、翌六一年九月のOECD発足に伴い傘下の委員会の一つとなり、DAC（開発援助委員会）に改組された。当時日本はコロンボ・プランに参加して技術援助を行っており、またインドには円借款を供与していた。さらに戦後処理のため多額の賠償金を支払っていた。

先輩から担当官になったらまず、ファイルを見ろと教えられていたので、私は担当のファイルを見つけた。薄いファイルの中味はほとんどがOEECからOECDへの変遷についての在米大使館からの報告やDAG第一回会議の報告電報などであった。要するにすべてこれからなのであった。DAGの目的は良質な開発援助を増やし、公正に分担するために各国が調整していくことにあった。そのためにDAGとしては「開発援助」を実体的に把握し定義することが第一歩であった。技術援助の他、先進国から後進国への各種資金の流れを整理し開発援助を定義していった。私の仕事はDAGの会議に対する「対処方針」を起案し、関係各省と協議し、上司の決裁を得て訓令にすることであった。援助の定義について日本にとって重要なことは賠償と輸出金融の取り扱いであった。日本は賠償についてその動機は戦後処理であるが、その効果はグラント（贈与）と同一であるとのロジックを展開して認められた。一方、短期の輸出金融は政府資金による輸出の振興であるとして外された。DAGはまた、国別の援助政策レビューを行い、日本についての第一回レビューは六三年七月に行われ、萩原徹駐仏大使をヘッドに沢木正男経済協力課長と私が出席した。日本のプレゼンテーションを各国も肯定的な反応で迎えてくれた。

ＯＥＣＤ加盟へ

ＯＥＣＤの前身であるＯＥＥＣは米国のマーシャル・プラン実施のための機構であり、欧州主体であった。したがって日本のＤＡＧ参加に関してもこれを強く主張する米国に対し、英国等欧州諸国はＤＡＧがＯＥＣＤの一部になるところから反発していた経緯がある。すなわち、ＯＥＣＤについては欧州主体との考え方が当初は強く残っていた。しばしばパリのシャトー・ド・ラ・ミュエット（ＯＥＥＣ及びＯＥＣＤの本部）に出張し、なぜ日本はＤＡＣだけに入っているのかに疑問を感じたものである。

ＯＥＣＤ設立条約自体は一九六〇年一二月に調印されていたので、六一年九月の発効前にＯＥＣＤの概要等について調査をしていた。ＯＥＣＤ担当官として日本の参加に前向きなペーパーを「未定稿」という形で書いたが、当初は関係各省や直属の上司からも極めて強い反対や消極論があった。もっとも萩原大使や牛場信彦経済局長をはじめとする上層部の方々は前向きな考え方だった。その基本的な理由は、ＯＥＣＤへの加盟の最大の狙いが「自由先進工業国としてのわが国の国際的地位を明確にする」という抽象的なものであり、実際に加盟するとなると各論でいろいろな障害があったからである。たとえば関部長はある日、トイレで一緒になったら大声で「藤井、おまえは何の陰謀を企んでいるんだ、OECD加盟は絶対にいかんぞ！」といきなり怒鳴られた。どこかユーモアを含んだ関部長に怒鳴られるのは皆が慣れっこになっていたが、OECD加盟については関係各省も当初反対であった。各省会議で某省の人からは「あなたの言っていることは抽象論で、OECDの分担金の額にすら値しない」と切り捨てられた。

他方、当時は欧州等で日本は通商金融面を含め異分子的に見られている面もあり、日本外交の目標の一つは、そのような考え方を変えていくということでもあった。六一年七月に東京で開かれたDAG会合においても、できるだけ日本が先進国の一員であることを実感してもらえるよう配慮をした。他方、日本としては自らの制度改革を進めるとともに、OECDが真に西側先進国の協力の場となることをも願う方向に進んでいった。六二年二月に私が書いた「わが国のOECD加盟について（第一稿）」という文書が外交史料館にあり、加盟の意義、障壁、戦略等を記述している。その文書の一部は次のように述べている。「日本が異分子と認識されている間にいたずらに加盟をあせってOECDの「国連化」を来すような事態はわが国としても避けなければならない」。この文書の前にも、我が国のOECD加盟について欧州主要国にそれとなく打診を行っていたが、六二年九月の大平正芳外相訪欧、続く一一月の池田総理訪欧において日本のOECD参加の希望が表明された。欧州諸国の好意的な反応も得ることができた。

その後、OECD加盟に関する交渉が開始されるのに当たり、OECDは経済協力局（六二年五月に部から昇格）から経済局へ移管された。私もほどなく経済局米国カナダ課に配属となった。

日本がＯＥＣＤに加盟したのは、一九六四年四月であった。なお、同月に日本はＩＭＦ（国際通貨基金）の八条国に移行した。さらに一〇月には、東京オリンピックが開かれ、日本は戦後の復興と自由主義陣営における先進国の一員としての立ち位置を世界に鮮明に示すことができた。

三　経済局米国カナダ課

日米貿易摩擦のはしり

日米綿製品協定に調印する武内大使（左）とジョンソン国務次官補（『世界週報』1963 年 11 月号）

一九六三年一月、経済局米国カナダ課に配属となった。局長は中山賀博氏、課長は菊地清明氏であった。入省同期の渡邊幸治君と課の事務を二つに分けた。私の担当は日米貿易関係とカナダであった。以後長く続くことになる日米間の貿易摩擦が厳しさを増してきたのはちょうどこの頃かと思う。大まかに言えば六〇年代から七〇年代初めまでの繊維製品、その後の鉄鋼製品、八〇年代の電化製品と自動車といったところであろう。

私が一番関与したのは日米綿製品交渉であった。着任して早々、元旦から大騒ぎになっていた。一九六三年一月一日付でジュネーブ綿製品長期協定（ＬＴＡ）が日米間に適用され、米国はその日をもって、我が国の対米綿製品輸出の大部分を占める四〇品目につき第三条（市場攪乱条項）を援用して、六三年

ウェディングドレスを着た妻・清子と下田武三大使（駐ベルギー大使公邸、1963年）

の規制レベルを決定するための協議を申し入れてきた。当時の日本は国民総生産（GNP）に占める対米輸出依存度も高く、綿製品は主力輸出商品の一つであった。したがって米国の措置についての国内の反響も大きく、国会の予算委員会でも本件が取り上げられた。長期協定の解釈、市場攪乱の問題、さらには綿製品の定義等につき米側にわが方の見解を強く申し入れた。日本国内では極めて政治的でありながら、交渉の中味は大変に技術的であり、菊地課長も苦労され、私も担当官としての苦労が絶えなかった。

結局同年八月、武内龍次駐米大使とジョンソン（U. Alexis Johnson）国務次官補との間で一九六三年から六五年までの貿易規制を実施するための書簡が日米間で署名された。この間に私は自身の結婚式を迎えたが、その日の朝刊にも綿製品交渉が大きく取り上げられている始末であり、外務省と連絡を取り合っていたことを思い出す。なお下って六五年一月にはわが方から米側に対し規制の修正を申し入れ、若干の改善を得た。その後も日米間で繊維問題は続く。一九六八年にニクソン氏が大統領に当選して以降、繊維問題は米国内で政治問題化し日米関係を揺さぶった。私が担当していた頃は、通商問題として日本が米国に攻め寄るような風情があったよき時代であったのかもしれない。

結婚式

一九六三年五月二二日に私は大平正芳先生が一回目の外務大臣をしていた時に仲人をしていただいて、下田武三・光枝夫妻の次女清子と結婚した。ワシントン在勤時に知り合い、その後専ら私のほうから積極的にベルギーへ行ったりしてプロポーズした。当時は在外の大使は娘の結婚式でも一時帰国はできなかったので、在ベルギー大使公邸でウェディングドレスを着た清子が下田大使と並んでいる写真がある。

ホテル・オークラでの結婚式の披露宴の際、大平外相は清子がお色直しのため中座し、お祝いのスピーチが途切れると傍らの一つのワイングラスの縁を指でさされ「これは未来、これは過去、そして真ん中が現在だ」と「永遠の今」の話をなさった。正直、その時は私にとってはどういう意味か全く分からなかった。

南北問題の始まり

米国カナダ課在勤中、特に忘れ得ない事項の一つはＵＮＣＴＡＤ（国連貿易開発会議）の第一回会議である。一九六四年三月から六月にかけて、第一回ＵＮＣＴＡＤが開催された。六〇年代に入り、いわゆる南北問題が注目を浴びるようになってきた。その背景には発展途上国と先進国の所得水準の格差が拡大しつつあるという事実があった。しかしその本質は、東西冷戦の厳しい対立の中で発展途上国が一致団結して国連を中心に北の先進国に圧力をかけ、貿易や援助で有利な条件を勝ち取ろうとした政治的動きであった。第一回UNCTADに提出されたプレビッシュ報告は「開発のための新しい貿易政策を求めて」と題し、国際経済体制を変革し、途上国の一次産品の輸入目標の設定や製品、半製品に対する特恵関税制度の創設等を求めている。

外務省としても新しい挑戦であり、国連局だけでは処理し難く、経済局、経済協力局等にまで広くまたがる問題が多々あった。どういう経緯かはよく分からないが、経済局は他の関係局と話をつけて、経済局に関連する訓令案の決裁には必ず私を通すことになった。開発援助の経験があったからであろうか。いずれにしても私は三ヵ月間米国カナダ課以外に本野盛幸経済局総務参事官の部屋にも机をもらって訓令案をチェックした。内容に立ち入るというより、各案件について、誰にどんな順序で見せたほうがいいかを判断するためだった。UNCTADの世界に触れたのはこの時が最初であったが、私は後にこれに深く関与するようになった。

稲山ミッション

忘れ得ない事項のもう一つは稲山ミッションである。一九六〇年代初め頃、外務省は主要な財界人に依頼して海外に経済使節団を送っていた。六二年は岩佐凱実富士銀行頭取を団長として米国に、また六三年には堀田庄三住友銀行頭取を団長とする訪欧経済ミッションが派遣されていた。

六四年一〇月、稲山嘉寛八幡製鐵社長を団長とする訪加経済使節団が派遣された。この使節団の目的は親善を通じて日加両国の経済関係を深めることであった。副団長は牧田與一郎三菱重工専務（後に社長）であり団員も各分野から極めて優れた経済人が揃っていた。全体で二九日間の長丁場であったが、各地で盛大な歓迎を受け率直な対話をすることができた。それまで、ややもすれば日本を意識していなかったカナダの人々に日本を印象づけられたと思う。私は当時日本経済新聞社の外報部次長であった小島章伸さん達とアドバイザーとして同行した。この使節団が特に注目したのは、ブリティッシュコロンビア州、アルバータ州のエドモントン等の西部各州である。この翌年にはエドモントンに領事館が開設された。

稲山ミッションのメンバーとは帰国後も長い間ゴルフや宴会をともにして大いに勉強させていただいた。稲山さんの洒脱なお人柄は、お好きだった「有無相通」という言葉通りすべてを温かく包み込むもので、経団連会長になられても全く態度が変わらなかった。

四　インド大使館

インディラ・ガンディー首相

経済局米国カナダ課の菊地清明課長が、大河原良雄人事課長に私をパリかどこかに行かせようと働きかけた。たまたま私の義父の下田武三が次官をしていたので、大河原課長は「藤井君は前回ワシントンだったので、これからパリでは贔屓の引き倒しになってしまう。マニラかニューデリーかのチョイスを与えよう」と言ったという。そこで、私は何人かの人の意見を聞いた。アジア局にいた佐藤嘉恭君がニューデリーがよいとすすめてくれた。私の外務省人生の中で自分のポストに意見を述べたのはこれが最初で最後であった。

一九六六年春、私はインド大使館勤務となった。ニューデリーの四月、五月は乾燥してはいるが、気温が四〇度を超す日も多い。初めは驚いたが、やがてモンスーンが来て一一月頃からは快適な気候になる。私は、インドの食べ物にも自然にも人々にも魅力を感じた。

インド赴任を「仏様の国に行くのね」とことさら喜んでくれた母が、私の在勤中に突然亡くなった。その報を受けて家内が私と一晩中泣いてくれたことは忘れられない。当時は肉親が亡くなっても帰国できないと思っていたが、私の上司だった伊関佑二郎駐インド大使が「藤井君、制度が変わった。早く一時帰国しなさい」と言ってくださった。私は日本航空の東京直行便に乗ってニューデリーを発ち、バンコクと香港の二ヵ所を経由して帰国し、母の亡き骸と対面することができた。後年この二ヵ所の経由地に赴任することになるとは夢にも思わなかった。

ニューデリー在勤中には次女が誕生した。当時の衛生状況もあって、よくぞニューデリーで出産をしたと日本の人々から驚かれたが、やはり私どもは若かったのだろう。

インドで産まれた次女は母の「和子」の生まれ変わりとして「美和子」と名付けた。なお、私には三人の娘がおり、長女は七月に誕生し花の百合が目に留まったので百合子と命名した。次女は私の母から名をとったので、三女は家内の両親の一文字ずつをとって三枝子とした。このように私にとってインドは個人的にも大切な国であるが、後述するように我が国にとっても大変重要な国であると思う。

在インド大使館で私は二等書記官に過ぎなかったが、役目は政務班長であった。政務班長としての最大の役割はインドの政治外交及び日印関係のフォローだったが、幸いにして日印関係は日本の開発

インディラ・ガンディー首相（右）と筆者（中央。在インド大使館、1967年頃）

援助等のおかげで極めて良好であり、さしたる懸案もなかった。インド在勤を始めた同じ年の一月にはインディラ・ガンディー（Indira Gandhi）氏が首相に選出された。また、中国では同年五月頃から文化大革命が本格化した。

インディラ・ガンディー氏はインド独立後の初代首相となったネルー（Jawaharlal Nehru）氏の娘であった。同氏は情報放送大臣であったがシャーストリー（Lal Bahadur Shastri）首相が急死したため首相に選出された。当初は、実権は他の有力政治家たちが握ると見られていたが、次第に強力な指導力を発揮していく。私も日本からの要人のお伴で何回かの会談に同席した。首相になって半年ほどしか経っていないガンディー首相の印象について公電で「極めて怜悧な人物であるが、女性らしい恥じらいの表情も見せ、はたして実権者としてインドを永く統治してゆけるかどうかは分からない」という趣旨のコメントを書いた記憶がある。やがて私の人物、特に女性を見る目がいかに未熟であるかを思い知らされることとなった。ガンディー氏はその後長く首相を務め「ネルー＝ガンディー王朝」と言われるまでに強力な政治基盤をつくった。

私が最後にガンディー首相にお会いしたのはインド着任時から一六年以上経った一九八二年八月の櫻内義雄外相の訪印の時であった。当時私はアジア局審議官で一行の首席随員であった。ちょうど七九年のソ連のアフガニスタン侵攻などにより国際政治が緊張し始めた時期だったが、ガンディー首相は日本にとって信頼し得る人物であった。その二年後、ガンディー首相は俳優のピーター・ユスティノフ（Peter Ustinov）氏からインタビューを受けながら歩いていた途中で、凶弾に倒れた（たまたま私は後年ユスティノフ氏に会うこととなる）。

中国文化大革命

一九六五年末から徴候があった文化大革命は、翌六六年五月に至って少年少女を主体とする「紅衛兵」と呼ばれる団体が形成され、八月には紅衛兵の百万人集会が行われた。当初は日本の外務省を含めて「文化大革命」なるものの本質がよく分からなかったが、私もインド外務省等と連絡を取り合って意見交換を行っていた。

翌六七年五月にはアジア諸国及びソ連の担当官を集めた中国問題情報官会議が香港で開催され、主として文化大革命の総合的評価が行われた。私もこの会議に出席したが、会議の結論として「その本質は毛沢東の絶対的権威を確立せんとする政治闘争である」との見解を含む詳細な報告が出された。

この結論はいまから考えれば当たり前のことなのだが、文革の当初はかなりの間その本質と実態がよく分からなかったのも事実である。

その結論以上に印象深かったのは、語学専門家の重要性である。私は入省以来、初めて中国問題の専門家達と三日間をともにした。当時は東亜同文書院出身者等もおり、中国語に堪能な専門家がどのような分析を行うのかが実に興味深かった。ある国を深く理解するにはその国の言葉ができなくてはならないということをしばしば忘れがちであるが、日本人として自分の身に照らして考えれば当然のことである。外務省は語学の専門家を育てなければならないと痛感した。また、分析の一手法として、毛沢東が紅衛兵に天安門上から挨拶を送る情景を巨大スクリーンで詳しく観察したのも、印象深かった。

日本にとって重要なインド

ところで、中国経由ではあるが、仏教は日本文化の中核の一つをなしている。岡倉天心は『東洋の理想』の冒頭に「アジアは一つ」と述べているが、このアジアはインドを大きく意識していたものであった。

日本はインド独立の志士たちを応援した。頭山満等によって新宿中村屋に匿われたビハリ・ボース（Rash Behari Bose）、続いてインド国民軍を率いたチャンドラ・ボース（Subhas Chandra Bose）等である。また、敗戦後の極東軍事裁判においてはパル（Radhabinod Pal）判事が有名であり、昭和天皇の崩御の際にはインド政府は三日間の服喪を宣言した。

インドは日本のODA（政府開発援助）の最初にして最大の受益国でもある。また、世界有数の親日国の一つでもあるが、人口は遠からず中国を抜き、世界最大となる。このところＡＩの活用等によるいわゆる第四次産業革命の波に乗り出してもいる。「自由で開かれたインド太平洋」構想は、誠に当を得ているものと思われる。

五　南北問題

ジュネーブ代表部在勤

一九六八年五月には灼熱のインドを発って、若葉のジュネーブに着いた。気候、生活もこの地球上でこんなにも違うのかと実感した。

ジュネーブといえば忘れられない思い出がある。余談であるが、私がＤＡＣを担当していた当時、本省からパリに頻繁に出張していたが、時にジュネーブでも関連の会議があった。ジュネーブには五年先輩の大鷹弘書記官がいた。私はなぜか大鷹夫人らと一緒にジュネーブ郊外でフランスとの国境を越えたディヴォンヌにあるカジノ兼レストランによく行った。大鷹夫人は昔、李香蘭として一世を風靡した女優山口淑子さんであった。その数奇な運命は畏友・浅利慶太氏のミュージカル「李香蘭」に正確に描かれている。大鷹夫人は妖艶な美しさの持ち主だった。カジノでルーレットに行くと大鷹夫人は、大金は賭けないのだがよく当たる。そのうち何回目かにはルーレットに石を投げるクルピエがどうやらそれとなく大鷹夫人に目配せをしているような気がした。そこで私も同じ所に賭けるとよく当たった。ジュネーブに赴任した後、私は一人でもルーレットに興じたが、それまでの自信は見事に崩れ、ルーレットはやらないことにした。いずれにしても私は在ジュネーブ日本政府代表部に一等書記官として勤務し始めた。

代表部の主力はＧＡＴＴ（関税及び貿易に関する一般協定）であり、通産省の黒田眞氏、農林省の塩飽二郎氏らの逸材が多くいたが、私は二人だけのＵＮＣＴＡＤ班所属となった。第一回ＵＮＣＴＡＤ会議の際には経済局の事務官として関与していたが、私がインド在勤中に第二回ＵＮＣＴＡＤ会議がニューデリーで開催された。私は政務班であったのでこの時の会議には関与していなかったが、この第二回会議で途上国の製品、半製品の輸出のため先進国は特恵関税を供与することについて原則的な合意が得られた。

先進国は特恵制度についてＯＥＣＤの場で協議を進めた。その際にはパリに出張したが、通常はジュネーブでＵＮＣＴＡＤの各種会議が一年中絶え間なく開かれていた。代表を務めていた西堀正弘公使が交替すると中山賀博大使が自ら代表を買って出られた。中山大使は初日以外ほとんど会議には出席されなかったので、私はもう一人のＵＮＣＴＡＤ班を構成していた渡辺允書記官と二人で時には手分けして会議をこなした。一九六一年にケネディ大統領が提唱し、合意された「国連開発の一〇年」は六〇年代末までに発展途上国の年間成長率を五％に引き上げることを目標とした。しかるに六〇年代が終わりに近づいても日本など先進国の経済成長が目覚ましいのに対し、途上国の成長は鈍く、両者の格差は開くばかりであった。その結果、ＵＮＣＴＡＤにおける途上国の対決姿勢は一段と厳しさを増し、途上国（Ｇ77）と先進国（グループＢ）との激しい団体交渉のごとき様相を呈していた。

会議は深夜早朝に及ぶことが多々あり、体力勝負のような面もあった。特恵についてはＯＥＣＤでの討議も進み、一九六八年一一月に第一回のＵＮＣＴＡＤ特恵特別委員会が開催された。議長はＧ77から出し、報告者（ラポルトゥール）はグループＢからという妥協がなされ、たまたま私が報告者を務めることとなった。この二人は恒常的で特別委員会が続く限り同じ人物が務めることとなった。私の在勤中に特恵制度について合意をみることができた。ＵＮＣＴＡＤに明け暮れた毎日を通じ国際会議というもののやり方については若干の心得ができたような気がした。そして途上国の猛攻に対し、言い訳や反発ではなく、「防御一辺倒になるな、前に進め」という中学時代のボクシングの教訓を思い出していた。

南北問題の変貌

一九七一年五月に私は西堀正弘局長の下で国連局経済課の課長となった。この課はＵＮＣＴＡＤ、ＥＣＯＳＯＣ（国連経済社会理事会）等国連の経済面を担当していたので当時はかなりの大所帯であった。課長になると視界が開けるというか、交友範囲も広まり実にやりがいを感じた。しかしここにいたのは一年二ヵ月で、ある日突然大臣秘書官に任命されたので、重要な仕事は七二年四月半ばから五週間ほどチリのサンティアゴで開催された第三回ＵＮＣＴＡＤ会議だけにとどまった。

この会議では従来の議題に加えて国際金融（ＳＤＲ〔特別引出権〕と開発融資のリンク）、後発途上国、技術移転等の諸問題も討議された。途上国は特に国際金融制度の中で途上国の発言権を強化することを主張し、ＩＭＦに二〇ヵ国委員会（Ｃ20）を設立すること等の合意をみた。一三二ヵ国が参加した四〇日間にわたる会議は四七にのぼる決議を採択した。

日本は愛知揆一前外相を首席代表として、外務省のみならず幅広い関係の各省及び在外公館からも含め全体で九〇名近い代表団を派遣した。これは日本政府が海外に派遣した代表団としては最大のものの一つではないかと思う。会議の内容が極めて多岐にわたっていることの結果である。できる限り前向きな姿勢を取りたい外務省と関係各省の思惑の違いもあり、訓令作成の段階でも現地において日本政府の態度を決める取りまとめは簡単ではなかった。また、開催地が日本から遠く離れていることもあり、ロジスティクスが難題であった。

その後、主として東アジア諸国の経済発展により南北問題も大きく変わった。その背景には日本の貢献もあったかと思う。日本が技術、資本を提供し、主として米国が市場を提供したいわゆる「雁行型発展」が六〇年代から八〇年代末頃まで存在したと言われる。香港、韓国、台湾、シンガポールが日本に続いて発展し、それが東南アジア諸国に波及して行ったとされる。確かにその一面はあったかもしれない。また、二度にわたる石油危機等を通じても開発途上国の一体感や結束に困難が生じてきたことも加わり、南北問題も変わりつつあった。さらに、一九七八年の「三中全会（中国共産党第一一期中央委員会第三回全体会議）」による改革開放政策の開始に始まる急速な中国の台頭等も重なり、南北問題はその様相を様変わりさせた。

幸い、私がＤＡＣやＵＮＣＴＡＤを担当していた一九六〇年以降は日本の開発援助に光が当たった時期でもあった。一九六二年には海外技術協力事業団が、翌六三年には海外移住事業国が設立された。この二つは後の国際協力事業団、さらに現在の国際協力機構（ＪＩＣＡ）へと発展してきた。我が国は一九八〇年代末から一〇年間ほどは、開発援助世界一を誇った。戦後日本の最も輝かしい業績の一

大来佐武郎氏（左）と筆者（中央は西堀正弘氏、1971 年）

つであったと思う。

大来佐武郎氏と山本正氏

国連局経済課長時代には多くの人々から知識やアイディアを吸収した。その中でも特に、大来佐武郎氏と山本正氏の二人の名前を挙げたい。

南北問題は既存の各省内の枠組みを越える課題が多く、日本の対処の仕方にも工夫の余地が大であり、自ら外部の識者の意見を求めることとなった。私が一番頼りにしたのは大来氏であった。当時は日本経済研究センターの初代理事長となられていたが、私は頻繁に同氏のもとを訪れた。私より二〇歳近く年長の大物であったが、考え方が柔軟かつ現実的で内心同氏を師と仰いでいた。

同氏は一九六四年の第一回UNCTAD会議の日本代表団の一員でもあり、南北問題の第一人者であった。著作の一つである『経済外交に生きる』（東洋経済新報社、一九九二年）の「終章　日本が果たすべき国際的貢献」では、南北問題を冒頭に取り上げ、「現在まで私の主要な関心分野になっている」と述べている。大来氏は一九五二年から二年近くバンコクにあったＥＣＡＦＥ（国連アジア極東経済委員会）の事務局に出向された。その間英語漬けになり、それが同氏の一つの原点となっているという。

私は大来氏を見ていて、二つのことを考えた。一つは欧米先進国に比べて日本ではシンクタンクや国際的にものを考え活躍できる人材が不足していることである。もう一つは、人材育成のためには国連や国際機関の事務局に若い優秀な人物を大量に送り込むことであった。そして国連局は全体として人材育成には協力し得る立場にあることを認識し、そのように動いた。また、その後も人事課長などとして努力した。大来氏との交流は以後長く続いた。私が人事課長の時、同氏は第二次大平内閣の外務大臣となられた。

その後私が在外にあっても、大来氏はその地を訪問すると必ず会いに来てくださった。私は同氏との会話をいつも心から楽しんだ。

前述の著作は同氏が亡くなる一年前に出版されたが、その本の最後の文章を引用したい。「世界の問題を考え、世界をよくすることによって日本もさらによくなるという発想のもとに、国の内外をつなぐ努力が行われていくことに期待したい」（『経済外交に生きる』二二六頁）。

山本正氏は個人として言えば、日本のパブリック・ディプロマシーの最大の担い手であった。同氏は私より少し若く、一九七〇年に日本国際交流センター（ＪＣＩＥ）を設立した。私が経済課長になったのはその後間もなくであったが、同氏とは大いに気心が合い、時々一緒に小さな居酒屋で飲むようになり、この人を大いに応援したいと思った。その後彼は知的交流の分野で日本の第一人者となり、いろいろな局面で、特に私が国際交流基金の理事長になってからは彼にどれほど助けられたか分からない。

山本氏は下田会議、日米議員交流、日米欧三極委員会等の知的交流プログラムを立ち上げ、運営した。三極委員会には私も積極的に参加したが、日本の委員長を務めた小林陽太郎氏の活躍は忘れられない。

外務省は山本氏を英国、ドイツ、韓国等との知的交流のオーガナイザーとしても頼りにした。山本氏は人々を各国のパブリック・インテレクチュアルと対話させ、同時に日本における公共心を持った知的指導者の育成に尽力した。たとえば、私が初めて緒方貞子・四十郎夫妻に会ったのも山本氏が企画したシンポジウムであり、その後、終生のお付き合いとなった。山本氏ほど国境を越えて人と人を結びつけた日本人を私は知らない。

第三章

――大平正芳外相秘書官時代

一　外相秘書官就任

一九七二年七月七日に田中角栄内閣が組閣された。その前年にあたる七一年は、日本では「二つのニクソン・ショック」と呼ばれる、既存の世界秩序を変革するような大きな出来事が立て続けに起きた年であった。第一はニクソンによる訪中宣言であり、第二はドルショックである。米国政府が米ドル紙幣と金の兌換を一時停止することを決めたのだが、ドルは金と交換できる唯一の通貨であったためこの突然の政策転換の発表は世界に大きな衝撃を与えた。そして七二年は、佐藤栄作政権下で日米繊維交渉が妥結し、さらには沖縄の施政権が返還された。かくしてそれまで困難があった日米関係に一区切りがつき、田中内閣は日中国交正常化を大きな目標として始動した。

田中角栄内閣では大平正芳先生が外務大臣に任命された。国連局経済課長だった私は、人事課長から突然の電話を受け、大臣秘書官になるよう告げられた。大平先生に仲人をしていただいた結婚式から九年後のことである。なお鹿取泰衛官房長が私を秘書官とする旨打診したところ、大平大臣は「俺が仲人をした藤井か」と聞いたが鹿取官房長はそのことを知らなかったようである。それから二年間、週末を除いて毎日朝から夕方までを大平大臣と行動をともにした。なお、総理秘書官は木内昭胤氏であった。

大臣秘書官は政務と事務からなり、政務秘書官は大平氏の娘婿でもある森田一氏が務めた。事務秘書官は私より十歳ほど若い中本孝君と私の二人で、中本君の主な役割は日程調整であった。森田政務秘書官から政務関連の予定を、私から外務省関連の予定を集めて、中本君がそれらの膨大な予定を調整してくれた。

私には大臣決裁も重要な職務であった。毎朝八時頃に瀬田にあった大臣の私邸に赴き、外務省や首相官邸に向かう道すがら、四〇分ほどの時間を事務連絡と大臣決裁の説明にあてた。次官の決裁を得た文書が日々、私の机上に四〇センチほどの高さに山積みとなった。これらの文書すべてに目を通し、大部分は私の責任で大臣了承とし、あとの一部の内容を大平大臣に説明するのが日課であった。もちろん重要な案件は次官、局長が大臣と直接会い相談し決裁を得る必要がある。そのため大臣は極めて多忙であったが、秘書官として、できる限り大臣が次官、局長と会って話をする時間をとれるよう心がけた。案件が人事に関する場合は席を外したが、それ以外の場合には常に私も同席した。

大平外相が精魂を注いだ案件を、以下順に述べる。

二　日中国交正常化と大平外交の展開

日中国交正常化

中国は一九四九年以来、中華人民共和国と中華民国の二つの政府に分かれていた。中華民国が原加盟国であったこともあり、中国の国連代表権問題は長い間駆け引きが続いていたが、七一年秋の国連総会で劇的な決着をみた。大平氏はこれを見て、日中の国交正常化の問題に取り組む機がようやく熟したと判断したという。一方、外務省の橋本恕中国課長は、七二年一月のニクソン大統領訪中直後から、日中国交正常化の必要性を当時の田中角栄幹事長に説いていた。七二年七月七日に田中内閣が誕生し、大平氏が二回目の外務大臣に就任した。

入閣早々から大平大臣は日中国交正常化の準備に本格的に取りかかり、まず橋本中国課長の話を聞いた。大臣は国交正常化が日米関係を損ねることがないよう、最初の行動として米国側の理解と、できればその祝福を取りつけねばならないと考えた。田中総理とニクソン大統領との会談は八月三一日にハワイのクイリマで行われた。その会談で日本側は、「なるかならないか分からないが日中国交正常化のため近く交渉に入る意向である」旨を米側に伝えた。米側からは「成功を祈る」という返事を得た。ホノルルからクイリマまで、行きはヘリコプターだったが帰途は車で約二時間かかった。私も同乗していた。この間、大平大臣は外の風景を見ながら珍しく鼻歌を口ずさんでいた。

九月二五日田中総理、大平外務大臣、二階堂進官房長官達一行は大変な緊張感に包まれつつ北京に向けて出発した。すでに公明党の竹入義勝委員長と周恩来首相との会談等で地ならしはかなりできてはいたが、日中の交渉は特に台湾問題をめぐって難航した。一つは「台湾は中華人民共和国の領土の不可分の一部である」という主張をどのように扱うかであり、もう一つは日華平和条約の扱い方であった。

議論は一時平行線をたどり、大平大臣以下の日本側が意気消沈して迎賓館の釣魚台に戻ってきて田中総理に説明した。ちなみに田中総理は、時には釣魚台で昼から少し酒をたしなんだりされていたようである。一同の説明を聞いて総理は何となく上機嫌の様子だった。どうやら田中総理には妙案がありそうだと感じ、一同の空気が明るくなった。

しかし「総理どうしますか」との質問に対し、「そこはおまえら大学を出た者が考えろ」と言われた。総理は持ち前の鋭い直観でこの問題は表現で何とかなると感じたのであろう。深刻な状況ではあったが、田中総理の明るい振る舞いに一同は大いに励まされた。

こういう時には「差し」の会談も効果がある。九月二七日、田中総理一行は万里の長城などを見学した。一見優雅な物見遊山のようだが、この行き帰りの車中は絶好の場であった。大平大臣と姫鵬飛外相は、約四時間にわたり交渉の内容と段取りについて話し合った。同乗者は中国側通訳と私のみ。お互い切羽詰まった状況で、極めて率直なやり取りがあったが、そこである種の信頼感が生じたことはよく分かった。この話し合いがその後の交渉によい影響を与えたことは間違いない。

結局、第一点については「この中華人民共和国政府の立場を十分理解し、尊重し、ポツダム宣言第八項に基づく立場を堅持する」という表現で、また第二点については共同声明発表後の記者会見で大平外相が、「日中関係正常化の結果として日華平和条約は、存続の意義を失い、終了したものと認められる」と発表することで決着した。また、大平大臣は日中共同声明がサンフランシスコ平和条約と矛盾しないよう注意を払った。これらの知恵を出すにあたっては大平外相の指揮の下、中国側から「法匪」呼ばわりされた高島益郎条約局長に加え栗山尚一条約課長の出番であったが、全体としては橋本恕中国課長の役割が極めて大きかった。

日中共同声明の正文を交換後に全員がシャンパンで乾杯（左から４人目が筆者。『フォト』1972年11月1日号）

一九七二年九月二九日、田中角栄総理と中国の周恩来首相は、日中国交正常化の共同声明に署名した。いま振り返ると日中国交正常化が実現した背景にはいくつかの要因があったように思う。一つは、各国の利害の一致である。当時の中国は我々の想像以上にソ連を警戒していた。ソ連の軍事的圧力を恐れた中国は米国や日本と手を結びたいと考えていた。他方で米国は、冷戦の最中にあり、当然ながら中ソを引き離して敵方の勢力を弱めたいと考えていた。さらに田中政権は国民から強い期待を集めていた。

田中総理の並外れた胆力と、大平大臣の緻密で粘り強い意志がかみ合って、そこに外務省の事務当局もぴったりと息を合わせた。中国側には、毛沢東と、かつて日本で学んだ周恩来がいた。彼は日本に対する深い愛情を感じさせる人物であった。その他にも、日本では公明党の竹入委員長、中国では孫平化、肖向前、王暁雲、廖承志など、相手国を熟知している人々が仲立ちにあたった。

日本国内の世論はおおむね国交正常化支持であったが、自民党の中には翌年三月に青嵐会として発足するような中華民国支持の強い勢力があり、田中、大平を激しく突き上げた。田中総理と大平大臣は必ずしも成算があって訪中したわけではなく、帰国後「よく生きて帰ってこられたな」と二人で話をしていたそうである。明るい性格で直観力に優れ、また万事を大平大臣に任せるという田中総理の胆力。それに対して大平大臣は物静かだが周到さと強靱な意思を持ち合わせており、事務当局を信頼して的確な判断を行うことに優れていたこの二人の組み合わせは抜群のものであった。

国交正常化直後、日本側一行が最も気にかけていたのは台湾の状況、特に在留邦人に危害が及ばないかということであった。九月二九日の午後三時半頃、田中総理一行は周恩来首相とともに北京から上海に到着し、空港から郊外の人民公社の見学に向かった。私は大臣の命を受けて、ひとり宿舎の錦江飯店に直行した。東京の外務省中国課に電話をして台湾でデモや暴動が起きていないかを尋ねた。小倉和夫首席事務官から「いたって平静です」と返事があり、その夕方に総理一行が宿舎に到着した際、玄関で外相にその旨を伝えると、外相から総理に伝えられ、一同安堵の面持ちであった。

さらに、大平外相は日中国交正常化について自ら説明するため七二年一〇月にはオーストラリア、ニュージーランド、米国、ソ連の四ヵ国を歴訪した。米国ではニクソン大統領、ロジャーズ（William P. Rogers）国務長官と会談し、ソ連ではコスイギン首相、グロムイコ外相と会談した。この中で最も印象的だったのは日中国交正常化に猜疑心を持っていたソ連のグロムイコ外相との会談であった。

グロムイコ外相は初めは怖い顔つきで待ち構えていた。大平大臣は反覇権条項を丁寧に説明した。

反覇権条項とは、日中共同声明の第七項「日中両国間の国交正常化は、第三国に対するものではない。両国のいずれも、アジア・太平洋地域において覇権を求めるべきではなく、このような覇権を確立しようとする他のいかなる国あるいは国の集団による試みにも反対する」というものである。その後も議論は続いたものの、次第にグロムイコ外相の顔つきは和らぎ、打ち解けた雰囲気になった。夜はボリショイ劇場でバレエ「ジゼル」を観に出かけた。グロムイコ外相と大平大臣の後ろの席から、私は大平大臣が眠りそうになるたびに、一生懸命突ついていた。

なお、国交正常化後の一一月に大平大臣は演説で、「中国と日本は近いようで遠い国だ。言ってみれば大晦日と元旦の関係に近い。だが両方とも引っ越すわけにはいかない。したがって、相互の理解は想像以上に難しいけれども、引っ越すわけにはいかないので、努力と忍耐が必要だ」と訴えた。これはいまにも通じる名言である。

ベトナム共和国（南ベトナム）訪問

一九七二年一二月、大平大臣はサイゴンで開催された第七回東南アジア閣僚会議に出席した。一一日には大統領官邸でグエン・バン・チュー大統領と会談した。

極めて印象的だったのは、サイゴンの街もかつてのにぎわいを失っていたが、それ以上に大統領官邸が幽霊屋敷のように見え、何か冷気が漂っている感じであった。チュー大統領も全く生気がなかった。大平外相は私に「やっぱりベトナムはこれからますます不安定だな」と述べていた。

当時すでに米国は北ベトナム（ベトナム民主共和国）と交渉を行っており、この月の三〇日には米国は北ベトナム爆撃を中止した。その後ベトナム和平は急速に進展するが、結局米国は同盟国である南ベトナム（ベトナム共和国）を見捨てた形になった。チュー大統領のように米軍を頼むしかないような状況になると、事情はともあれ米国ですら国家というものは、冷酷にその同盟国を見捨てるものであることを、この訪問での強烈な印象とともに後日強く感じた。

金大中事件

田中総理と大平大臣が訪米から帰国した二日後の一九七二年八月八日、そろそろ夏休みのことを考え出した矢先、私に妹尾正毅北東アジア課長から電話があり、金大中という人物が九段のホテルから誘拐されたという一報が入った。

彼は韓国の民主活動家及び政治家で、のちに大統領となった人物である。新聞報道等によれば、金大中氏が韓国中央情報部（ＫＣＩＡ）により日本の東京都千代田区のホテルグランドパレス二二一二号室から拉致されて、船で連れ去られ、ソウルで軟禁状態に置かれたとされる事件である。日本国内で大騒ぎになったことが影響してか、拉致されて五日後に氏は自宅近くで釈放された。この事件は連日新聞などで大々的に取り上げられ国会でも追究された。

捜査を進める過程でＫＣＩＡに所属すると見られていた韓国大使館の金東雲一等書記官の指紋が見つかった。これは韓国の公権力の行使であり、原状回復、犯人逮捕、処罰、それから再発防止、補償を徹底して韓国に行わせるべきだという議論が外務省内部にすら出てきた。しかし極めて親日的な朴正熙政権を非難して対決することは外交上はばかられた。

この事件への対応をめぐっては、公明正大を旨とする大平大臣は外交との狭間で大変に悩まれた。日中航空協定と並んで大平大臣を最も苦しめた問題で、この事件のためか大臣は心なしか白髪が増えてしまった。

結局、大平大臣の友人である金鍾泌国務総理が朴正煕大統領の親書を携えて訪日することとなった。一一月二日、永田町のある料亭で会談し、金大中氏の身柄の保証をとって政治決着を図った。

田中訪欧・訪ソ

一九七三年九月、大平大臣は国連総会に出席し、その足でローマとロンドンで外相定期協議を行った。なおローマでは法王にも謁見した。ロンドンでは田中総理と合流しヒース（Edward Heath）首相と会談した後、西ドイツ経由でソ連へ向かった。

西ドイツでは後に大統領となるヴァルター・シェール（Walter Scheel）外務大臣とボンのシュロス・ギムニッヒという迎賓館で外相協議を行った。庭の木陰でシェール外相は、グロムイコやコスイギン、ブレジネフなどソ連の有力な政治家たちの人物批評を語った。それを聞いていた大平大臣はハッとして、「これから我々はソ連に行きますが、シェールさんがソ連との交渉を非常に長く行ってきた経験から何かお気づきの点はありますか」と尋ねた。

シェール外相が言うには、ソ連は決して交渉のテーブルでは降りてこない、オペラに呼ばれたら必ず応じろ、オペラの幕間が二回あるからそこで何か言われるかもしれない、とのことだった。それを聞いて私は森田一政務秘書官と目配せした。というのも、確かにオペラに呼ばれていたのだが、田中総理はオペラは面白くないと言って、断っていたのである。そして直ちにオペラの誘いを受けることにした。

ドイツで非常に印象深い出来事がもう一つある。ソ連に移動する前日、一行はクロンベルグというゴルフ場のリゾートに一泊した。そこで新井弘一東欧第一課長などと訪ソの打ち合わせをした。その夜田中秀穂中近東アフリカ局長から私に電話があり、第四次中東戦争が始まったとの第一報を受けた。これについては後述するが、中東戦争に伴い石油危機が起きるであろうとの懸念を抱きながら、一行はモスクワに向かった。

一九七三年一〇月七日にソ連に到着した。日本の総理のソ連訪問は一七年ぶりであった。空港でコスイギン首相、同令嬢、グロムイコ外相などの出迎えを受けた。なお、田中総理一行には長女の田中眞紀子氏も同行していた。翌八日には午前・午後と二回の首脳会談を行った。先方からの出席者はブレジネフ書記長、コスイギン首相、グロムイコ外相、バイバコフ副首相その他の閣僚等、総勢一三名であった。当方は田中総理、大平大臣、新関欣哉駐ソ大使、鶴見清彦外務審議官、大和田渉欧亜局長、木内昭胤総理秘書官、栗山条約課長、新井東欧第一課長、それに外務大臣秘書官の私と通訳であった。ブレジネフ書記長主催の昼食会にはソ連側からコスイギン首相、マズロフ第一副首相、グロムイコ外相夫妻、グレチコ国防相が出席した。

その後大平・グロムイコ日ソ外相会談も行われた。二回目の首脳会談ではブレジネフは自分の前にソ連極東の地図を広げ、「これが石油だ、これがタングステンだ」と、時にはテーブルを叩き弁舌をふるった。かと思えば、中東戦争の影響を受けてか頻繁に報告が届いているようで、全員が集まって

田中首相訪ソから帰国時の機内の様子（中央左に筆者。右端に田中眞紀子氏、右から2人目が木内昭胤秘書官）

ひそひそと話をするので、そのたびに会議は中断された。

田中総理が何か言おうとすると、ちょっと待ったと繰り返し遮られた。私は「無礼だ」と、たぶん先方にも聞こえたと思うが数回声を荒らげた。田中総理は、一区切りついた時に「話はそれでおしまいか。これから自分が言うことは非常に重要なことだからソ連側も日本側もちゃんと記録をとってほしい」と言って、今度は彼が大演説をぶった。「俺たちはそれで来たのではない。北方四島の話をしに来たのだ」と言い放った田中総理はブレジネフに迫った。要するに、資源が欲しくて来たわけではない、それより四つの島を返してくれということを毅然と主張されたのである。私はあれほど迫力ある総理大臣を、後にも先にも見たことがない。

その日の夜は、ボリショイ劇場で「眠れる森の美女」を鑑賞した。ボリショイ劇場でのオペラの際は、私は森田政務秘書官とともに幕間を気にしながら観ていた。最初の幕間には何も起きなかったが、二回目の幕間の際にはコスイギンが何かを話し始めたようであった。一通りのイベントを終えてその晩、大臣の部屋で私はかつて周恩来が大平大臣に述べていたことを思い出した。それは「ソ連と交渉する時は最後の最後まで結果が分かりません。ある時は飛行機がプロペラのエンジンをかけ始めたところに、ちょっと待ったと声がかかった」というものである。また、クレムリンでは必ず盗聴をされていると考え、大平外相に「交渉はうまくいきません。もう席を蹴って帰りましょう」と大きな声で話をした。打ち合わせをしていなかったので大平大臣はちょっと驚かれたが、すぐ紙に「これは盗聴用です」と書いてお見せした。外相は何やら同意するようなことを言ってくださった。

そして、森田氏とクレムリンの同じ部屋で就寝した。が、ほどなく早朝に、森田氏に起こされて第一副首相のマズロフのほうから連絡が来たと知らされた。そこで早速、大平大臣を起こし新井東欧第一課長と対面することとした。同日正午から開かれた第三回の首脳会談の出席者は、総理、外相と新井第一課長に通訳のみであったが、その日の夕方六時過ぎに発表された「日ソ共同声明」の第一項目にある次の文言が同意された。「双方は、第二次大戦の時からの未解決の諸問題を解決して平和条約を締結することが、両国間の真の善隣友好関係の確立に寄与することを認識し、平和条約の内容に関する諸問題について交渉した。双方は一九七四年の適当な時期に両国間で平和条約の締結交渉を継続することに合意した」。その間の新井課長の奮闘もあり、未解決の諸問題の中には北方四島が含まれていることを、ブレジネフが田中総理と大平外相に「ダー（yes）」と言ったことで確認した。

帰国のため飛行場に向かう途中、私は日中国交正常化の時の橋本恕氏の働きを思い出しながら、外務省同期の新井課長のことを考え、「新井はよくやりましたね」と言ったら、大平大臣も同意してくださった。私は田中総理が立派な業績を上げられたことを喜んだが、帰国してみると日本は石油危機で大荒れであり、日ソ関係どころではなくなってしまったのは誠に残念なことであった。

グロムイコ外相

ところで、日中国交正常化について最も猜疑の目を向けていた国はソ連であった。特に日中共同声明の中に中国側の主張により、いわゆる反覇権条項が入っていたため、日本が中国と結託してソ連に向かうのではないかとの疑念があった。

前述の通り、一九七二年一〇月に大平大臣は自ら訪ソして説明を行った。グロムイコ外相との会談では、予想通り先方は「ミスター・ニエット」のあだ名通り、苦虫をかみつぶしたような表情をしていた。大平大臣は日中国交正常化の背景等について詳細に説明し、先方からのアジアにおいて覇権を求める国とはどこのことかなどの質問にも丁寧に説明された。その後、日ソ二国間関係についても別途会談を重ねた。

その夜は「ジゼル」というボリショイバレエを一緒に鑑賞した。大平外相とグロムイコ外相との間には友情に近い相互畏敬の念が流れた気がした。大平外相が私のことを、義父は元の駐ソ大使の下田武三だと紹介したら、グロムイコ外相が笑みを浮かべて、「下田さんとは一緒にロシア民謡を歌いました」と懐かしげに語った。一九六六年夏にグロムイコ外相が訪日した際、外務次官だった下田は夫妻でグロムイコ夫妻を京都に案内した後、帰国の前夜にはグロムイコ夫妻を日本式料亭に招待し、大いにお酒が回って下田とグロムイコ氏は二人でロシア民謡を歌った由である。

田中総理とともに訪ソする途中、大平大臣は日独定期協議でシェール外相から人物評を聞いている。グロムイコ外相は戦後世界最長期間在任した外務大臣であるが、極めて信頼のおける人物だ、というシェール外相の言葉に、大平外相は大きくうなずいていた。

そして、田中訪ソの際には自らを目立たせず控えめな態度を取っていたことに私は感心し、これが最長の外務大臣の秘訣の一つかもしれないと思った。

第一次石油危機

一九七三年秋からの第一次石油危機は、日中国交正常化と並んで田中内閣にとって最大の問題であった。

田中訪ソでは、総理は西ドイツに一泊してからクレムリンに入った。ソ連に移動する前夜、田中秀穂中近東アフリカ局長から私が電話を受け、第四次中東戦争が起きたと知らされたことはすでに述べた。同年夏に東京で中東大使会議が開かれた際、中東戦争と石油危機の二点について重点的に議論してもらい、そこでは中東戦争が起きれば石油危機を招くだろうという結論が出た。そのような見通しを念頭に、翌日田中総理一行はクレムリンに向かった。

帰国から間もなくの一〇月一六日にOPECは原油の公示価格を一バレル当たり約三ドルから五ドル強へ、一挙に七〇%も引き上げた。この石油危機は日本国内に大きな衝撃を与えた。戦後の経済発展もこれで終わったかと、目の前がふらつくような気分を味わった。石油危機への対応をめぐり、田中総理と大平大臣の意見は違っていた。田中総理は、アラブ諸国寄りの政策に転換し、友好国になって禁輸リストからの除外を要請しようという意見だった。中曽根康弘通産大臣も同じ意見で、「石油の一滴は血の一滴」と言っていた。

一方で大平大臣は宮崎弘道経済局長と同じ考えで、これは中長期的な価格の問題であり、そもそもＯＰＥＣの石油の主な買い手は先進国なので我々先進国が団結して買わなければかえってＯＰＥＣのほうが困るのだ、わざわざアラブ寄りの政策をとる必要はないと主張された。

一一月半ばになって、キッシンジャー（Henry Alfred Kissinger）国務長官が来日した。田中総理と中曽根通産大臣はキッシンジャーに対して「米国は助けてくれないだろう、だから我々はアラブ寄りにならざるを得ない」という趣旨で応対されたようである。大平外相は、価格の問題でありアラブ寄りになる必要はないと内心考えていた。米国大使館の玄関で、キッシンジャーと大平外相は立ったまま、三、四〇分も議論していた。私もその輪の中にいたが、キッシンジャーは大平大臣だけはある程度理解してくれていると察したように思えた。しかし、石油がなければ日本経済は大打撃を受けるし、世論も荒れていた。最終的に大平大臣は致し方なくアラブを支持する方向に踏み出し、二階堂官房長官の談話としてイスラエル軍の「全占領地」からの撤退とパレスチナ人の人権への配慮を求める声明を出した。一二月には三木武夫副総理が特使としてアラブ諸国を訪問し、結果として日本は禁輸リストから外されることになった。

なお、石油危機がいかに田中内閣を苦しめたかの一例として、愛知揆一大蔵大臣のことに触れたい。一一月二二日の夕方、総理官邸の大広間で閣僚会議が開かれた。閣僚はテーブル席に、私達秘書官はその後ろに座っており、たまたま私は愛知大蔵大臣のすぐ後ろだった。愛知大臣は上野のお宅にも伺ったことがあり、よく存じ上げていた。どうやら大変に憔悴しておられる様子であったが、その晩高熱を出され翌日逝去してしまわれた。

日中航空協定

日中航空協定は、大平外相が最も苦労した案件の一つだった。一九七三年一二月末から大平外相は体調を崩して、腎臓結石が悪化していた。そのような状況下、日中航空協定の交渉のために大臣一行は一月二日に中国へと向かった。香港から電車に乗って中国本土の飛行場に行き、北京に入った。これは石油危機の直後のことで、石油をあまり使わないほうがいいだろうという配慮と、航空協定の交渉に行くのにチャーター便を使うのはおかしいとの配慮であった。

交渉が行き詰まる原因はやはり台湾問題にあった。「青天白日旗」の問題、「中華航空」という名前の問題、どこに乗り入れるかという「乗り入れ先」の問題、そして「以遠権」の四つの問題で議論が停滞した。大平大臣は風邪と腎臓結石で憔悴していたが、中華航空と青天白日旗の二つの問題に懸命に取り組まれた。

周恩来や毛沢東にも会って交渉したが、中国側との議論は夕方に始まり深夜一時過ぎまで続いた。その後宿舎に戻ってからも大平外相と松永信雄首席随員、國廣道彦中国課長と私などで朝の三時頃まで議論を続けた。

その中で私は強硬に、日本に帰ることを提案した。それには三つの理由がある。一つは、大平外相の体調を心配してのことだった。二つ目は、帰国後に青嵐会から非難を浴びることが予想されたからである。「今回残念ながら航空協定はできませんでしたけれども、航空協定がなくても日中関係は健全だし、また次の機会に航空交渉をやって協定を結びましょう」という旨を大臣に読み上げてもらうのはどうかと提案した。三つ目は、中国側が盗聴しているだろうと思ったからである。私達が強硬に帰ろうとしているのを知って、中国側が検討する方向に舵を切ってくれるかもしれないという期待があった。そして最後に國廣課長が、明日合意なしで帰国することを提言し、大臣も了承された。なお、この時は政務秘書官の森田氏ではなく議員秘書の真鍋賢二氏（後の参議院議員）が同行した。また、宮本雄二事務官（後の駐中国大使）もすべてを切り盛りした國廣課長の片腕の担当官であった。

翌朝の会談で、大平大臣は紙を取り出して、予定より早く交渉打ち切りの旨を読み出した。それを聞いた中国側は、終わる前からざわめいていた。直後に周恩来がすぐに会いたいと言って、大平大臣と他の何人かが連れていかれた。すると日本側の提案で結構だと言われ、一件落着した。すなわち、中華航空は変えず、青天白日旗は国旗ではないと日本政府が声明を出す。東京については以遠権を認める。また乗り入れ先は成田ではなく羽田にするということであった。

大平大臣は座席にも着けないほど憔悴しきっていて、帰りの機内では通路に毛布を敷いて、そこに寝ていた。帰国すればしたで自民党の部会に呼び出され、青嵐会の人々から激しく攻撃された。ある朝の会合では灰皿が飛んで来た。青嵐会の皆さんは弁も立ち迫力もある人達が多かった。第二次大戦後、蔣介石が「以徳報怨（怨みに報いるに徳を以てす）」として賠償を放棄したことなどを強調していた。

自民党には台湾に親しみを持つ政治家がたくさんいた。蔣介石の戦後日本に対する厚情とその後の日台の人々の盟友関係を考えれば、台湾との友情や信頼関係を重視したい気持ちも十分に理解できる。実際、親台派の人達は「義」を大切にする国士風の方が多かった。声が大きく激烈な批判には時に閉口したが、国を想う政治家の本懐のようなものも感じられた。

しかし、日中航空協定の時は本当に厳しく、外務省には不穏な手紙が頻繁に届き、庁舎の外では右翼が街宣車を走らせ、時に「斬奸状」を持ってくる。私も何度か受け取ったが、背筋が寒くなる思いをしたこともある。この頃、大平大臣が移動の車から降りる時には、横に座っている私は狙撃を恐れて、先回りして周囲のビルを見回す癖がついていた。大臣は泰然としていたが、緊張した毎日であった。

それから常軌を逸したような事件が次々と起きた。一月六日に日中航空交渉から帰国した直後の一二日に、世田谷区瀬田にあった大平邸が焼けてしまったのである。土曜日の午後であったが、私は法眼晋作次官と二人で話をしていた。そこに、佐藤嘉恭次官秘書官が「大変です。大平大臣の家が火事です」と飛び込んできた。私はすぐ大平邸に飛んで行った。近所に避難されていた大平志げ子夫人に頼まれて大平邸を見に行ったが、全焼した後であった。香川に遊説に行っていた大臣に電話をすると、「そうか、みんなは無事か」とだけ尋ねられた。休む間もなく二一日には国会で外交演説を行った。

そして二月六日には国会の委員会で大平外相が槍玉に挙げられていたところに大至急の電報が私に届いた。英語の電報で、読んでみると在クウェートの日本大使館をゲリラが占拠した、その要求に応えなかったら一時間ごとに一人ずつ殺すという内容だった。慌てて大平大臣の耳に入れ、珍しく国会が審議中止になり、大臣と外務省に戻った。外務省にはすでに田中総理が到着していた。さらに二日後の二月八日から、大平外相はワシントンでの石油消費国会議に参加するために渡米することになっていた。日中航空協定から帰国して以降、火事やクウェートの事件など立て続けに深刻な問題が発生し、それらに対応しながら青嵐会にもいじめられていた。激動の日々であった。

ある日、私は大平大臣に、田中総理は日中航空協定では大臣を支援してくれていないのではないかと意見を述べたところ、大平大臣にしては珍しく、「田中と私のことは私に任せてください」と語気を強めて言われた。この間、藤尾正行代議士による外務省機密電報の自民党総務会における漏洩事件もあったが、大平外相としては、田中総理は頃合いをみて党内をまとめるものと見通していたように思う。結局田中総理の政治力により、日中航空協定は五月に総務会で承認された。

エネルギー・ワシントン会議

一九七四年二月一一日から一三日にかけて、石油危機に対処するためキッシンジャー米国務長官が主要な先進石油消費国を招いた会議が開かれた。このエネルギー・ワシントン会議（石油消費国会議）ではキッシンジャーが議長を務めた。参加者は各国の外相とエネルギー問題担当の閣僚であった。国際会議を長く担当してきた私から見ても、この会議は外相級の顔ぶれであるが故に、皆自分の演説ばかりで議論が一向にまとまらなかった。

キッシンジャーも困り果てたような感じであったが、結局、大平大臣が各国の意見を取り入れて案を作った。とにかく消費国だけで団結しようというキッシンジャーの主張に対して、フランスのジョベール（Michel Jobert）外相は生産国と対話をすべきであると主張し、対立した。そこで大平外相が読み上げた案は、一言で言うと、「消費国と産油国の対話を行う、そのためにまず消費国だけのワーキンググループを作る」という趣旨の折衷案だった。そしてその案を各国代表に配った。ジョベール外相はその紙を見て「日本案を支持する」と言って意見がまとまった。

キッシンジャーはその大平外相の手腕を多とした。なお、そのワーキンググループは後に、国際エネルギー機関（ＩＥＡ）設立につながった。

大平外相の時代認識

日中航空協定交渉を終えた後、一連の事件の最中であったが、大平大臣は一九七四年一月二〇日に第七二国会の外交演説を行った。この演説には大平大臣の時代認識や外交観がよく表れている。この演説の冒頭は「過ぐる一九七三年はベトナムの和平をもって明け、石油危機の只中に暮れました」と始まっている。そして、「米ソ、米中関係を中心とする緊張緩和は促進」されたが、「国際環境が不安定性を増し」ていると指摘している。

特にエネルギー危機等によって明らかなように各国の「相互依存」が高まっていることが明確になっているにもかかわらず、それを支える相互の信頼関係はむしろ脆弱化していると現状認識を述べ、したがって日本外交の基本は、政治・経済・文化等のあらゆる分野で相互の理解と信頼を深めていくことにあるとする。このため具体策として、（イ）国際協力事業団（ＪＩＣＡ）創設、（ロ）国際交流基金（一九七二年発足）の財政及び活動の拡大、（ハ）「東南アジア青年の船」計画、（ニ）国連大学本部の日本誘致、の四点が掲げられた。

以上の提案の背景には、石油危機のみならず、演説の直前に行われた田中総理東南アジア歴訪の際、ジャカルタ、バンコク等で行われた反日デモの衝撃もあったが、基本的には大平大臣は世界の大きな変化を察知していたからだと思われる。また、日米関係についても大平大臣はその基調が変化しつつあることを認識しており、外交演説でも、「世界の中の日米関係」が定着し、両国間の案件処理にとどまらず、広く国際的な政治経済の諸問題について両国がともに役割を果たす成熟した関係に発展していると述べている。大平大臣は日米関係を強固にしていくためには、日本が受動的でなく主体的に世界の平和、秩序を維持する努力を強化すべきであると考えていた。これらは今日に至ってもなお基本的に当てはまることであり、諸々の問題が多発する中でこれだけの先見性と実行力を兼ね備えていたことは評価されるべきであろう。

その後、前述の通り日中航空協定は田中総理の決断で、大荒れとなった自民党総務会でも了承され、さらに五月一五日には国会で承認された。大平外相は五月一八日にはキッシンジャー国務長官との会談、ジャパン・ソサエティでの講演のため訪米し、二〇日にはイェール大学から名誉博士号を受けた。外相就任後、初めてゆっくりとした時間を過ごすことができたと思う。そして七月一六日には大蔵大臣に就任した。

三　秘書官時代の思い出

秘書官として二年間仕えた大平大臣との思い出、そして秘書官時代の思い出話は数限りない。その中のいくつかを以下に述べたい。

秘書官から見た大平正芳

（1）キッシンジャー

田中内閣成立からほどなくしてキッシンジャー大統領補佐官が田中総理、大平外相に会うために来日した。一九七二年八月の大平外相との会談には私も同席してそのやり取りを見守っていたが、大臣に対するまるで口頭試問のような態度に私は腹を立てたことを覚えている。

キッシンジャーが「それについてどう考えるか（What do you think about……）」と質問すると、大平さんはぼつぼつと、しかし丁寧に、朴訥に答えた。それが終わるとまた「これについてはどう考えるか（What do you think about……）」と言って次の質問を繰り出す。会談を終えて、私は「大臣、キッシンジャーはすごく無礼な男ですね。大統領補佐官と言うのは総理秘書官に毛が生えたようなものでしょう。あの態度は何ですか」と言って怒りを隠さなかった。大平大臣はただ笑っておられた。

（2）読書家

秘書官となって間もなくのことである。ある日、法眼晋作次官が私に「大臣はあんなにお忙しいのにちょっと時間があると本を読んでいる。お疲れにならないよう何とかとめられないか」と言われた。そこで大臣に、「人と会う間のちょっとした時間でも大臣はすぐに本に手を出されるが、お疲れになるのでやめられたほうがよいのでは」と、私の意見として申し上げた。大臣はキョトンとしておられたが、私の言っている意味が分かると大声でお笑いになり、「本を読むのが自分にとっては一番の気休めなんだ」と言われた。

なお、法眼次官は通常の任期の途中で交代された。天皇訪米問題をめぐる不手際が原因と報道され、また一部には石油危機時の対応を原因とする見方もある。私には人事は一切分からないが、日中航空協定後の一連の出来事が一段落したところで、人心一新という意味であったのかと思った。大平大臣が法眼次官を高く評価していたことは間違いない。

(3) 内政干渉

日中国交正常化交渉の頃、日本には日中間で人の自由な往来を始めると、「中共」が日本で革命を起こすことを企てるのではないか、という危惧が一部に存在した。日中会談でも周恩来首相は、中国は、内政干渉は一切やらないと述べ、田中総理はよいお土産をもらったと言って多とした。

帰国後に私は、大平大臣にあたかも新発見のごとく、この点について日本は何ら心配する必要はない。なぜならば私は今回初めて多くの中国人の婦人と会ったが、誰も化粧をしていない。日中間の人の往来を自由にしたら、中国の女性は皆、日本の女性のようになりたいと思うに違いない、と妙な意見を述べた。大臣は「化粧ねえ」と言っておられた。

(4) 新聞朝刊

日中国交正常化直後はともかくとして、大平大臣はだんだん新聞を読まなくなった。大平大臣が求道者のようなところがあったことに大きな理由があるように思う。何が正しいかが大切で、何が受けているかあるいは受けていないかといった評判に左右されたくなかったのだろう。私は毎朝の車の中で、新聞のブリーフを増やさなくてはならなくなり少々困った。某紙でこう書かれていますと報告すると、大臣は「藤井君、歴史というものは、真偽はともかく、こういうところに書かれたものででき上がってしまうのだよね」と言っておられた。

（5）文章家

大平大臣は達意の文章を書く人であった。ご自身のスピーチも、事務当局から上がってくる案文を自ら筆を執って直されていた。一九七三年七月末に田中総理の訪米があった時、直前に入手した総理のスピーチ案を飛行機の中で時間をかけて一生懸命直された。そして、それを私に渡して「これでやってくれ」と言われた。ワシントンのブレアハウスに着いてから、それを同行の局長や総理秘書官等に示して調整に苦労したことがある。

（6）佐藤栄作邸訪問

秘書官をしていると、大平大臣と同じように感じるようになってくる。たとえば誰が苦手かについても、大体同じ考え方をするようになった。

ある日、日中航空協定の件に関してだったかと思うが、佐藤栄作邸を訪ねた。車の中でも何となく緊張していたが、大平大臣が玄関からすぐの応接間に入り、私は別の部屋で緊張気味に待っていた。「大臣がお帰りです」と声がしたので玄関に飛んで行ったら、佐藤元総理と大平大臣が待っていた。私もすぐ靴を履こうと靴紐をいじりだしたら、「藤井君、ご苦労さん」と佐藤元総理がおっしゃった。私は急に名前を呼ばれ靴紐が結べなくなって往生した。後でやはり「人事の佐藤」なのだなと感心した。大平大臣にその話をしたら、「人にとって一番大切なものは、自分の名前なのだよ」と言われた。

（7）大平外相への直言

大平大臣は、車の中で二人きりの時によく「藤井はええのう」とおっしゃった。大平外相には、私個人の意見を直言させていただいた。大臣は政治家としていろいろな方面に配慮しなければならなかったが、官僚である私はその必要がない。元官僚の大平外相からしてみるとちょっと羨ましく見えたらしいが、私は気楽な立場にいるのだと実感した。大平大臣は直言しても私を叱ることはなかったが、唯一の例外は日中航空協定の時であった。すでに述べた通り、私は外相の孤軍奮闘ぶりに耐えかねて「田中総理は大臣を守ってくれないじゃないですか」と言ったら、外相は語気強く「田中が総理なんだ。田中と大平のことは私に任せてください」と言われた。これは相当に私が叱られているということが、すぐ分かった。

（8）言語明晰

大平外相のことをよく「アーウー」と言う人がいた。

ある日、田中総理が「大平のアーウーは言葉を選んでいるので、彼の言ったことを国会の議事録のように文章にしてみると極めて明晰なんだ」と言っておられた。お二人の国会議事録の例を見比べてみたら、まさにその通りであった。

田中総理の発言は主語と述語の関係もよく分からないものが多い。実は国会答弁としてはこのほうが安全で、それはいつでも「真意はこうだ」と説明ができるからである。大平大臣の選挙の応援演説について行ったことがあるが、そこでは淀みなく熱弁を振るっておられた。

田中角栄首相と筆者（首相訪米時。外務大臣秘書官時代）

（9）大蔵大臣就任後

私は秘書官を辞した後、数ヵ月間経済協力局で国際協力事業団の新規業務のレールを引くことを担当した。そのため大蔵省には頻繁に折衝のため訪れた。時々その足で大蔵大臣室に大平先生のお顔を見に行っていた。いまやっている仕事の話は一切しないことが官僚としての鉄則であり、とりとめのない話をしていた。

最初の頃はよく「オイ、大蔵大臣はいいぞ」と言われていた。意味することは、大蔵省では大部分はそれぞれのレベルの役人が処理して、大臣に上がってくるのは最後のところがほとんどだ。しかし、外務省ではたとえば金大中事件が起きても課長や局長が解決策を出したり、解決してくれるわけではなく、大臣も一から一緒に考えなければならないということであった。

田中角栄首相

田中総理については、すでに随所に触れた。

「コンピューター付きブルドーザー」と言われたが、このコンピューターはもしかすると「目」がついているＡＩ付きのようなものであったかもしれない。少なくとも田中総理が、日中国交正常化の最大の功労者であるのはなぜか。それは大平外相が当時言われていたように、北京訪問を決断したことが問題打開の決め手となったからである。大平外相によれば、田中総理は「どうせお互いに生身の人間で、いつどこでどうなるか分かったものではない。行くことにしよう」と言って、決意した由である。なぜ「ＡＩ付き」か。それはいまにして思えば、中国側はソ連の脅威を厳しく感じ、予想以上に日米と手を結びたかったと何となく感じ取ったことである。さらに既述のように日中航空協定の成立も、田中総理の気迫ある決断がなければ不可能であったと思う。

田中総理の「気迫」を一番直接感じたのは訪ソの時であった。すでに述べたように、日ソ共同声明において、「双方は、第二次大戦の時からの未解決の諸問題を解決して平和条約を締結すること……」という一文が入った。そしてその「諸問題」には四島の北方領土問題が含まれているということが、口頭ではあるが了承されたことは、田中総理の気迫の賜物である。

「俺は小学校しか出ていない」が口癖だった田中総理は、何よりも努力の人であった。しっかり勉強して問題を精緻に把握していた。また、田中総理は人情の人であった。一九七二年七月七日に田中内閣が成立した直後、総理は各省の大臣秘書官全員を呼んでレセプションを開き、「田中内閣で秘書官を務めた連中は一生俺が面倒をみる」と演説された。金脈問題等で退陣して体調も崩された時に、私は各省の秘書官だった連中で「田中内閣秘書官会」を結成しようと企んで走り回った。田中総理は人情の機微に触れることが自然にできた。結婚式にはあまり出られなかったが、お葬式にはこまめに足を運ばれた。地位で人を見ず、下積みの人々にも優しく接してくださった。「日本列島改造論」も今日から見れば、かなりの先見性があると思う。

戦後最も若く五四歳という年齢で総理大臣となった田中先生は、おそらく戦後最も傑出した総理大臣の一人であったと思う。

周恩来首相

大平先生が生涯で最も敬愛した人の一人は、周恩来氏であった。

私が周恩来国務院総理（首相）と初めてお会いしたのは、一九七二年九月二五日。日中国交正常化のために訪中した田中総理、大平外相等、日本側代表団一行が中国側と顔合わせの挨拶をした時である。周恩来はリストを見ながら日本側随員一人一人の名前を読み上げ、それぞれが挨拶した。私の番になると「ティンツィン　シェンション」と言って（少なくとも私にはそう聞こえた）、笑顔で親しげに見てくれた。私は一瞬戸惑ったが、すぐ挨拶を返した。あとで藤井とは「ティンツィン」かと妙に感心したが、あの人懐こい笑顔は忘れられない。

周恩来には一つの強烈な印象を持っていた。それは一九六七年、私が在インド大使館の政務班長をしていた時、「中国問題情報担当官会議」に出席した際のことである。当時、文化大革命の本質と実態について十分な分析ができていなかった。同会議では、分析を行う際の一つの手法として、天安門上で毛沢東以下が紅衛兵を励ますために顔を揃えた情景の映像を、巨大なスクリーン上で注意深く観察した。

私は二つのことに注目した。一つは毛沢東の隣に立っていた林彪がスピーチを行ったが、声が甲高いだけで私には大した人物でないと直感された。最も注目したのは天安門の雛壇のたもとで十数名の人々が、「東方紅」と思われる毛沢東を讃える歌に合わせて踊り狂っているいると言ってよいほどの身振りで踊っていたことである。その一群の中を毛沢東が通って行ったが、その踊りの中心には周恩来がいた。そして彼の眼光は極めて厳しかった。毛沢東に対して、私はあなたに従いますと一生懸命に示しているが、内心には大きな葛藤があるのではないかと思えた。周恩来は文化大革命の中で多くの人を守ったとして、中国の国民から慕われていることを知ったのは、死後のことであった。

日中国交正常化交渉の時も翌年の日中航空協定の交渉においても、難航を極めた局面もあったが、大平大臣が本当に相手にし、また妥結に導いてくれたのも周恩来であった。大平外相は、「周恩来は会談で説ききたり、説き去り、あたかも一幅の絵を見ているようだ」と言っておられた。明治大学など日本への留学経験もあり、心の深いところで日本に対する愛着があったように思う。同時に彼は日本の命運に、深く関わった人物でもあった。

一九三五年、中国と日本が全面的に対決することを決定づけた西安事件が起きた。張学良が蔣介石を西安で監禁し、一致抗日を求めた。その時、共産党を代表して西安入りし、最後の段階で事態収拾をしたのは若き周恩来であった。第二次国共合作であり、中国全体が「抗日」に回った。通信社の記者として西安事件をスクープした松本重治氏は、その著書『上海時代』（中公新書、一九七五年）で次のように述べている。「西安事件（一九三六年十二月）から盧溝橋事件（一九三七年七月）までの七カ月間はこれをしずかに回想してみれば、日中戦争、太平洋戦争、敗戦へとつづくものであり、したがって、いわば日本の命運を決定した時期であった」。

一つのエピソードで、この話を終える。

日中共同声明の署名を終えた九月二九日、田中総理一行は釣魚台の迎賓館を後にして上海へ向かった。釣魚台まで周首相が出迎えに来てくれた。一行はしばらく歓談の後、玄関へ向かった。先頭に周首相と田中総理、そして総理秘書官の後に大平外相と私達秘書官がいた。早足で歩いていた田中総理が急に立ち止まったので、私達は一瞬何ごとかと思ったが、たまたま廊下にいた掃除のおばさんが、一行が来たので驚いて壁に身を寄せた。これを見た周首相は、田中総理に対し彼女にお礼を言うようお願いされた。田中総理はすかさず、丁寧にお礼を述べられた。それが分かると大平外相もお礼を述べて、二階堂官房長官も以下代表団も多くこれに倣った。大平外相は、「周首相のあの気配り、民主主義の日本の我々でも真似ができない。凄い人だ」と言っておられた。

第四章　深化する日米関係

一　北米第一課長

サイゴン陥落

私は一九七五年一月に、北米第一課長となった。宮澤喜一外務大臣、東郷文彦次官、山崎敏夫アメリカ局長、深田宏アメリカ局参事官が上司で、課の首席事務官は沼田貞昭氏だった。なお、沼田氏はその後もたびたび一緒になり私を支えてくれた。首席事務官の下には、今井正、藪中三十二事務官がいた。

この頃ベトナム戦争は最末期にあった。休戦協定である一九七三年一月調印のパリ協定に従って米国は三月にベトナムから撤退していたが、北ベトナムはその協定を無視して南ベトナムに対して全面戦争を仕掛けてきた。米国議会は南ベトナム政府の支援要請を拒み、武器供与を拒否した。

そして七五年四月三〇日、ベトナム大統領官邸の正門鉄柵を北ベトナム軍の戦車が突破し、サイゴンは陥落した。私は遂にその時が来たかと思った。七三年一二月、外相秘書官時代、第七回東南アジア開発閣僚会議に出席する大平大臣にお供してサイゴンを訪れた。その時の生気のない官邸の光景を見て、大平大臣は「これは極めて不安定だ」という印象を抱いた様子であった。私はその後の経緯を含めて、いよいよ米国は南ベトナムを見捨てかねないと感じていた。

一九六五年の北爆開始以来、米国はドミノのようにアジアに共産主義が広がることを防ぐため、アメリカ軍だけで六万人近い死者を出してまで戦っていた。反面、ベトナム戦争は、反米及び反軍の思想を持つ人達にとっては最大の拠り所となり、日本においても「米国の戦争に巻き込まれるな」と主張する人々がこの戦争への批判を行っていた。

他方、東南アジアからは米国のアジア離れを懸念する風潮が出てくると同時に、極東におけるソ連の通常兵力の増強が進んでいた。このような国際的な潮流の中で、日本の国内においては、大平大臣が述べていた「世界の中の日米関係」という考え方を、安全保障の領域でも実行しやすくなってきた。日米防衛協力面での「相互補完性（complementarity）」の向上に進み始めたと言えよう。私は北米第一課長として、日米関係はこれからますます発展する、という希望を持つことができた。

また、当時は大変働きやすい環境にあった。たとえば次のような出来事も思い出される。ある日曜日の朝、在京米大使館のニック・プラット参事官から電話があり、大至急会いたいとのことであった。私は西片町の自宅に来てもらって彼の話を聞いた。早速、局長、次官のお宅に電話をして回答内容につき了承を得たので、最後に大臣に確認する必要があり、有馬龍夫大臣秘書官に電話したが留守であった。そこで私は、宮澤大臣のお宅に直接電話して御了承を得た。ニック・プラット氏にはその日のうちに日本政府としての正式回答を伝えることができた。

キッシンジャーのスピーチ

フォード大統領（Gerard R. Ford）は親日的であったが、私が心配したのはキッシンジャー国務長官であった。一九七五年六月一八日に、キッシンジャー国務長官がニューヨークのジャパン・ソサエティの年次晩餐会のスピーチをすることになっていた。彼は後に自著『激動の時代（*Years of Upheaval*）』にも書いていたが、政権入りした時に主要国で一番知らない国が日本だったという。

そもそも彼の基本的な考え方は、博士論文を基にした著書、『回復された世界平和（*A World Restored*）』で描かれているように、力（パワー）を持った国がお互いに協調し合うウィーン体制を理想とするものであった。しかし日本の場合は軍事力もなければ政治指導者に力があるようにも見えない。日本の力が一体どこにあるのか分からないというのが、彼の日本に対するイメージだったように思う。

そのキッシンジャーが、はたしてどのような演説をするのか多少の不安もあったため、私も晩餐会に出席して様子をうかがった。ところが彼のスピーチは、「米国と日本との関係は強力かつ希望に満ちたものである」という言葉から始まり、「今夜私は、米国、アジア、そして世界にとってこの関係が持つ重要性について述べたい」と続けて、彼の所見を展開した。日本への深い理解がうかがえるすばらしい演説であった。

キッシンジャーは日本についてよく勉強したものだと感心した。

三木訪米

三木総理が、一九七五年八月初めに訪米した。総理は、平沢和重氏を米国に、大来佐武郎氏を東南アジアに派遣し、独自の考えをまとめようとされた。

山崎アメリカ局長の下で、私は日米共同声明の作成に努力した。総理出発の数日前に、準備が一応一段落した気分で、宮澤外相以下と夕食をともにした。外相が帰る前に、「山崎君ちょっと」と言って何かを話していたが、外相が去ってから山崎局長が「もう一つ作らなければならなくなった。今までのやつは共同新聞発表にして、より崇高なものを書いてくれとの三木総理の指示だ」と言われ、それからが大変だった。

私は、平沢氏と高輪プリンスホテルで数回会って、共同声明の文言を詰めた。結局、八月六日に発表された共同声明は、七つのパラグラフのみの短いもので、抽象性が高いものであった。一点だけ冒頭に、「日米両国民が民主主義の基本的価値を分かち合い」と述べているが、この「基本的価値」は今日でも重要なキーワードであると思う。

一方、同日に発表された共同新聞発表は一三項目からなり、安全保障、経済から文化までをカバーしている上、より具体的な問題に言及している。たとえば、次のような点が盛り込まれている。

（イ）米国務長官と日本の外相が年二回会談する。
（ロ）米国がアジアにおいて積極的な役割を引き続き果たす。
（ハ）「核兵力であれ通常兵力であれ」日本への武力攻撃があった場合、米国は日本を防御する。

（二）総理大臣は核兵器不拡散条約を批准するため手続きをする旨を表明する。

上記（ロ）は、当時ベトナム戦争後の「米国のアジア離れ」への回答である。また、上記（ハ）は米国が明示的に核に言及した最初であり、核不拡散条約（NPT）を批准しようとしている日本にとって、国内政治的な意味があったと考えられる。

三木武夫総理

三木先生には、「バルカン政治家」というあだ名があった。党内基盤は強固とは言えないが、立ち回りの妙があるという趣旨かと思う。

総理秘書官をしていた北村汎氏の取り計らいで、私は三木総理の自宅へ伺ったり、総理の執務室で直接指示を受けたりすることを重ねているうちに、この総理の不思議な魅力を感じた。

自宅へお伺いしたのは、あることで総理と異なる意見だったので、それを説明したいと北村秘書官に伝えたことがきっかけであった。それでは、今夜総理のお宅に来いということになり、意を決してお伺いすることになった。しかし、行ってみると何やらホームパーティで、一家で楽しくやっていて、結局私は意見を言い出せずに帰ってきてしまった。

三木総理の下で外務事務次官を務め、その後駐米大使になられた東郷文彦氏の回顧録によると、一九七五年八月に三木総理訪米後に官邸で慰労会があった折に、三木総理は次のように述べられたようである。「隙間風が立つのは外務との間だけである、外務省内でも若い人の間にはいろいろ立派な意見もあるべく、今後大いにこれを伸張させて貰いたい」（東郷文彦『日米外交三十年』中公文庫、一九八九年、二二九頁）。

私が垣間見たのは、いわゆるハト派でおられたが、外交を真剣に自ら熟慮され、そのため外務省のみならず自らのブレーンを活用なさっている三木総理の姿であった。たまたま平沢和重氏、大来佐武郎氏といった尊敬する方々がブレーンを務めておられたこともあり、外務省の私の上司を含めて外務省との間に隙間風が吹いているとは思っていなかった。後年この本を読んで私の至らなさに恐縮したものであった。

二　昭和天皇御訪米

東郷文彦外務次官の回顧録によれば、「一九七五年に入っては秋に予定されていた天皇皇后両陛下の御訪米の準備に忙しかった」という（前掲書、二二三頁）。一月に北米第一課長になった私にとって、御訪米は振り返っても外務省在勤中、最も心血を注いだ課題の一つであった。

時代背景

一九七三年八月、田中総理とニクソン大統領の共同声明で、ニクソン大統領の訪日と天皇陛下の御訪米が合意された。七四年一一月には、ニクソン大統領辞任後、あとを継いだフォード大統領が史上初の米大統領の公式訪問として来日。天皇の御訪米を重ねて招聘した。御訪米は七五年九月三〇日から一〇月一四日の、一五日間の日程で行われた。

御訪米の頃には、米国に関して主として二つの状況が見られた。一つは米国のトラウマの時期が終わったこと、二つ目には、日米間に何らの摩擦案件もなく、「無風状態」とさえ言われていたことである。

七四年八月に、ウォーターゲート事件でニクソン大統領が辞任した。これは米国史上、初めての大統領辞任であった。フォード副大統領が即日大統領に就任し、「国家的悪夢は終わった」と、第一声を発した。さらに、七五年四月三〇日のサイゴン陥落によって、米国が長年苦しんできた戦争が終わった。フォード大統領は、ウォーターゲートとベトナムという、二つのトラウマを癒やす大統領となる。

七四年一一月の訪日の時も、その純朴な人柄で日本国民から愛された。また、翌年の七六年はアメリカ建国二〇〇周年を祝うことになっていた。日米間には以前にもいろいろと問題があったし、そのあとも経済摩擦が激化した。だが、七五年はまさに「無風状態」であり、八月の三木総理訪米はこのことを事実上確認し、良き御訪米の露払いとなった。

このように、御訪米は極めて恵まれた状況の下で行われた。

御訪米の体制

昭和天皇の外国訪問は、天皇としては欧州と米国の二回だけであった。

御訪米の際も、御訪欧の前例を踏襲し、外務省では儀典長の主管となった。三木総理、宮澤外務大臣、東郷次官の次のラインは内田宏儀典長で、アメリカ局長、参事官はラインに入らず、北米第一課長が直接儀典長に報告する体制になった。

さらに、福田赳夫副総理が御訪米の首席随員となり、宮内庁には宇佐美毅長官、入江相政侍従長などの実力者がおられた。また、全体のスポークスマンを藤山楢一大使が務めた。

実務レベルでは、情報文化局の大木浩参事官と坂本重太郎報道課長が協力してくれた。さらに通常の北米第一課とは別に、ロジスティクスを担当する部署を設けた。林暘氏が御訪米準備室長となった。各地の情勢等の調査や陛下の「おことば」等は、北米一課が全員で担当した。両陛下の随員は二一名で、随行員は一五名であった。また、西海岸やハワイのような手薄な総領事館を補佐するために、法眼健作氏等有能な事務官に担当してもらった。

御訪米の日程

ワシントン以外の御訪問先の都市をどこにするか、それぞれの都市で何をするかについては、全く日本側に裁量の自由があった。御訪欧の場合は各国の首都を御訪問なさっただけなので、各国政府が日程を提案してきた。しかし米国の場合は、公式訪問であっても、ワシントンでのホワイトハウスなど大統領が直接関与する公的行事以外は、すべて日本側に任された。

御日程表作成上の留意事項として、内部で相談の結果、次の諸点が浮かんできた。一つは、各地で普通の人々と会って、その土地の人が誇りと思っているものをともに賞でることである。一般の人々との触れ合いは、戦後日本が廃墟から立ち上がってゆく際、陛下の地方巡幸により国民の志気が大いに上がったことを想起させた。御訪米は、日米両国の国民同士の触れ合いの絶好の機会と捉えた。

第二の点は、御訪米を事実上、第二次大戦を本当に終了し、日米の和解を完成させる機会とすることである。当時はまだ戦後三〇年で、第二次大戦の記憶が鮮明な人が多かった。大戦中はヒトラー、ムッソリーニに次いで、ヒロヒトが三人目の「悪人」とされていた。「開戦の詔勅」においても「裕仁」の御名で、「朕茲に米国及英国に対して戦を宣す」と、述べておられる。したがって御訪米では、第二次大戦に対し、しっかりと向き合う必要がある。そのためには、適切なおことばを発することと、アーリントン墓地やハワイのパンチボール国立太平洋記念墓地を御訪問されることが、大切であった。

たまたま翌年が米国建国二〇〇周年のお祝いの年であったので、歴史の時間軸を長く取って、その中の「四年」のみが戦いの時代であって、日米友好の長い歴史があることに人々に気づいてもらえるよう、最初の御訪問先を米国建国当時の面影を残すウィリアムズバーグとした。また陛下の学者としての一面を明らかにするため、ウッズホール海洋研究所とラホヤのスクリップス海洋研究所の御訪問も考えた。

その上で、各地で具体的にどこを訪れ、何をするべきかについて意見を聞くため、私は御訪問先を一晩ずつ、自ら訪ねた。ワシントン、ニューヨーク以外の総領事には若い人を含め館員全員と私が会を持ち、ブレーンストーミングの手法で館員の意見を出し合うことをお願いした。入省した直後に米国の大学に派遣されている研修中の外交官補の後輩達へも、指示を出し意見を集めた。また、当時朝日新聞のアメリカ総局長をしていた松山幸雄さんには内々に意見を聞いた。

昭和天皇御訪米前の記念撮影（2列目左から2番目が筆者）

先遣隊

五月には、安川壮駐米大使のところへ、本省関係者と総領事が集まり、在米公館長会議が開かれた。そこで事実上、日程の大筋が固まった。その後、宮内庁の湯川盛夫式部官長をヘッドとする先遣隊が各地を回った。出発の際、空港に着いたら、NHKの人が来ていた。初めは別途行動するつもりであったが、結局行く先々でカメラアングル等の貴重なアドバイスを受けた。

事前広報

多くの米国人は、日本の天皇の訪問に無関心であった。私の手許にある北米第一課作成のペーパーは早い段階のものであるが、ローマ法王とかエリザベス女王の訪問にはとても及びもつかないという予想を書いている。

したがって、事前広報が重要になった。そのため、陛下の単独会見を含む、七回にわたる米プレスとの御会見が行われた。

「おことば」

陛下の「おことば」を述べる機会は、全体で一七回ほどあった。いうまでもなく、最も重要なのは、ホワイトハウスにおける晩餐会でのおことばである。

起案にあたっては、陛下が何を一番おっしゃりたいのかを知りたかった。私はそれについて、徳川義寛侍従次長にお願いした。すると、陛下は感謝の意を表されたいということが、それとなく伝わってきた（徳川氏は後に侍従長になるが、昭和二〇年八月一五日の終戦の前日に、一部軍人から玉音盤を守った人の一人である）。

「おことば」については、山崎アメリカ局長も相談に乗ってくれた。決裁はあくまで、私の上は儀典長と次官のみで、すぐ通ってしまう。戦争に関する部分は特に心配なので、日本語と英訳の双方を別途上層部に上げた。

ところが、三木総理、福田首席随員、宮澤外相、宇佐美宮内庁長官の意見が微妙に違う。この調整は、スポークスマンの藤山楢一大使にお願いした。

私はすべての「おことば」を起案したが、北米一課の課員、特に沼田首席事務官によるところも大きかった。「おことば」では日本語より英語のほうがより感動的であることがしばしば見られた。英語の案を見てくれたのは眞崎秀樹外務省参与であった。

一〇月二日のホワイトハウスの晩餐会における陛下のスピーチは、次の通りである。

大統領閣下、令夫人並びに御列席の各位

ただ今の大統領閣下の御懇切なお言葉に、私は心から感謝いたしますとともに、我が国及び我が国民に対する好意に満ちた御心情に接し、深く感動しております。

昨秋、大統領閣下を我が国にお迎えできましたことは、百二十年余りにわたる、日米両国の友好の歴史に、輝かしく喜ばしい一頁を加えました。その時以来、私と皇后は、閣下に再びお会いできます日を、また令夫人に初めてお目にかかれることを、楽しみにしてまいりました。

本夕、私たちは、貴国の偉大な指導者たちが、建国の時代から、国政をつかさどり、米国と世界の歴史に、大きな足跡を残してこられた、このホワイトハウスにおいて、閣下の心温まるおもてなしに預かりましたことを、厚く御礼申し上げます。

私たちは、ウィリアムズバーグで、貴国訪問の旅の第一夜を過ごしました。建国当時の面影を今に伝える、かの地の美しい街並みと、落ち着いた風情に触れて、旅の疲れを十分に癒やすことができました。今宵、この歴史的なホワイトハウスで、閣下と席をともにしておりますと、貴国の建国当時のことに想いがめぐります。

貴国初代のワシントン大統領が、一七九六年にその職を離れるに際して、「すべての国民に対して誠実と正義を尽くし、すべての国との平和と協調に努めるように」と、貴国民に説かれた言葉を、私は想い起こします。

この遺訓は、現代に生きている真理であり、それはまた、国際社会において、平和と協調に努力している我が国民の心にも相通ずる理念でもあります。

私は多年、貴国訪問を念願にしておりましたが、もしそのことが叶えられた時には、次のことを是非貴国民にお伝えしたいと思っておりました。と申しますのは、私が深く悲しみとする、あの不幸な戦争の直後、貴国が、我が国の再建のために、温かい好意と援助の手を差し延べられたことに対し、貴国民に直接感謝の言葉を申し述べることでありました。当時を知らない新しい世代が、今日、日米それぞれの社会において過半数を占めようとしております。しかし、たとえ今後、時代は移り変わろうとも、この貴国民の寛容と善意とは、日本国民の間に、永く語り継がれて行くものと信じます。

貴国は過去二世紀にわたり、人類の福祉と進歩のために、多大な貢献をしてこられました。独立二百年を明年に控えた今日、貴国は、歴史の大きな変転の中にあって、建国当時の高い理想を掲げ続け、貴国民は若々しく活力にあふれ、想像力に富む社会の発展と世界平和の建設のため、尽くしておられます。

今日、人類は、公正にして平和な国際社会の創造という、共同の事業に携わっています。私は、日米両国が、さらに知り合い、話し合って、ともに、力強く安定した国として、各々の豊かな歴史と伝統を活かしつつ、この崇高な目的の達成に邁進することを期待します。

御列席の各位、アメリカ合衆国大統領閣下並びに令夫人の御健康と、輝ける建国第三世紀へと前

昭和天皇御訪米（左から４人目が筆者。シカゴ、1975 年）

進しようとしている米国国民のために、乾杯したいと思います。

（なお「永く語り継がれる」は英文では「retold from generation to generation of Japanese」となっている）

御訪米の成果

在米大使館からの報告電報によると、晩餐会の席上、キッシンジャー国務長官は安川駐米大使に、「私は、これほどまで感動的なスピーチを聴いたことがない。だれがこのスピーチを起草したのか？（I have never heard such a moving speech. Who wrote that speech?)」と尋ねたという。マンスフィールド（Michael Joseph Mansfield）上院院内総務は、陛下のスピーチを議会の議事録に入れた。

翌日のアーリントン墓地での献花の写真

はアメリカ中の新聞を飾った。御訪米は連日、米国のメディアをにぎわせた。また、ワシントンにおいては、皇后陛下の絵画展も行われた。ニューヨークでは、シェイスタジアムでアメリカンフットボールの実況中継が行われる中、六万人の観客が陛下をスタンディングオベーションで迎えた。シカゴでは、日本が必要としている食糧の多くが中西部で耕作されていることを述べられた。また、郊外の農家を訪問されて、大豆畑で稼動するコンバインに自らお乗りになった。

当時、ロサンゼルスが誇りにしているのは、ハリウッドとディズニーランドであるといわれていたので、ジョン・ウェイン（John Wayne）、チャールトン・ヘストン（Charlton Heston）などは午餐会に招待し、そしてディズニーランドには自ら訪問された。ハワイでは、日系のジョージ・アリヨシ（George Ariyoshi）知事夫妻をはじめ、日系人の方々が大歓迎をしてくれた。

米議会は、陛下の歓迎決議を行った。また、米三大ネットワークは天皇訪米の特集番組を放映し、新聞も報道のみならず社説も掲げた。たとえば、『ニューヨーク・タイムズ』紙は「陛下の訪米によって戦争に終止符が打たれた」との趣旨の社説を掲げた。米国の一般市民の間で、地方の小さな町の新聞でさえもこれだけ日本について好意的かつ大量の報道に接したことは、空前絶後のことと思われる。

御訪米から一週間ほど後に、在米大使館の西田誠哉公使が米国務省の某高官から聴取したことを伝える電報がある。それによると、先方は次のように述べている。「（昭和天皇の）御訪米は、米国が迎えたすべての国賓の中で、最も成功したものである。成功の大きな理由は両陛下のお人柄であり、自分の故郷は最も孤立主義的なアイオワ州デビュークであるが、そのような地方の小都市までが連日のように陛下の御訪米につき報道している。今回の御訪米は現在二〇歳位の米国人達が、今後四〇年経っても未だ記憶していることであろうし、今後の日米関係にとって極めて大きな意義を持つことになろう」。

なお、御訪米は両陛下にとっても、戦後の良い思い出であったかと思われる。随員二一名に随行員も加えて毎年秋にはお茶会をお開きになり、思い出話に花を咲かせた。

御訪米にまつわる思い出

（1） 陽光と御製

ウィリアムズバーグに一泊してから、その次の朝にワシントンへ向かった。ウィリアムズバーグは朝から雨だった。ワシントン郊外のアンドリューズ空軍基地に着いた頃には、雨はほとんどやんでいた。だが、陛下が車でホワイトハウスに向かい、庭での歓迎式に出席すると、ほぼ同時に雲が切れて太陽が差し込んできた。多くの人が感嘆の声を発していた。

また、後に知ったことであるが、陛下は行く先々で歌をお詠みになっている。アーリントンの無名戦士の墓に参られ献花されたことについて、次の歌をお詠みになっている。

この国の　戦死将兵をかなしみて　花環ささげて篤くいのりぬ

このお歌を読んで、陛下の日米和解を望まれるお気持ちを深く感じたことであった。

（2） 御不快

ハワイでは、ハワイ島のマグナケアビーチホテルに宿泊され、旅の最後の日をお過ごしになった。

この日は特に御予定は入っていなかったが、陛下が微熱を出されたことを、極めて限られた少人数だけが知った。

私は今回の旅に出発する際、羽田空港で大河原良雄官房長から、「もし御訪米で変な事件が起きたら内閣が潰れるからね」と言われたのを思い起こした。御訪米の最中、常に辞表を懐にしのばせていたが、外務省にいたのは短かったけれどこれでいよいよ終わりかと思いつつ一日を過ごした。

夕刻になって、陛下の微熱が下がったとの朗報を得た。私にとっては、本当に長い一日であった。

（3）爆弾騒ぎ

日本では、天皇訪米阻止の動きがあった。御訪米の準備に明け暮れていたある朝、いつも通り午前三時近くに家に帰った。すると警官が何人かいて、私の家の前のごみ箱から金属反応があったので今、爆発物処理班が向かっていると告げられた。私は役所を出る前に一杯ウィスキーをひっかけていたので、朦朧とした頭で家族を起こすかどうか考えていたが、結論が出ないうちに処理班が到着し、爆発物ではないことが分かった。その日から出発まで警察が私の家を警護してくれた。

御訪米の最中も、ニューヨークで福田首席随員の部屋に爆弾をしかけたとの電話があったとして、現地の警察が夜に乗り込んできた。一行は総領事公邸へ晩餐会に出かけていたが、残っている者の中での責任者として私が警察に立ち会った。ようやく、いたずら電話ということが分かったが、警察犬が部屋をかぎ回っている時は、いつ爆発するかと、いい感じはしなかった。

（4）北米第一課及び準備室の志気

沼田首席事務官、林準備室長以下の皆さんが、毎日徹夜に近く働いているのを見て、ある日、みんな大変だなと職員に声をかけると、「故郷の両親からおまえは陛下の御訪米の準備をやっている。親戚一同はおまえのことを誇りに思っている、と言ってきました」と、答えが返ってきた。実は私も亡き父母がどれほど喜んでいるかと考えることが、心の支えの一つであった。

（5）邦文タイプ

陛下の「おことば」はすべて、北米一課の事務官を長く務めた安藤よし子氏がタイプした。なお、安藤氏によると、昭和一六年の開戦の詔勅の案も、安藤氏がタイプした由であり、当時首席事務官だった黄田多喜夫氏が起案したとのことであった。

（6）江藤淳

江頭君は（私にとっては、江藤淳というより本名の江頭淳夫）は昭和天皇を深く崇敬していた。平山周吉『江藤淳は甦る』（新潮社、二〇一九年）によると、江頭君は一九八五（昭和六〇）年に「昭和よ永遠なれ」と発言していた由である。

ホワイトハウスの「おことば」の案を、心配なので友人の江頭君にだけ見せた。ホテルオークラの一室で彼は「おことば」案の前で背筋をピンと伸ばして恭しく「拝見いたします」と述べてじっと案文を見つめていた。「寛容と善意」のあとに一語「と」を入れることだけを勧めた。入江侍従長だけには彼に見せたことを言ったが、笑いながら「いけませんねぇ」と一言だけであった。江頭君は自分が案文の相談を受けたことを誰にも言わなかったと思う。

私が福田先生に正式にお会いしたのは、両陛下御訪米の随員となった時が最初だった。外務大臣をなさった時、私は国連局経済課長であったので、お目にかかったことはあるが直接お話ししたことはあまりなかった。

最初に福田先生をお見かけしたのは、一九五七年六月の岸総理訪米の際であった。私は米国の迎賓館であるブレアハウスの係であったが、岸総理としばしば少人数で密談されている人が印象に残ったので、人に聞いてみたら福田代議士ということであった。後で分かったことであるが、福田先生は岸総理の側近の一人として同行し、米政府の支援を得て、世界銀行とワシントンの輸出入銀行から合計三億ドルの借款に成功した由である。

一九七五年九月五日、天皇皇后両陛下は福田首席随員及び二一名の随員とお会いになり、お言葉を賜った。私にとって両陛下とお会いするのは初めてであったが、福田副総理も私も「臣下」であるという意味で、天皇制のもとで、人々は平等であるという面を初めて体験した。

福田先生について最も思い出に残ったのは、ニューヨークの宿泊先だったウォルドルフ＝アストリアホテルで、スポークスマンの藤山楢一大使の記者会見があった時のことである。陛下のホワイトハウスの晩餐会のスピーチの中に、「deplore」という動詞があったが、これは必ずしも反省を意味しないのではないのか、という厳しい質問がなされた。

藤山大使は、英和辞典を片手に振り上げつつ説明した。会場は一時、かなり緊張したが、私はそれほど心配していなかった。「おことば」での戦争に関する部分は、綿密に検討してあったし、政府上層部の裁可も得ていたからである。それにしても、記者会見が荒れていたことを、会見終了直後に福田首席随員の部屋に報告に行った。

福田首席随員はガウン姿でリラックスされていたが、私の報告を聞いて顔色一つ変えるわけでもなく、「ああそうか」と、平然としておられた。肝の据わった人だなと感じた。そしてその時、この人を随員のヘッドにした御訪米は、うまくいくだろうと直感した。

福田先生の下で、両陛下の御訪米を下支えできたことは、私にとって生涯の思い出であるが、はるか後年、私は福田先生が生みの親の国際交流基金に勤務することとなった。一九七一年七月の中近東大使会議において福田外相は、「日本と諸外国との関係の基本は物を通じるのではなく、心と心の触れ合いに重点を置かなければならない」と発言された由である。

国際交流基金は、福田外相自身が発想されたものである。ほとんどの「特殊法人」などの政府関係機関が、事務方から上がって設立される中で、このような例は極めてまれである。

福田先生は、外交は国と国との案件の折衝のみではなく、相手側の国民に対しても働きかけるべきものであるという、パブリック・ディプロマシーの本質を深く理解されていた。

福田先生も、私がお会いした方の中で、傑出した人物の一人であった。

ロッキード事件

一九七六年二月に、いわゆるロッキード事件が問題となった。世論の沸騰を受けて三木首相は捜査の開始を指示した。また米国のフォード大統領に対しても書簡を送り、捜査への協力を要請した。私のところへは四月に着任した東京地検特捜部の堀田力検事が暮夜ひそかに来訪し、嘱託尋問等について、二人で何回か話をしたが、私個人としては極めて不快な状況であった。ほどなく六月には在米大使館参事官の発令を受けた。

三　ハーバード大学国際問題研究所

フェローズ・プログラム

一九七六年七月から私は、サバティカルで在米大使館参事官という肩書のまま、ハーバード大学国際問題研究所（ＣＦＩＡ）に派遣された。

ハーバード国際問題研究所の中には、「フェローズ・プログラム」という、米国や欧州、日本の外交官、一五名で編成されたプログラムがあった。フェローズ・プログラムのメンバーは、国際問題研究所の所内に個室をあてがわれ、ハーバードのあらゆる講義に出席することが許された。義務としては最後に論文を一本提出するだけで、あとは自由に学べる環境だった。何か重要な国際問題が起きると、教授や学生やフェローがファカルティ・クラブに集まり、議論を繰り広げた。

私は七六・七七年度のフェローのチェアマンに指名された。主な役割は、月に二、三回、ファカルティ・クラブに講師を招き、シンポジウムや講演会を開催することだった。たとえばガルブレイス(John Kenneth Galbraith) 元駐インド米国大使など、著名な方々が講師として来てくれ、私は講師の紹介とモデレーターを務めた。また、フェローのメンバーとともに、米国やカナダを旅行した際には、フェローを代表して挨拶を行った。

私は、ハーバードのあるマサチューセッツ州ケンブリッジから車で三〇分位のところにあるベルモントという小さな街に、一軒家を借りた。地下室全体を私の書斎にして、研究所にいる以外の大半の時間をそこで読書や論文執筆をして過ごした。三人の娘は地元の中学校、小学校、幼稚園に通い、在外の大使館や東京の本省では味わえない、プライベートライフを楽しんだ。

出会った人々

当時の国際問題研究所には、サミュエル・ハンティントンやジョセフ・ナイなどが研究員として在籍していた。かつてはキッシンジャーもいた。エズラ・ヴォーゲルは研究員ではなかったが、若い頃からの旧知の仲だったので、時々会っていた。なお、彼が『ジャパン・アズ・ナンバーワン』を出版したのは七九年になってからである。

(1) サミュエル・ハンティントン

私はなぜかハンティントンには親しみを持てなかったのだが、思えば彼の問題意識は、米国やヨーロッパの西洋文明をいかに守るかということだった。『文明の衝突』が刊行されたのは一九九六年だが、当時からヨーロッパ至上主義的で、東洋人を遠ざけるような雰囲気があった。

よく知られているように、『文明の衝突』という著書は、一九九三年に『フォーリン・アフェアーズ(*Foreign Affairs*)』誌に寄稿した論稿を基に執筆されたものであり、この本は二一世紀の世界にとって極めて示唆に富んだ著作である。中でも彼の分析が非常に鋭いと感じたのは、世界に七または八つの主要な文明があるとして、その中で日本文明は中国とは別の文明だという指摘である。同時に彼は、日本文明のことを、どこの国の文明とも共通しない独自の文明であるとして、「ローン・シビライゼーション（孤独の文明）」と表現している。厳密には文明ではなく、文化のことを指しているのではないかとも思うが、それは確かに鋭い指摘で、ヨーロッパ諸国が二ヵ国以上の国家主体を含んで文明を共有しているのとは異なり、日本はどこの国とも同じような文明を共有していない。

その上で、この本におけるハンティントンの主張とは、文明の衝突により最終戦争が起きるということで、日本と中国とイスラム諸国がヨーロッパや米国、ロシアとの戦争に加わるシナリオを、大真面目に書いている。

一九八〇年代頃から激化する日米経済摩擦を背景に、米国ではいわゆる「リビジョニスト」が台頭した。彼らは日本文化を異質で不可解で、一種の略奪的なものだとして強い批判を展開した。そうした声に少なからず影響を受けてか知らぬが、『文明の衝突』は、同盟国である日本は躊躇の末に、中国の側につくとされている。ハンティントンの日本に対する認識が、深いようで浅いのは残念である。

ちなみに、私も親しい間柄にある『エコノミスト（*The Economist*）』誌元編集長のビル・エモット（Bill Emmott）は、二〇一七年に『「西洋」の終わり（*The Fate of the West*）』という本を著した。その中で彼は当然のことのように、日本を「西洋（the West）」に含めている。時代の変化であろうか。

（2）ジョセフ・ナイ

ジョセフ・ナイは、カーター（Jimmy Carter）政権が一九七七年一月に発足したのに合わせて、国務副次官に就任するためにワシントンに飛び立った。それゆえ、ハーバード国際問題研究所でご一緒した期間はそれほど長くはないが、友人として親しくなった。ある日彼はロバート・コヘイン（Robert O. Keohane）との共著『パワーと相互依存（*Power and Interdependence*）』の原稿を見せてくれた。「相互依存（interdependence）」という言葉は大平外相が一九七四年一月の外交演説の中でも強調していたが、それから三年後、「相互依存」はよく使われる言葉となっていた。

ジョセフ・ナイの議論の面白いところは、同時に彼が「権力（power）」に着目している点である。その後彼は、一九九〇年に刊行した『指導する責任（*Bound to Lead*）』（邦訳『不滅の大国アメリカ』久保伸太郎訳、読売新聞社、一九九〇年）において「ソフト・パワー（soft power）」という言葉を使い、二〇〇四年には『ソフト・パワー（*Soft Power*）』という本を世に出した。さらに二〇一一年に刊行された著書では「スマート・パワー（smart power）」という単語を使っている。総じて彼はパワーという概念を根底に貫く問題意識として抱き続けているのである。

彼の提唱したソフトパワーの議論や、ハンティントンの「文明の衝突」論は、二一世紀において極めて示唆的な問題提起である。ハーバードでその二人と出会い、知的な刺激を得たことは幸せなことだった。なお、私は「相互依存の挑戦についての考察」という論文を提出した。

ちなみにまだ二度目の外務大臣になる前の一九七二年五月頃から、大平正芳先生は講演で「ハードからソフトへ」としばしば語っていた。それは後に政策研究会の一テーマである「文化の時代」として結実する。なお、エズラとジョー（ジョセフ）には今でも時々会っている。

（3）ライシャワー教授

ライシャワー教授に初めてお目にかかったのは、私がハーバード国際問題研究所のフェローとして赴任した直後であった。

私がハーバードに行くことを知った大平先生は、これを持って行けとライシャワー教授への紹介状を持たせてくださった。紹介状を渡すと、ライシャワー教授は熱心にそれを読んで、「あなたは立派な信任状をお持ちですね（You have a great credential）」と言い、大平先生の近況などを聞いてきた。

大平先生が最初の外務大臣の時、ライシャワー教授はケネディ大統領によって派遣された駐日大使であった。当時の大平外相と旧知の仲であったことは知っていたが、同氏の大平先生に対する敬愛の情には正直言って驚いた。

ハーバード大学から車で数十分のベルモントという所の丘の上に、ライシャワー教授とハル夫人の家があり、私と家内はよくお邪魔した。ライシャワー教授は「University Professor」という最高の肩書を持つ数名の教授陣の一人で、何を教えてもよいとのことであった。

ライシャワー教授は、月に二度か三度は講演に出かけた。同じベルモントに住んでいた私は、同教授が運転する車の助手席に座ってハーバードへ向かった。積雪のために車輪が空転するような時には車を後ろから押すのを手伝ったことが何回もあった。講演の時は立ち会っていて、日本人である私に質問があれば、私が答えた。

ライシャワー教授が日本について語ることは、私にとっても新鮮なことが多く、同教授の日本への愛情と日本を紹介する情熱には胸を打たれた。学生たちにもおおむね好評であったが、時には「彼は何も論じていないですよ（He didn't say anything）」などと辛辣な批判が聞こえてくることもあった。そのような時は帰りの車の中で何となく気が沈みそうになるので、気分を盛り上げようと苦労した。それにしても、米国という国はライシャワー教授のような大先生に対しても、平気であのようなことを言う学生がいるとは、と半ば呆れたが、同時にそれが米国の強さかもしれないとも思った。

当時、ハーバードの大学院生だったグレン・フクシマ（Glen S. Fukushima）（後に在日米国商工会議所会頭）が「ジャパン・フォーラム」の会長をしていて、日本紹介のためにシンポジウムを行うなど奔走していた。新婚の夫人が橘・フクシマ・咲江さんで、私が一中から日比谷高校の時代に国語を教わった橘先生の令嬢であった。この二人とは今でも極めて親しい間柄である。

ある日の夕方、ライシャワー教授が突然私の家に現れた。重いダンボール箱をお持ちだった。中身は本の原稿であった。読んでいろいろ意見を述べてほしいということであった。

多くの時間を注いだが、私にとってもよい勉強になった。この本は『ザ・ジャパニーズ（*The Japanese*）』と題して、一九七七年にハーバード大学出版局から刊行された。後年、『ライシャワー自伝』（文藝春秋、一九八七年）の中で、「その本は私が書いた物の中でも最も優れているとの自信があった」と述べている。確かに、日本の地理、歴史、政治、国際関係等について、これほど分析的、包括的に書かれた本はまれであると思う。

その本の中で、当時から今日に至るまで、私が最も重要だと思う部分は最終ページの次の言葉である。「日本はアメリカ、それにある程度西欧との間にも、広範かつ密接な協力関係を作り上げることに成功したが、この関係こそ、未だ世界をわかつ文化と人種の差を埋め、平等の原則のもとにみごとに構築されたものとして、世界史上最初の例である。この関係は、決して完璧でもなければ十全でもない。だが、やがて全世界の人々を包み込まずにはおかない関係の先鞭をつけるものであることも事実である」（エドウィン・O・ライシャワー『ザ・ジャパニーズ』文藝春秋、一九七九年、四二八頁）。

言うまでもなく、今日この本を読み返してみると、不十分な部分も少なくない。たとえば、日本の歴史との関連で、縄文時代が一切出てこないが、当時の学問的常識を考えれば致し方ないことと思う。この本の「まえがき」で、エズラ・ヴォーゲルとハル夫人の間に、私の名前を記していただいているのは、身に余る光栄なことであった。

前に触れた『ライシャワー自伝』から、ライシャワー氏が晩年最も印象に残ったものと思われる三つのエピソードを引用したい。一つは天皇御訪米に関してである。それについて、次のように記されている。

「一九七五年の十月はじめ、天皇、皇后両陛下が日本の今上天皇としてはじめてワシントンを訪問されたとき……ハルと私は大統領と天皇の双方から、それぞれが主催して開くホワイト・タイの晩餐会に招待を受けた。アメリカを訪れ得たことを両陛下がどんなに喜んでおられるかを知る私は非常に感動し、天皇に申し上げる日本語の丁重な挨拶を用意してワシントンに出かけた。ところが天皇が私を見るなりにっこり笑って「しばらく」と言われた途端、すべてを忘れてしまった。それは親しい友がしばらく会わなかった友に言う、ごく飾らない呼びかけの言葉だった」（五〇九頁）。

もう一つは、大平正芳先生に関してである。

「一九七八年十二月、親しかった大平正芳が首相になり、翌年五月ワシントンを訪問した。カーター政権が大平の立派な性格やアメリカに対して抱く確固たる友情を十分理解しないのではないかと懸念した私は、従兄の義息に当たる副大統領フリッツ・モンデールに宛て大平の人柄を説明する長い手紙を書いた。返事は来なかったが、だれかが真面目に読んでくれたらしい。ハルと私が大平を迎えて大統領の開くディナーに出るため招かれてワシントンに行くと……ブレアハウスで大平が私に会いたがっていると教えられた。行くと、大平はカーターが私の手紙の話をしたと言い、アメリカであたたかく迎えられた一半の理由がその手紙にあると感じているらしかった」（五〇九－五一〇頁）。

ライシャワー氏は、大平先生を非常に敬愛していた。ハーバードの学長に、名誉博士号を与えられるべく働きかけていた由である。

三つ目のエピソードは、国際交流基金賞についてである。「自伝」は語る。

「一九七五年には、国際交流基金の賞も受けたが、これは四人目と聞いた。一九七三年にまず私の恩師セルゲイ・エリセーエフが受賞し、私に続いては一九七六年にジャック・ホール、七九年にバートン・ファース、八〇年にはヒュー・ボートン、八三年にはドナルド・キーン……いずれも私の友人や教え子であるのはうれしいことだった」（五一四頁）。

国際交流基金は、一九七二年に佐藤内閣の福田外務大臣によって創設されたが、設立パーティは田中内閣発足後、田中総理、大平外務大臣が出席して行われた。翌七三年から国際交流基金賞を授与することとなり、今日も続いている。

二〇一六年の国際交流基金賞を受けた一人はスーザン・ファー（Susan Pharr）氏であり、彼女はハーバードのライシャワー日本研究所の所長をしていた。ライシャワー氏の残したものは、今日でも立派に息づいていると思う。

日本に生まれ、日本を学んだライシャワー氏は大使となってからは、「占領期メンタリティー」を一掃し、二国間関係を「イコール・パートナーシップ」へと移行させるために尽力した。そして、晩年には講義、講演、著作等を通して日本に対する理解を深め、楽観論を広める活動を行った。

これに対し、一九八〇年頃から激化する経済摩擦を背景に、いわゆる「リビジョニスト」が台頭した。彼らによれば、日本は悪意を持ち、不可解なシステムを持つ国であり、人によってはソ連に次ぐ「新しい敵」とすら考える勢力である。その論客としてはチャルマーズ・ジョンソン（Chalmers Johnson）、クライド・プレストウィッツ（Clyde Prestowitz）、ジェームズ・ファローズ（James Fallows）、カレル・ヴァン・ウォルフレン（Karel van Wolferen）等々である。今日でも私の親しい友人であり、ライシャワー大使の特別補佐官を務めたジョージ・パッカード（George R. Packard）の『ライシャワーの昭和史』（講談社、二〇〇九年）によれば、ライシャワー氏は最晩年に彼らと激しく闘っていた由である。

一九九〇年九月、ライシャワー氏はカルフォルニア州のラホヤで亡くなった。右の本によれば、「亡くなる前には、日本をまたしても敵対的で、脅威であり、不思議で、理解不能と描く批判者たちが一見、力を得ているのを知り、驚き、悲しんだ」由である（四七三頁）。さらに同書は次のように続く。ライシャワー氏は一切の儀式を望まなかった。そして、「彼の望みどおりに、家族は太平洋に近い丘に集まり、小型機が上空を舞い、表敬のために翼を少し下げてからすぐ上げて、彼が愛した二つの国をむすぶ青い海に灰をまくのを見守った」（四七六頁）。

四　在米大使館参事官

この時代の日米関係

私は一九七七年八月から七九年八月まで、参事官として在米大使館に勤務した。

米国では七七年一月にカーター政権が誕生し、六九年から八年間に及んだキッシンジャー外交が終わりを迎えた。カーター政権の対日関係では経済摩擦が相次いだ。日本の対米貿易黒字が増大して米国の失業率が上がり、七七年九月にはオハイオ州ヤングスタウンにあった鉄鋼工場が閉鎖されている。それを機に、米国議会では保護主義が台頭した。七八年に入ると日本との経済問題として、日本電信電話公社による政府調達問題、牛肉・オレンジの農産物問題などが浮上した。

私は七九年八月に日本に帰任したが、カーター政権にとっても世界全体にとっても大きな情勢の変化と困難が待ち受けていたのは七九年一一月の在イラン米大使館人質事件の発生と、一二月のソ連のアフガニスタン侵攻であった。私が在勤した当時はまだ比較的穏やかな時期であったと思う。

総務参事官の役割

総務参事官は、私で二代目であった。初代の羽澄光彦さんは後に中南米局長在任中に亡くなったが、人望のある人であった。

在米大使館のような大公館は、各省から多士済々が集まっていて、さながらミニ霞が関のようであった。総務参事官の役割は、官房事項に加え、全体に目を光らせて大使を補佐することであった。

当時の陣容は、東郷文彦大使、そして西田誠哉公使（後に角谷清公使）の下に総務班、政務班、経済班、財務班、広報文化班、防衛駐在官があった。経済班は深田宏公使（後に波多野敬雄氏）の下に松浦晃一郎参事官や若林之矩参事官等、関係各省の人がいた。政務班は有馬龍夫参事官の下に丹波實、原田明夫、沼田貞昭一等書記官等多才な人々がいた。財務班は一番独立色が強いが、終生の友人であった松室武仁夫公使の下に、今でも友人である尾崎護参事官と、武藤敏郎一等事務官がいた。総務参事官は、役人の年次でいくと大使館で五番目の序列であり、あらゆることに口を出せるが、ちょっととりとめのない役職であった。

ワシントンDCという都市には、「地付きの人々」と、よそから来てまた去っていく人々との、二種類の人がいた。パワーという意味では、この二種類が混在しているが、私は大使館が「地付きの人」との連携が弱いと感じた。「地付きの人」の例としては『ワシントン・ポスト』紙をはじめ、プレス、シンクタンク、ロビイストが挙げられる。上下両院議員及びスタッフ、特に上院では長期化し地付き化している人々も多かった。

日米関係も徐々に、経済摩擦が激化する兆候が出始めたので、特に議会が重要であった。したがってダニエル・イノウエ（Daniel Inouye）、スパーク・マツナガ（Spark Matsunaga）、ノーマン・ミネタ（Norman Mineta）の三人の日系議員とは親しくしてもらい、J・D・ロックフェラー（John D. Rockfeller Jr.）、ビル・フレンゼル（Bill Frenzel）とも親しかった。ホワイトハウスのスタッフともよく会合した。

カーター大統領が書類を一日に数百ページを読むこと、その中にはホワイトハウスのテニスコートを誰が使うか等の決まりも入っていること等々が分かってくる。ロビイストの調査も始めた。日本もどうすれば、そのような要員を送り込めるかを考えた。狭義のロビイストではないが、在ワシントンのイスラエル大使館員が議会等で持っている強い力には、本当に驚かされた。このような調査や努力はあまり具体的には成果を上げられなかったが、ウォーターゲート事件の「調査報道（Investigative

Reporting)」で旭日の勢いのあった、『ワシントン・ポスト』の社主であったキャサリン・グラハム(Katharine Graham)女史の息子と親しくなったことは、結果につながった。

なお、狭義の官房事項で私が努力したのは、歴史と伝統のある日本大使公邸の建築の維持であった。当時、本省では手狭になった大使館を改築する案が出ていたが、私は「地付きの人々」との対話を通じ、在米大使館、特に公邸は一種の文化財として維持せざるを得ないことを本省に強く進言し、それが実現した。そして、私が最も注力したのは、一九七九年五月の大平総理の訪米であった。

大平総理の訪米

一九七八年一二月に大平正芳先生が総理となられ、翌七九年五月に訪米された。私は総理訪米の準備に専念した。

私が着任する三ヵ月ほど前の一九七七年五月には、福田赳夫総理の訪米があった。当時の米国の新聞報道を調べてみたが、極めて小さくしか報道されていないことに気づいた。

総務参事官は主としてロジスティクス面だけを扱うのが慣例のようであったが、総理訪問担当として日程の作成段階から積極的に介入した。福田博北米第一課長には、毎日のように電話をした。特に力を入れたのは広報と文化と議会であった。

広報については『ワシントン・ポスト』紙のキャサリン・グラハム女史の息子に、大平総理との単独会見の話を持っていった。直ちに返事が来て、訪米の冒頭に自宅でやってほしいとのことであった。結局五月一日に、公式スケジュールの前に朝食会として行うこととした。

その日はホワイトハウスには行かずに、フリーア美術館、ケネディセンターの小劇場など日本の関係者も寄付した施設を訪れた。それからＹＦＵ（Youth for Understanding）という、日本を含めた各国の高校生を一年間米国で勉強させるプログラムがあり、そのワシントン本部も訪れた。私が北米一課長だった頃の首席事務官だった沼田貞昭君はＹＦＵ類似の団体ＡＦＳ（American Field Service）出身者であり、高校時代に一年間米国で学んでいた。彼は流ちょうに英語を使いこなすのだが、それにはこの経験も少なからず影響していたようで、私は高校時代に英語を使う環境に身を置くのは重要だと感じた。大平総理の訪問により認知度が上がり、海外で学ぶ若者が増えればという思いからＹＦＵを訪問先に選んだ。こうして初日を終えた。

翌二日は、一日中、ホワイトハウスでの公式行事の日であった。その日の『ワシントン・ポスト』紙の朝刊を手に取ると、一面に大平総理の大きな写真付きで報道されていた。そのためか大平総理を出迎えるホワイトハウスの雰囲気が違うように感じられた。そして、大平総理のホワイトハウスにおける歓迎式典でのスピーチが行われた。大平総理は、日本の総理大臣としてホワイトハウスで日米関係について「同盟」という言葉を使った、最初の人物となった。

三日には、ブレアハウスで米国の経済閣僚を招き朝食会を行った。そして午前は下院のオニール（Tip O'Neil）議長、サブロツキー（Clement J. Zablocki）外交委員長以下と会談を行い、午後は上院のバード（Robert Byrd）院内総務、チャーチ（Frank Church）外交委員長以下と懇談した。

そしてその間に、ナショナル・プレス・クラブで開かれた昼食会で、大平総理は英語でスピーチを行った。このナショナル・プレス・クラブでのスピーチは、いまから振り返っても、その後の問題に影響を与えるような重要なものであったと思う。その中核は日米関係の深化にあった。日米経済関係については、日本は内需拡大を中心とした経済成長を目指すこと及び貿易面では一層、開放的かつ自由な貿易体制を推進することを強調した。さらに日米両国のパートナーシップは世界の平和と安定に貢献しており、一九八〇年代に向けてより豊かなパートナーシップを築くことが両国の世界に対する責任である。日米両国は基本的価値観を共有しているが、文化的な伝統の違いもあり両国民の相互理解を一層増進させる必要がある、ということを強調している。右以外の重要な点の一つに、途上国援助の話がある。

大平総理は、日本の政府開発援助が伸びている中で、資本と商品の輸出が重視される従来の経済協力のあり方を超えて、途上国にノウハウとテクノロジーの移転を拡大させることが重要だと述べた。なお、この年の一二月に、大平総理は訪中して、技術移転を伴う円借款の供与の意向を表明した。技術移転をすることで、将来中国が競争相手になるのではとの懸念を招いたが、大平総理は長期的に見れば、それで構わないという考え方を有していた。いま振り返って、この時の判断が正しかったのか否かは、依然として定かではない。しかし猛烈な反対が国内にあったにもかかわらず、大平総理や稲山嘉寛氏は長期的な視点で、仮に中国が将来の競争相手になるとしても、ノウハウを提供することで世界が前進すると考えていた。

このスピーチにおけるもう一つの重要な点は、インドシナ半島における日本の役割に言及した点である。大平総理は、「インドシナ半島では、緊張と紛争が継続しております。わが国はベトナム、カンボジア等のインドシナ諸国と対話のできる関係にある数少ない国の一つであり、今後ともＡＳＥＡ

N諸国及び米国と協調しつつ、この地域に永続的な平和を回復すべく積極的な努力を払ってまいりたいと考えております」と述べ、日本が唯一インドシナ諸国と対話できる国だということを、明言したのである。

私は後にアジア局審議官として、さらには駐タイ大使として、インドシナ半島の問題に関与することになるが、当時はベトナムはカンボジアに侵攻しており、ASEAN五ヵ国とインドシナ諸国は対立していた。ベトナム戦争により、米国はベトナムとの国交を失っていった。他方で日本の外務省は英正道南東アジア一課長などの努力もありベトナムとの関係を断ち切ることなく、国交を正常化していた。大平総理は、世界の問題に対して日本がいかに関与できるのかを、具体的に示した。

そして最終日の四日には、『ワシントン・ポスト』紙以外の新聞社にもアプローチした。ジェームス・レストン（James Reston）はじめ、『ニューヨーク・タイムズ』紙の記者の方々を招きブレアハウスで朝食会を行い、ワシントンを後にした。

総じて大平総理の訪米は成功裏に終わった。

ポトマッククラブ

東郷文彦駐米大使は、ワシントン駐在の日本の新聞記者たちと親しく付き合っていた。年一回の忘年会では、新聞記者と大使館員が夫人を交えて、寸劇などを繰り広げた。私も生まれて初めて、女装して出演したこともあった。この頃ワシントンにいたメンバー（新聞記者や各省の職員等）が中心になって、帰国後に「ポトマッククラブ」を立ち上げ、毎月第二水曜日に講師を招いた朝食会を続けた。

私が入会したのは、英国から帰国した後なのでだいぶ遅れたが、ワシントン在勤者の会となり、二〇一〇年の会員リストを見ると七五名になる。会の運営を初めは男性がやっていたが、息切れしてきた。すると、夫人方が精力的にそれを担ってくれるようになった。徐々に回数は減ったものの、年に一度、苅田吉夫氏が顧問をしている帝国ホテルでクリスマスの日に集まるようになった。私の妻は、今でも年一度のクリスマス会を手伝っている。クリスマス会は小関哲哉氏の司会で木村太郎、若月三喜雄、若林之矩氏等が常連という楽しい会合である。

第五章　変動するアジア情勢

一　人事課長

米国から帰国して、一九七九年八月に私は大臣官房人事課長になった。官房長は、最初は山崎敏夫さん、その後は柳谷謙介さんに代わった。

人事を担当するのはこれが初めてだった。当時の外務省の人事は、入省年次を基準にして、約二年経つと次のポストに異動するという極めて厳格なシステムで運営されていた。事務当局において人事の職務を受け持ったのは、次官、官房長及び人事課長の三人だけである。主要国の大使や次官級のポストについては総理まで、そして局長級以上は外務大臣まで、必ずご報告することになっていたが、特に異議を唱えられることもなかった。

人事をどう分担するかについては特に決まりはないが、たいていの場合、人事課長は課長及びそれ以下の案をまとめた上で、次官と官房長に許可を仰いだ。局長級以上のポストについては、次官と官房長から指示があれば案を出した。内閣が人事に影響力を持つ昨今とは異なる雰囲気が当時はあったと思う。

人事課長は職務柄、孤独なものであった。私は、人事課長の役割は外交といういわば御神輿を担いでいる人を裏のほうからも見て、誰が本当に担いでいるか、かけ声だけなのかを見極める役目であると言っていた。唯一の相談相手として、人事課の首席事務官がいた。当時は登誠一郎君と、後に大島賢三君だった。

外務省の場合は任地が実に多様であり、なかには瘴癘（しょうれい）地と呼ばれるような、治安上、健康上の危険を伴う地域も多い。そこに家族もともに赴任するとなれば、人事は一大事である。私としては、在任期間が二年では短いと思い、三年に伸ばすことを提案したが、以上の理由から実現することはなかった。

人事課長在任中に特に取り組んだ問題として、外務省の定員増強、外交官試験の見直し、外部人材の採用、外務省殉職者の顕彰像の設置が挙げられる。

外務省の定員増強

外務省の定員が少ないことを大問題だと思い、前任者の栗山尚一氏を引き継いで私もパンフレットを作成して配って回った。一九八〇年の定員は三四八三名であった。そして、せめて五〇〇〇人を目指して定員増強をしようと模索した。「せめてなりたやイタリアに」とも言っていたが、それでもイタリアの外務省より少ないくらいであった。定員増強は、外務省全体としても予算の最重要事項となっていた。

予算をつけるためには事務折衝、大臣折衝を経なければならない。ある時期になると「撃ち方やめ」というのが発せられ、それを過ぎると年内に予算をまとめられなくなる。外務省と法務省は、「撃ち方やめ」が来てもやめずに頑張ることで有名だったが、そのために官房長から物凄い勢いでもうやめろと言われたことがある。

外交官試験の見直し

日本で初めて外交官試験が導入されたのは、伊藤博文内閣下の明治二六（一八九三）年であり、原敬が主導して実現した。旧薩摩藩・長州藩出身者で占められた藩閥人事を見直し、外交官の質を高めるべく、全国から有能な人材を広く集めようという試みだった。

ある日、自民党の大実力者として知られる方から官房長宛てに、「人事の件で話がある。すぐに来い」という電話が来た。私は山崎官房長に「人事の件なら私が行きます」と言って向かった。すると「官房長はどうした」と言われたので、「官房長は他用で。人事の話は私がやります」と返した。先方はしばらく黙って考え込み、仕方ないと言って「俺が推薦した誰々をどうして外務省は落としたのか」と言う。私は「外交官試験は明治二六年に原敬が作りました。それ以来一切私情は入れていません」と説明した。するとその大物は、大声で「バカヤロー、帰れ！」と怒鳴った。私は了承を得たものと分かって「失礼します」と帰ってきたが、さすがだなと思った。

一人の人間が一度試験に受かると、それから三〇～四〇年は外交官として職務にあたることになる。往々にしてキャリアであることをよいことに、進歩が止まってしまっている人がいる。また、その間に世界は目まぐるしく変わるため、新しい問題に直面しても適切に対応できるような、知的好奇心を持つ人間を採用する必要があると感じた。そこで外交官試験を見直し、一次試験の筆記試験はそのまま足切りのために残して、その上で「知的バイタリティ」を持つ人材を見極めるために、高島益郎次官、山崎官房長と種々話し合いの上、面接の回数を増やすことにした。面接は受験者の一生がかかっており、相手が真剣なだけに人事課長にとっては大変にスタミナを必要とするものであった。

外交官試験を見直し、「知的バイタリティ」を重視して選考したところ、女性三名が採用されることになった。当時はまだ男女雇用機会均等法などという考え方が全くない時代であり、外務省史上女性が三名採用されることは初めてだった。また、女性大使を日本からも出そうと提案し、山崎官房長のところに友人の緒方貞子さんに来ていただき、緒方さんの示唆に基づき労働省婦人少年局長などの経験を持つ高橋展子氏にデンマーク大使を務めてもらうことになった。すると参議院議員であり婦人運動家でもあった市川房枝氏がわざわざ山崎官房長のところにお礼に来られた。陪席していた私は、その女性にある種の風格を感じた。長年活動されている方が女性大使の誕生を心から喜んでくれる姿を見て、よかったなと思った。今日外交官試験で当時採用された人々の名簿を見ると、幸いに優秀な人達が多い。一人だけ名前を挙げれば、イラクで銃弾を受け殉職された奥克彦大使は能力的人格的にすばらしい人であった。ラグビーのワールドカップを日本で開催することを最初に提唱したのは彼であるとの説もある。

さらに同時期、政策推進労組という労働組合から、有能な人材がいれば一人採用してはどうかという話が出た。この話の出所は加藤紘一氏だったと思う。その時候補に挙がった高木剛氏と直接会って話してみたが、その人柄にすっかり感心して、採用することにした。彼には、ロンドンやワシントンではなく、あえてタイに行ってもらった。タイでうまくやれれば立派なものだという期待を込めた。

多少の心配もあり、私は後から出張して様子を見に行った。すると彼は文化担当書記官として、周囲のタイ人からも慕われていた。その後高木氏は、二〇〇五年から〇九年にかけて連合の会長を務めることになる。

外部人材の採用

「知的バイタリティ」を持つ人材に加えて、特定の地域の専門家の存在も重要だと考えた。現地の言語を操り、その国の文化、歴史、政治等に精通した人材は外交上不可欠であり、外務省の専門職は大変に貴重である。だが、それ以外にも若手の地域研究者を外務省で活かせないかと模索した。研究者にとっても実務経験を積むことで視野が広がり、双方にとり一石二鳥だと思った。そしてこれは私が人事課長を離れた後、有馬龍夫人事課長の時に、専門調査員という制度として実現する。

外務省殉職者顕彰像

私が人事課長になる一年前、ラオスで杉江清一一等書記官が深夜の自宅で賊に侵入され、夫人とともに惨殺されるという事件が起きた。以来、杉江氏のお父様が、そのような危険な地域に息子を送った外務省はどうしてくれるのかと、頻繁に人事課長のところにお見えになった。

そこで山崎官房長と相談の上、殉職者の顕彰碑をつくることにした。具体化したのは柳谷官房長になってからである。その建設費については国費を一切使わないことにして、官房長の音頭によって外務省内で寄付を募ったところ、五七〇万円集まった。

登君と私は走り回り、彫像は日展の理事長をされていた富永直樹氏に、彫像の脇の碑文の揮毫は日展の理事をされていた後の文化勲章受章者でもある青山杉雨氏に依頼し、ご快諾いただいた。なお、碑文の文章は登君が起案した一字一句そのままである。除幕式は一九八一年五月に、園田直外務大臣ご出席の下厳粛に行われた。省員一同により建立された「顕彰の像」は、今でも外務省の正面玄関に入って真正面に飾られている。男の子と女の子が鳩を掲げているその像は、外交に従事し尊い命を犠牲にした杉江氏と夫人を象徴している。

今日でも、毎年七月の「外務省記念日」の頃、外務大臣以下省員が出席して大臣による訓示と「顕彰の碑」への献花を含む追悼行事を行っているとのことである。

大平総理の御逝去

人事課長時代の一番悲しい思い出は、大平総理の御逝去である。娘婿であり長年大平氏の政務秘書を務めた森田一氏は、『最後の旅』（行政問題研究所、一九八一年）という本を出したが、まさに大平氏が最後の旅に出た時私は人事課長であった。当時私は大平総理に会いにしばしば官邸に伺っていたが、外務省の定員問題など仕事の話は一切しなかった。

ある日何となく胸騒ぎがして、私は官邸に赴いた。その日大平総理は訪米直前で、官邸から飛行場に移動するところだった。少しの間二人きりになって、いろいろな話をした。

きっとカーターは、大平さんのことを温かく迎えてくれますよ、などと言って大平総理の緊張をほ

結婚式で仲人を務めてくださった大平外相（右から2人目。右端は筆者。「永遠の今」の話をしているところ。本書41頁参照。左側は朝海浩一郎大使夫妻）

ぐそうと私なりに声をかけた。ほどなくして出発の時刻となり、私も職員の皆さんと一緒に総理を見送った。総理の車が出る時、人目があるので官邸の柱に隠れる形で一番隅から見届けた。それが大平総理を目にする最後になるとは思わなかった。

大平総理が虎の門病院に入院されたと聞き、見舞いに行こうかとも思った。だが、新聞記者などの人目がある中、なぜ外務省の人間が見舞いに来るのかと変な噂が立ってはご迷惑がかかると思い、遠慮した。そもそも、そこまで病状が悪いとも思っていなかった。

その後容態が急変し、大平総理は一九八〇年六月一二日に天に召された。享年七〇。葬儀は内閣と自民党の合同で七月九日に武道館にて行われた。外国からはカーター米大統領、中国の華国鋒首相など、一四ヵ国の首脳級が総理に別れを告げに来た。これは空前絶後と言ってもいいかもしれない。

葬儀の最中に家内からは、「あなたの大切な人はみんな若くして亡くなっちゃうのね」と言われて、私は柏原兵三と母のことを思い出しながら、涙が止まらなかった。

大平正芳先生について

多磨霊園にある大平先生の墓碑には、次のような言葉が刻まれている。

「君は永遠の今に生き　現職総理として死す　理想を求めて倦まず　斃れて後已ざりき　伊東正義」

大平先生は求道者であった。常に「永遠の今」に生き、その「今」を大切に、何が正しいのかを求めながら生きた。

私の机の横には、大平先生から頂いた揮毫がある。

「不苦去日多　可求失日少」（去る日の多きを苦しまず　失う日の少なきを求むべし）

大平先生はまた、先見性の人であった。日米関係においても（「世界の中の日米関係」）、また日中関係においても（「たゆまぬ努力と忍耐が必要」）、その見識は今でも光っている。

また、一九七九年一月に行われた総理としての最初の施政方針演説の冒頭において、「文化の時代の到来」と題して、「経済中心の時代から文化重視の時代に至ったものと見るべき」であると述べている。

大平先生の業績の中でも一際顕著なのは、若手の学者、文化人、官僚などを集め、九つの研究グループからなる政策研究集団を組織し、「文化の時代」、「田園都市国家」、「家庭基盤の充実」、「総合安全保障」、「環太平洋連帯」などの構想を世に問うたことである。

そして、これらの研究会に参加した人々が、浅利慶太氏を代表世話人として大平先生の愛称だった鈍牛と研究からとって「研牛会」を結成し、初めはいろいろな活動もしていたが、後には毎年七月七日に会合を開くようになった。浅利氏のあと大平先生の孫娘の渡邊満子氏に幹事をやっていただき、私も世話人の一人を務めてきたが、二〇一八年の七夕をもって終了した。

二　アジア局審議官

一九八一年九月から私は人事課長を有馬龍夫氏に託してアジア局の参事官になり、三ヵ月後に審議官となった。

当時は審議官と参事官という各一名ずつのポストがあり、参事官には最初の一年間は長谷川和年氏、次の一年間は恩田宗氏が就いた。局長は木内昭胤さんであった。

立ち位置としては、アジア局のナンバー・ツー、これは外務省でいうところの「中二階」にあたる。つまり特定の案件を担当するというよりは、さまざまな場面で局長の代わりをするという、局長代行の面が強かった。

当時、大臣を補佐して国会で答弁をすることができる官僚は政府委員と呼ばれ、アジア局審議官になって私は初めて政府委員に任命された。なりたての頃であったが、衆議院外務委員会で東南アジア関係の質問があった。最初は私の同期の藤田公郎経済協力局審議官が答弁していたが、窮地に陥っているような気がしたので、私は進んで「委員長！」と手を挙げて答弁に割って入った。その結果、委員会は中断してしまい、私のせいで藤田君に大変迷惑をかけ二人で委員の先生方に謝って歩いた。国会答弁のやり方にはある種の「型」があることをこの時以来強く意識し、北米局長になってからはこの経験が役に立った。

私がアジア局審議官を担当した最初の一年は鈴木善幸内閣で、次の一年は中曽根康弘内閣だった。

鈴木内閣時代

一九八〇年六月に、大平総理の急死を受けて鈴木内閣が成立した。

鈴木善幸総理は一九八一年一月に最初の外遊先としてASEAN五ヵ国を訪問された。鈴木総理のASEAN訪問のフォローアップとして、翌一九八二年に「江崎ミッション」というものが派遣されることになっていた。

(1) 江崎ミッション

一九八二年七月から八月にかけて、二回にわたって、いわゆる「江崎ミッション」が派遣された。このミッションの対象国はASEAN五ヵ国と、英国から独立直前のブルネイだった。団長は江崎真澄（自民党国際経済特別調査会代表）が務め、同氏は自民党総裁特使という肩書でミッションを率いた。副団長が倉成正、団員が村山達雄、藤尾正行、谷川和穂、江藤隆美、林義郎という実力者たちであった。

随行者は、通産省・農林省から担当の部長、大蔵省から課長が二名、外務省から私の他四名で、私が事務局長として全体の取りまとめ役を仰せつかった。江崎ミッションの目的は、主として日本とＡＳＥＡＮの経済緊密化の方策を探ることで、全体で四四の会合が開かれた。貿易、経済協力などのあらゆる問題について先方の要望・意見を聞き、個別の案件についてもその場で回答あるいは決定できるものは進めていった。

江崎ミッションでは、自民党と霞が関が派遣団員・随行員としてともに行動していたため、各省の意向を確認して事実上その場で即決することができた。もちろん、一度本省に持ち帰って確認するという一連の手続きを踏むことに変わりはなかったが、事実上その場で決定できたという意味では非常に珍しいミッションであった。当時作成した報告書によれば、江崎ミッションの最大のポイントは、「東南アジア諸国に対して日本の豊富な知識と技術を提供する」ことであり、日本から東南アジア諸国に技術移転することが極めて重要だという認識があった。

江崎ミッションの一次訪問では、バンコク、マニラ、香港を回って一度解散した。江崎団長は一時的に自民党総裁特使という肩書を外して、自民党の正式機関の代表として台湾に向かい、私達随行員は一時帰国した。その後再び同じメンバーで二次訪問として他のＡＳＥＡＮ諸国を訪れた。

（２）歴史教科書問題

歴史教科書問題とは、一九八二年六月に日本の教科書検定に関する、我が国の主要各紙の報道に端を発して始まったものである。詳細はすでに語られているため繰り返さないが、この問題が新華社や『人民日報』など中国側のメディアにも取り上げられ、七月二六日には中国政府が正式に問題提起することになった。

日本側としては九月末に鈴木総理の訪中が予定されていたため、鈴木総理の訪中に傷を付けないよう何とか穏便に済ませたいという気持ちがあった。そこで日本政府は、中国側と始終やり取りした上で、中国に事前連絡を入れて八月二六日に宮澤喜一官房長官談話を発表した。しかしながら、八月二八日に中国政府から「宮澤官房長官談話では満足しうる具体的な措置はない」と、同意できない旨の申し入れがあった。

櫻内義雄外務大臣は、同時期の八月二七日にインド・パキスタン訪問中で、その後は欧州に向けて出発する予定だった。この中国からの申し入れの模様と、鹿取泰衛駐中国大使の意見具申などは適宜インドにいた櫻内大臣に転電されていた。このように対中関係に動きが見られる中、私は木内昭胤アジア局長の代わりに櫻内外務大臣のインド・パキスタン訪問に随行していた。すると東京から指示があり、櫻内大臣のパキスタン訪問後、すぐ中国に直行することになった。

九月二日に私はイスラマバードから北京に向かった。九月六日には鹿取大使が呉学謙外交部第一副部長と会談し、私も同席した。そこでは教科用図書検定調査審議会の性格、教科書検定の改正を行うことなど詳細な説明を行った。鹿取大使からは、九月の鈴木総理の訪中を何とかうまく成し遂げたいという、日本側の意志を伝えた。

日本に帰国後、九月八日に中国側から回答が送られてきた。「九月九日に文部省を通じて今後取られる具体的行動及びその成果を見守っていきたい」という返事で、日本政府の説明を基本的に受け入れる旨を表明するものであった。これをもって本件は外交上は一応の決着をみた。

ちなみに、歴史教科書問題は、国交正常化以降歴史問題が日中間の外交案件として浮上した最初の案件である。私にとっては、中国のナショナリズムと戦後の日本が十分に処理できなかった歴史問題の台頭を感じて、不吉な予感とともに悪い後味のした事件であった。

中曽根内閣の誕生と大平路線の継承と発展

鈴木内閣から代わって、一九八二年一一月二七日に中曽根康弘内閣が誕生した。鈴木総理は確かに大平総理の盟友ではあったが、一九七〇年代末からの国際政治の激変に対応しきれなかった面があったように思う。それはすなわちソ連のアフガニスタン侵攻、ソ連の支援を受けたベトナムのカンボジア占領など、「新冷戦」と言われた時代の変化への対応だ。

鈴木内閣は大平外交を継承しようとしていたが、一九八二年八月の訪米時、鈴木総理の「日米同盟」に関する発言には、大平総理のようなビジョンと国際情勢に対する見識が見られなかった。しかし、そのことについては外交経験の乏しい鈴木総理としては致し方ないことだったのかもしれない。

他方、中曽根総理と安倍晋太郎外務大臣は、それぞれ戦後の傑出した総理と外務大臣と言っても過言ではない。事実上、大平総理の路線を継承され、それを発展させたのもこの二人であった。その一例を『外交青書』から引用して述べたい。

毎年刊行されている『外交青書』の第一章には「我が外交の基本的課題」という外務大臣の名の下に執筆される項目がある。その「我が外交の基本的課題」を、八二年版で櫻内外務大臣の名前で出されたものと、次の八三年版で安倍外務大臣の名前で出されたものとで比べると、大きな違いが浮かび上がる。前者は、「国際的責任の分担」と「我が国社会の国際化」について分析的に書いている。それに対して後者は、「①「西側の一員」としての外交」、「②アジア・太平洋地域を基盤とする外交」、「③幅広く多面的な外交」の三つを示して日本の立ち位置を明確にしている。特に「西側の一員としての外交」を明確にしている点は最も重要だと思う。なお、「③幅広く多面的な外交」という点については具体的に「紛争当事国たるイラン・イラク双方、及び、インドシナ諸国・ASEAN諸国双方と対話のパイプないし協力関係を有する我が国が、イラン・イラク紛争、カンボディア問題の早期・平和的解決の可能性を探っていく」と述べている。

中曽根総理は、組閣後一ヵ月半で韓国を電撃訪問し、日韓関係を修復された。この訪問は、極秘裏に準備された。その直後には米国を訪問され、いわゆるロンヤス関係へと発展させた。さらにここでは「研牛会」のエピソードについて触れたい。

中曽根内閣の成立後、早い段階で総理のブレーンの一人だった劇団四季の浅利慶太氏から、大平元総理の関係者に連絡があった。「大平総理が作られた「文化の時代」、「田園都市国家」、「環太平洋連帯」等々の政策研究会、それを中曽根総理が引き継ぎたい」とのことである。森田一さんをはじめ、私どもも参加して相談した。

そこでいくつか頭をよぎったことがある。一つだけ挙げると、石油危機の時に、外務大臣だった大平さんは、通産大臣だった中曽根さんと意見が対立したことがあった。大平さんは当時、「中曽根君は元気な人だね」というようなことを言っておられた。このように私どもは、少し斜に構えていたところがあった。

しかし中曽根政権を見ていると、「立派だ」という声が、次第に大きくなった。そして、「いずれにしても主がいないのだからこの研究会は中曽根さんにもアドバイスしたらいいじゃないか」と、そういう結論になった。ある日研究会関係者が集まったところに中曽根総理がお見えになって、「この研究会を引き継ぐ人が保守本流である」という演説を高らかになされた。

（1）二階堂特使の訪中

二階堂進自民党幹事長が中曽根総理の特使として、一九八三年二月一八日から二一日まで中国を訪問した。そして胡耀邦中国共産党総書記、趙紫陽首相、呉学謙外交部長などと会談した。特使には平泉渉、奥田敬和など四名の国会議員が同行した。私は事務方のトップとして随行した。

中曽根総理としてはできるだけ早い時期に訪中したかったが、一一月に総理大臣に就任後、一月に韓国、次に米国を訪問なさったので、国会の関係もあってすぐには中国を訪問できない状況だった。そこで自民党幹事長でもあり日中国交正常化の時に活躍された二階堂さんに、自分の特使として訪中してもらいたい、というわけで訪中が実現した。

当時は日中関係に大きな案件はなかったが、訪米中の中曽根総理による「不沈空母発言」が注目を集めた。「不沈空母発言」は中国でも大きく取り上げられた。中曽根総理の「発言」に対して若干の疑念が中国メディアの中にあったようだったが、そういうことも取り除いたほうがいいだろうということで、政権発足後三ヵ月に満たない早期に中国に特使を送った——というのが経緯である。

この時中国で特使が表明したのは、次の四点だった。一つ、日本の防衛政策は歴代内閣と変わらない。二つ、中曽根総理の中国重視政策は歴代自民党内閣のいずれにも劣らない。三つ、鈴木前総理が中国首脳と話し合ったことをすべて引き継ぐ。四つ、中国側が要望している一二プロジェクトの円借款については前向きに考慮する。

この日本の申し入れに対して、中国は日本との友好関係の増進を基本方針としており、この方針は国際情勢が変化しても変わらないということを強調していた。

先にも述べたが、国交正常化以降の中国にとって、日本と米国はソ連という脅威に対抗する上で極めて重要な存在だった。しかし中ソ関係に変化の兆しが現れてきた。一九八二年一〇月には、中ソ外務次官協議が始まり、二階堂特使訪中直後には第二回の協議が行われている。中国にとってはソ連の脅威が減りつつある中で、日本の存在がさらに重要になってきたという認識が生まれていた。それは七〇年代末から中国が取り組んできた改革開放政策を進めていくために日本の資金、技術力が不可欠だったからである。特に資金よりも技術が極めて重要だった。趙紫陽首相は二階堂特使に対して、「経団連の稲山嘉寛会長に、宝山製鉄コンビナートの第二期についても協力していただきたいことを伝えてほしい」とことづけた。宝山製鉄コンビナートへの協力については、将来の競争相手を支援するようなものだとして日本の財界で反発が強かったところ、稲山さんが長期的な視野に基づいて決断したと聞いている。中国は稲山さんを非常に頼りにしていた。

それから胡耀邦総書記は、中国国内を回っていたので、武漢において二階堂特使と昼食をともにすることになった。同じテーブルに陪席して発言を聞きながら、私は胡耀邦総書記がいかに日中友好への強い情の持ち主であるのか、深く印象付けられた。その会談の記録から、今日に通ずる胡耀邦総書記の発言の一節を引用したいと思う。「我々の世代の共産党幹部はこれまでの世界史における教訓を徹底的に研究した。資本主義が現れて以来、拡張主義をとる者で、失敗しない者はいない。したがって、これからも中国共産党の大会ごとに中国が拡張政策をとらないことを確認するとともに若い世代を教育していく。中国は永遠に覇を唱えないことについては、党規約にも憲法にも書いてあるように基本的な国策である。これは中国の社会主義の重要な内容である」。

胡耀邦総書記はその後訪日して大歓迎を受けたが、一九八七年一月に総書記を解任された。なお、胡耀邦氏は一九八九年四月一五日急性心筋梗塞で死亡され、同年六月四日の天安門事件は氏の逝去を契機として起こったものである。

(2) カンボジア和平問題

一九七五年四月にポル・ポトを師と崇めるクメール・ルージュが首都プノンペンに入り、以降人類史上まれにみると言われるほどの大量虐殺が行われた。ソ連の支援を受けている隣国ベトナムは、一九七八年にカンボジアに侵攻し、翌七九年一月にはプノンペンでヘン・サムリン政権を樹立した。クメール・ルージュはタイとの国境地帯の密林に逃れ、以降、ゲリラ戦に転じた。ベトナムはラオスをも勢力下に置き、インドシナ情勢は硬直状態に陥った。

既述の通り大平総理は、一九七九年五月の訪米時にワシントンのナショナル・プレス・クラブでのスピーチで、「わが国はベトナム、カンボジア等のインドシナ諸国と対話のできる関係にある数少ない国の一つであり、今後ともＡＳＥＡＮ諸国及び米国と協調しつつ、この地域に永続的な平和を回復すべく積極的な努力を払ってまいりたい」と述べておられた。これはＡＳＥＡＮとインドシナ諸国との協調を唱えた一九七七年の福田ドクトリンに沿ったものである。

私がアジア局審議官時代にも事態は動いていなかったものの日本の経済力を用いてインドシナ情勢を好転させることができれば、日本外交にとって一つの積極的な局面を開くことができるだろうとの問題意識を持っていた。安倍大臣も、福田元総理の派閥を引き継いだ方として、何とか福田ドクトリンを前進させたいという希望を持っておられた。当時のＡＳＥＡＮ諸国はタイ・シンガポール・マレーシア・インドネシア・フィリピンの五ヵ国から構成され、反ソ・反ベトナムを基調としていた。

日本は、ＡＳＥＡＮ諸国やインドシナ諸国との協調関係を促進することができる数少ない国であった。私はその努力の一環として、一九八二年一一月にベトナム・ラオス両国に出張した。ハノイではボードン・ザンという外務次官と二時間ほど会談し、カンボジア問題が日越関係の唯一の障害であって、これが解決されれば日本はインドシナの発展に大きな貢献ができること、また日越間の人物交流を進めていくことが可能であることを語った。先方もかなり率直に現状分析を述べてくれたように思う。それからホーチミン、ラオスを訪問した。

帰国後の報告書では「ベトナムは南北に極端に細長く、ハノイとホーチミンの間は一六〇〇キロもあるのに、ホーチミンとプノンペンの間は二〇〇キロしかない。ホーチミン市の人々は北のベトナム人に占領されたと思っている。したがって、ハノイの政権にとってはカンボジアに敵対する勢力が存在することは許しがたいという考え方がある」ということを指摘した。

経済建設のモデルであり、技術・資本の導入先としての日本の果たしうる役割は、非常に大きい。だが、ベトナムはＡＳＥＡＮの天敵である。日本がベトナムに支援するとなれば、ＡＳＥＡＮは反対するだろう。そこで日本のことをベトナムに知らしめていくために、経済を担当する党の要人を目立たない形で日本に呼んでくるなりして、日本の潜在力を見てもらうのが望ましいのではないかと提言した。またベトナムやカンボジアに対する影響を考えて、一九八三年六月にはラオスに対する援助を一挙に一〇億円に増強した。

カンボジア和平問題については、その後も日本政府は粘り強く取り組み続けた。後年私がタイの大使を務めた時、一九八八年にカンボジアで国連の監視の下で総選挙が行われた。私の果たした役割は小さいものだったが、カンボジア問題の解決はインドシナ半島の和平の実現のみならず、今日のASEANを築いたとも言える。その意味でも、日本の戦後外交の成功物語の一つではないかと思う。なお、河野雅治氏による『和平工作』（岩波書店、一九九九年）はカンボジア問題を詳述している。

三　香港総領事

香港の将来

私は一九八三年九月に香港総領事に発令された。

一九七〇年代末に至って、「東洋の真珠」と言われた香港に変化の時が近づいていた。そもそも香港は一八四〇年からのアヘン戦争の後、南京条約で香港島が割譲されてから始まった。その後一八六〇年に九龍半島割譲、さらに一八九八年に至って、新界の一番広大な地域を、イギリスが不平等条約によって九九年間の租借に成功したことで香港は成立した。

一九四九年の中華人民共和国建国後、「不平等条約は継承しない」ということを中国は言っていたが、香港については「長い目で考え十分に利用する」という政策を打ち出した。中国と英国の利害が一致して、イギリスは一九五〇年に資本主義国家として最も早く、中国を承認した。七〇年代末になると、九七年の租借期限が切れた後の新界ないし香港をどうするかが、香港にとってもまた中国や英国にとっても問題になりつつあった。

鄧小平は一九七八年一〇月に訪日し、その後、一二月の第一一期三中全会では改革解放政策を指導した。また七九年一月には米中国交正常化が行われた。さらには、七九年三月に英国の香港総督と会談した際に、鄧小平は初めて一国二制度による香港返還問題の解決を提案した。その後、一九八二年一〇月に中英間での交渉が始まり、八四年九月まで続いた。中国側は、主権回復後の「制度不変」「港人港治」「繁栄維持」という原則を伝え、英国と交渉した。

香港の関係者は固唾をのんでこの交渉の成り行きを見守っていたのであるが、第三回の交渉後、それまでのプレスリリースにあった有益で建設的という文言が削除されていたことなどを理由として、動揺が走った。一九八三年九月二四日にはロンドン市場で香港ドルは急落し、現地の人々はスーパーにパニック買いに走った。この日を現地では、「ブラック・サタデー」と呼んでいた。私が香港総領事として現地に到着したのは、まさにその時であった。

出発前に東京でこの情勢を知り、いかに対処するべきかを考えた。香港の繁栄は日本と中国を含む東アジアの繁栄に通じ、世界の繁栄にも通じるという基本的な態度を取ることについて、私は安倍外務大臣以下のご了承を得た。初めて在外公館の館長になってみて実感したことだが、一般に変転極まりない情勢の下で判断を下していくのは、本省の担当官ではなく、館長自身であった。

そのためには大筋の基本方針が大切であり、こういう状況でどう振る舞ったらよいのかについて、訓令は基本的にはなかった。現地の青木盛久総領事代行からは詳しい報告があって、彼の意見も十分聞いた。先ほどの態度を決める上で決定的だったのは、実は赴任にあたっての田中角栄元総理の言葉であった。永田町にあった田中事務所に転勤の挨拶に行った際、田中先生は「藤井君、香港は大丈夫だからな」と言って、一時間以上その理由を説明された。中英の利害、香港の人々の心情から、アジア局で香港も担当していた私にとっても初耳のような極めて具体的な諸事情まで、詳しく説明していただいた。

そして「もし何か問題があったらいつでも自分に言ってきてくれ、自分が直接中国の上層部に連絡する」と言っていただいた。田中元総理の話は私の胸におさめ、外務省の関係者にも一切話さなかったが、私の自信につながった。なお田中元総理はその一ヵ月後にロッキード事件の実刑判決を受ける。

香港に行ってみると、思った以上に人々の心が揺れていた。外から見ていると大局的には中英の利害は一致している。一九八〇年、香港に隣接する広東省の深圳を経済特区に指定したことからも明らかであるが、改革開放を始めた中国にとって香港は頼みの綱であった。ヒト・モノ・カネは香港経由で大陸に入った。英国や香港の地付きの人々は状況を基本的には変えたくない。香港の繁栄は、当時香港への最大の投資国であった日本にとっても望ましい。しかし、人々の心は極めて不安定であり、当時の香港では初対面の人に会うと挨拶代わりに、「What do you think about the future of Hong Kong?（香港の将来についてどう思うか？）」と聞くのが日常になっていた。

当時、香港における日本の存在感は極めて大きいものだった。約一万三〇〇〇人の邦人がおり、五八〇社の日系企業があり、大丸・三越・松坂屋などの日系デパートが香港の中心地にあった。日本の総領事として、一日に何度かはこの香港の将来に関する質問を人から受けた。そのたびに私は香港の将来は明るいと断言した。いろいろな理由を付けたが、これには結論のほうが先にあった。言うまでもなく、このような態度を取ることについては実際には請訓（本省に指示を受けること）をしなかった。それを行えば、いろいろと条件を付けてくることが分かっていたからである。

なぜ私が香港について楽天的なことを言ったかというと、一つは混乱している香港に対する友人としての基本的なマナーの問題である。人は親しい人が患った時に病室で相手に何と言うか。「大丈夫だよ」というメッセージ以外にはないのではないか。

何よりも、一九五〇年代にヒットした米国映画「慕情」では、香港のことを「借り物の場所、借り物の時間（Borrowed Place, Borrowed Time）」と形容している。香港は、まるで株価のように「大丈夫」ということになれば上がるし、そうでなければ下がるという性格を持っていた。

ある外務省の先輩は「イランのシャーの前例もある。天気予報はできるだけよくないほうに言っておくのが常道だ」というような忠告をしてくれた。しかし私は、天気予報やイラン情勢とは違って、香港に関する問題は限定的とはいえ、日本の態度如何によって結果に影響を及ぼしうると思った。さらに、より重要なこととして、香港の人々が苦しんでいる時に日本がどのような態度を取ったかは、香港の人々の心に将来残るかもしれないと考えた。

香港の将来は大丈夫だと言って歩く傍ら、私は二つのことを行った。

一つは、米国と共同歩調を取ることだ。当時、バートン・レヴィン（Burton Levin）米総領事は中国通で、中国が大変信頼していた男だった。私は彼と親しくなり、共同歩調を取ることで一致した。

もう一つは中国政府に誤解を与えないようにすることだ。当時中国の代表は新華社通信香港支社長の許家屯であった。彼は私と同時期に香港に赴任したが、その前は南京を省都とする江蘇省の第一書記を務めた大物であった。私はナンバー・ツーの李儲文副所長と月に一度二人で密会し、誤解の無いよう「日本が本当に香港の将来を安心しているのではない」ということを伝え続けた。李儲文氏は元牧師で、共産党の秘密党員だった人物であり、香港に赴く前は上海市の外事弁公室主任を務め、その後も上海で重要な役割を担っていた大物だ。彼は英語が上手だったのでいろいろな対話ができた。彼には、私が述べていることをぜひ本国に報告してもらいたいと何度も頼んだ。なお、私が必ずしも香港の将来が明るいとは信じていないことを打ち明けたのは、この李儲文だけである。青木総領事代行は別として、それ以外の人には一切話さなかった。

香港政庁では、ユード（Edward Youde）総督の下に首相格でブレムリッジ（John Henry Bremridge）財政長官が就いており、彼からもたびたび夕食に招待された。一九八四年三月にディナーに招かれて政庁に伺ったが、私の隣に座っていたのはロンドンのジャーディン・マセソン本社の社長をしていたヘンリー・ケズウィック（Henry Keswick）であった。私は香港の将来の話をし、「香港の将来は大丈夫だ」と夕食の間中熱弁を振るった。先方は特に反論しなかったが、一週間後にはジャーディン・マセソンが香港の本社をバーミューダに移すということを聞いて、香港の人々はもちろんのこと私も非常に驚いた。ジャーディンこそは英国政府をそそのかして香港を割譲せしめた張本人であり、この移転により香港の人々のジャーディンに対する信頼は大きく下落した。

私は、香港大学と香港中文大学で講演を行った。香港大学では五〇〇名くらいの学生がいたが、香港中文大学では一〇〇〇名以上の学生が私の講演を聞きに来た。言うまでもなく、テーマは香港の将来についてであり、大部分が華人である学生たちに次のように私は呼びかけた。「中国は歴史を重んじる国である。もし中国が一国二制度の約束を最後まで守らないようなことがあったら歴史に糾弾されるであろう。それは中国にとって最も恥ずべきことではないだろうか」。

この、「香港の将来は大丈夫だ」というメッセージは、相当広く知れ渡ったようである。ある日、九龍半島の庶民的なレストランで結婚式があり、私は香港の一般の人の生活を見たかったので、伝手を求めてその披露宴に参加させてもらった。その披露宴に同席していた初対面の人が私のことを日本人であるかどうか全く知らないまま、こっそりと秘密を打ち明けるように「香港の将来は大丈夫だ。なぜならば日本のトップがそう言っている」、そして「日本人は中国のこともいろいろな情報を持っているから」ということを言ってくれた。私は夜密かにヴィクトリア・ピークという山頂に近い私の公邸から遠い海を見ながら、「遠い将来のことは分からないではないか。世の中を欺いて、その責任はどうするのだ」という思いがしばしば頭をよぎったものであった。

当時人々は、「香港の中国化」及び「中国の香港化」という表現をしばしば使っていた。私も、この両方が起きるであろうが、香港の中国化については中国政府の条約上の義務が歯止めをかけてくれるものとし、さらに中国が香港で一国二制度を守らなければ台湾は中国に返ってこないということを公言していた。

一九八四年一二月、北京において鄧小平が見守る中、サッチャー（Margaret Thatcher）英首相が中英共同宣言に署名した。サッチャー首相はその足で香港を訪問した。各国の総領事は総督府でサッチャー首相をお迎えした。全員が円陣を組み、サッチャー首相は一人一人と握手して回った。私は事前に一歩前に出ているようにと言われていたので指示にしたがっていたのだが、サッチャー首相は握手した後、「中曽根首相に伝えてください、英国は日本の積極的な貢献を高く評価している」と言われた。私は複雑な思いでその話を聞いた。香港の将来にとって、当時私が本省に送っていた分析では、「香港には法治と自由はある。しかし一つの香港の弱みは、植民地であったので致し方ないことではあるが、政府を民主的なプロセスで選挙するという制度が弱いことである」と書いていた。

一九八五年一一月に私は香港を去ったが、一九九七年七月の香港の返還式の模様は、駐英大使として英国政府の建物の中で、テレビ中継を通じて見ていた。隣にいたのは、同僚の中国の駐英大使だった。返還式は大雨の中で行われていた。私は再び複雑な想いで返還式を眺め、香港の明るい将来を祈るのみだった。

小さな場所の大きな人々

香港で私は、富豪という人々と、また中国人との個人的な付き合いを、初めて経験した。海運王のワイケー・パオ（包玉剛）は、一説によると当時のソ連に匹敵する商船隊を持っていたと言われる。彼は実に親しみやすい人柄で、よく「昨晩は鄧小平と一緒だったがこんな会話をした」というようなことを話してくれた。後年エズラ・ヴォーゲルの著作によると、鄧小平が中国本土以外で真に打ち解けることができたのは、リー・クアンユーとワイケー・パオしかいなかった様子である。

スタンレー・ホー（何鴻燊）は、マカオの賭博場を当時ほとんど一人で所有しており、彼には晩餐にしばしば呼ばれ、邸宅を訪ねたものである。彼は日本の軽井沢が大好きで、かなり魅力的な人物であった。

東亜銀行の総裁のデビッド・リー（李国宝）は、ケンブリッジ大学に子供を入れ、さまざまな大学に寄付をしていた。日本の真の友人だった。緒方貞子さんと夫君の四十郎さんが香港に見えた時、デビット・リーのヨットに乗せてもらったこともある。

C・H・トゥン（董建華）とも非常に親しく付き合った。夫人はベティー・トゥンという方で、「NHK（日本語を話す会）」を立ち上げた親日家。彼は香港返還の後に、初代の香港の行政長官になった。

リディア・ダン（鄧蓮如）は、ジャーディンと並んで香港に関係する英国の財閥の一つであるスワイヤー・グループに勤めるビジネスウーマンで、後に英国の女性男爵になった華人のトップエリートだ。彼女は貿易管理局の長官をしており、香港を代表し財界人を引き連れて訪日した。私も一緒に一時帰国した。中曽根総理とお会いする手はずになっていたが、その直前の一行の緊張ぶりは今でも忘れられない。当時の日本、とりわけ中曽根総理には、そのようなオーラがあったのである。

新疆訪問

この赴任中に、許家屯の招待によって、日米仏などの総領事夫妻が新疆ウイグル自治区を許家屯とともに旅行した。ウルムチからカシュガル・トゥルファン等々を回ってきた。この旅行は極めて快適で、ウルムチでは新疆の自治区主席と会食した。ちょうどNHKの「おしん」をやっている時期で、

「おしん」が放映される時間帯にはウルムチの街頭が静かになると言っていた。

一週間ほど滞在している間に、私にはこの新疆というところは中国の突出した異民族支配の地ではないかという疑念が湧いてきた。旅の終わりの頃に、二人きりになった時、私たちに付き添ってくれた現地の女性ガイドに「あなたは何人ですか」と英語で聞いてみた。すると彼女は「私はトルコ人です（I am Turkish）」と答えた。彼女の青い目を見ていて、なるほど、と思った。新疆は広大な地域で、漢民族とは明らかに人種が違う。同時に、新疆の周りには同じような人々の住む国が隣接し合っている。私はこの新疆ウイグル自治区を中国が統治しているということは、中国にとって大きな弱みだと感じ、そのように東京に報告した。

許家屯が後年書いた『香港回収工作』（上下巻、ちくま学芸文庫、一九九九年）によると、許家屯はこの本の中で「アメリカと日本の総領事を特に重視して大切にしていた。ある日、アメリカと日本の総領事が新疆に行きたいと言ってきたので即座に招待状を出すよう指示した」と述べている。後になって香港マカオ弁公室主任をしていた姫鵬飛から「君は彼らを新疆に招いてどうするつもりだったのか」と聞かれた由である。

確かに当時外国人が大陸の奥地に入ることはほとんどなく、総領事達との友好を深めたいという許家屯の一存で私たちの訪問がかなったのだ。ただし、私が新疆に行きたいというようなことを言った覚えは全くなく、これはおそらくバートン・レヴィン米総領事のほうが言ったのではないかと今でも思っている。なお、許家屯は後年、米国に亡命した。

深圳とシルクロード

私は、経済特区に指定された深圳がどのように発展するのかに強い関心を抱いた。自ら何回も深圳を訪問し、市長とも親しくなった。日本企業の関係者にも、深圳の大きな可能性について私の考えを述べた。

一九八四年九月には、宮澤喜一先生が谷垣禎一先生ら三人の議員とともに、香港に来られた。私は宮澤先生らを車で一日かけて新界に案内し、その際に深圳を見渡せる丘の上に車を停めて、深圳の将来の可能性について詳しく説明した。今日深圳は当時の私の想像をはるかに超えて、世界における第四次産業革命の最先端をゆく町となっているようだ。また今日、「一帯一路」構想との関連で「シルクロード」という言葉が懐かしげに聞かれるようになった。「シルクロード」というNHKが主体となった日中合作のドキュメンタリー映画が作られ、香港の映画王であるランラン・ショウがそのお披露目の試写会を行ったのに出席したのを覚えている。喜多郎による魅力的な音楽とともに、香港の人々が大変感銘を受けていたのが印象的だった。

一説によれば、この映画の制作にあたっては日本側が積極的に中国政府に働きかけた由である。シルクロードを今日のように蘇らせたのは日本のおかげではないかと思う。

再び香港の将来を考える

香港は中国経済の発展に大きく貢献したが、中国経済の発展に伴って中国にとっての香港の地位は低下した。経済規模で見た時、香港のGDPは一九八〇年代前半には中国の一四%に相当していたが、二〇一五年にはそれが二・九％になってしまっている。また最近は、一国二制度が形骸化しつつあると考える人も出てきた。私が講演した香港大学や香港中文大学の学生の後輩達が抗議している姿を見ると、心が痛む。私は「香港は大丈夫だ」という大嘘を言っていたのだろうか。この答えが出るのはこれから先であるが、三点だけ、いささかでも私を慰めてくれる事実がある。

一つは、香港は各種の都市ランキングで常に上位にあることである。たとえば米国のヘリテージ財団は、二〇一七年に二三年連続で香港を世界で最も自由な経済地域としている。スイスのＩＭＤが発表する「世界の競争ランキング二〇一六」では世界第一位、世界経済フォーラムの「二〇一五－一六年世界競争力レポート」では世界第七位等々、評価されている。

もう一つは、香港が日本をはるかに凌ぐアートの町になりつつあることである。アート・バーゼル香港フェアというアート・フェアが毎年開かれ、二〇二〇年にはM+（エムプラス）というアジア最大の文化施設が完成する。

三つ目は日本との関係であるが、二〇一七年の香港からの訪日客数は二二三万人であった。香港全人口は七三〇万人である。この数字が意味することは、香港の人々は大変な親日家であり、リピーターが多いということである。香港は「貴重な国際公共財」であり、これが将来にわたって維持されることを望むばかりである。

中国政府がこのような香港を潰すことは容易である。しかしもしそのようなことをすれば、中国の歴史に大きな汚点を残すであろう。なぜならば一国二制度はあくまで中国にとって国際法上の義務であり、その中核は香港の自由と公正な法制度であるからだ。これを守るために立ち上がっている香港の人々に、国際社会は心からなる声援を送るであろう。香港と日本は近代の歴史上深い関わりがあった。一八五三年ペリー提督が率いた「黒船」が来航したが、「黒船」は大西洋、インド洋を渡ったあと香港に長期滞在して、日本渡航の準備をした。二一世紀においても香港の将来が日本に影響を与えることになるのかもしれない。

第六章　冷戦後の世界へ

一　北米局長

中曽根総理の対米外交

香港から帰国して、私は一九八五年一一月に北米局長になった。外務大臣は安倍晋太郎先生に次いで、倉成正先生であった。北米局の陣容は、渡辺允審議官、沼田貞昭北米第一課長（後に山崎隆一郎氏）、岡本行夫安全保障課長だった。対して米側のカウンターパートは、ガストン・シグール（Gaston J. Sigur Jr.）国務次官補、リチャード・アーミテージ（Richard Armitage）国防次官補という顔ぶれであった。なお、田中均北米第二課長は実質的には経済局に属していた。

当時は総合外交政策局が存在していなかったので、北米局安全保障課が、安全保障全般を所掌していた。また、米ソ関係も北米局が所掌していた。岡本課長がしばしば、ペルシャ湾の地図を持って歩いていたのを思い出す。

当時は北米局長の国会答弁の中で最も機微な問題は、核密約問題関連であった。

前任の栗山さんから、局長の机の脇にあった黒い金庫の開け方を習った。その金庫の中には密約関連の多くの文書が隠してあった。密約を要約し、次官、外務大臣、総理に報告するペーパーがあり、誰がいつ行っていたのかが記されていたと思う。密約の存在は右の三人以外には安保課長と条約局関係者しか伝えなかった。私は外務大臣秘書官の時、大平外務大臣がそれらしき問題で悩んでいることは感じていたが、北米局長になって初めて事実を知った。そしてこの問題は、私が墓場まで持っていくべきことであると決心していた。

北米局長に就任した「一九八五年」という年は、たまたま時代を画する出来事の起きた年だった。一つは、同年三月のソ連のゴルバチョフ（Mikhail Gorbachev）の書記長就任である。もう一つは、米国が債務国に転落したことだ。この年を通じて、米国の貿易赤字は一〇〇〇億ドルを超え、財政赤字と並んで「双子の赤字」と言われるようになった。貿易問題は米国において、本格的に国内政治問題になったのである。

私の局長就任時は、中曽根総理とレーガン（Ronald Reagan）大統領の信頼関係が強く、安全保障面での協力も順調だった。しかしながら、日米間の経済摩擦が八〇年代後半において激化し、米国の対日世論は「ジャパン・バッシング」と言われるように厳しさを増していった。それは日本異質論を唱えるリビジョニストに留まらず、米国の議会も厳しい批判を繰り広げていた。

このような状況下で中曽根総理は、「日米経済問題」「日米安保問題」「西側の結束強化」の三つの面で、積極的な対処をされた。

第一の日米経済問題をめぐっては、一九八五年一月の日米首脳会談でMOSS協議（市場分野別個別協議）が合意され、これが着実に実行された。さらに、同年九月にはいわゆるプラザ合意が成立し、大幅な円高が進展した。八六年四月には、国際協調のための経済構造調整研究会の報告書、いわゆる「前川リポート」が提出され、日本のマクロ経済の運営において、輸出主導から内需拡大への成長に舵を切ることが提案された。

第二の日米安保関係では、ソ連の東アジアにおける軍事力の増強が顕著であった。具体的には、空軍がバックファイア爆撃機、そして海軍はSLBM搭載の原子力潜水艦を増強し、さらに極東にはウラジオストクに海軍の基地があった。この潜水艦の増強は、米国にとって大きな脅威であった。他方で、米国はいわゆる「双子の赤字」を抱えており、日本に防衛力の増強を求めていた。これに対して日本はできる限りの対応を行った。たとえば、日本周辺の海峡等において対潜哨戒機で潜水艦の所在を探知することである。

第三の、西側の結束の強化については、私の着任前のことであったが、一九八三年五月のウィリアムズバーグ・サミットにおける中曽根総理の活躍が、日本外交の成功物語の一つとなった。米ソ間の中距離核戦力（INF）の削減問題に関し、中曽根総理はレーガン大統領とサッチャー首相を味方にして、ソ連のINFであるSS20を欧州からアジアに移動するのではなく、全体として削減するよう主張した。そして、その時の中曽根総理ご自身の発言はサミットのコミュニケの中に明記されたのである。すなわち、「サミット参加国の安全は不可分（indivisible）であり、グローバルな観点から取り組まなければならない」という文言であった。

重要かつグローバルな安全保障問題について日本が独自の意見を主張し、それをサミットで認めさせたことは極めて新鮮であった。特に、このサミットはもともとフランスが提唱し、経済サミットという性格を持っていた。ウィリアムズバーグでのサミットが、その性格を政治・安全保障面での西側の結束という一面を持つ場に変えた意義は、その後の米ソを中心とする国際関係の変化に鑑みれば極めて意味が大きいと思う。

なお、中曽根総理はその後もレーガン大統領との会談に際して、必ずと言ってよいほどＩＮＦの問題を取り上げ、念を押していた。また、中曽根総理はその後、ロンドン、ボン、東京、ベネチアのサミットにおいても、その時々の問題を用いて西側の結束強化に努めることによって、レーガン大統領を支えていた。

米ソ関係の新展開

一九八五年三月にゴルバチョフ政権が誕生し、冷戦時代の国際情勢の中核である米ソ関係に変化の兆しが見え始めた。その年の一一月には、ソ連のアフガニスタン侵攻以来六年ぶりに、米ソ首脳会談がジュネーブで開かれた。このジュネーブ会談では、レーガンとゴルバチョフの人間関係と核について一定の進展が見られたが、レーガン大統領の戦略防衛構想（ＳＤＩ）問題で対立した。

当時、ソ連経済は疲弊しつつある中で軍事費はＧＮＰの三〇％程度と言われ、軍事費負担の軽減に熱心であった。したがって、米ソの核の均衡は維持しながらも、核戦力を低減するということには積極的であった。しかし、曲がりなりにも冷戦の平和を支えてきた相互確証破壊（ＭＡＤ）を根底から覆す可能性があるため、ゴルバチョフはＳＤＩ構想に強硬に反対した。

外務省で、米ソ関係を主としてフォローしているのは、北米局であった。私は、今述べた状況と、東欧諸国などにおいて現状に対する不満が増大しつつある情勢等を見て、国際情勢が大きな変化の時代に入っていることを感じた。そして、「もしかすると冷戦に勝利することができるかもしれない」と、徐々に思い始めていた。

健全な日米関係の維持

第二次大戦後を通じて存在していた冷戦構造が変容するということは、世界全体にとっても、米国、日本にとっても大きなチャンスであった。他方、米国内の一部ではソ連の軍事的な脅威よりも、日本の経済的な脅威のほうがより深刻であると主張する人々が出始めた。激しさを増す日米経済摩擦が、安全保障面を含む健全な日米関係を損ないかねないという、深刻な危惧が出てきた。

民主党上院院内総務を務めたマンスフィールド駐日大使は、「日米関係は他と比肩し得ない（bar none）世界で最も重要な二国間関係である」という有名なフレーズをよく使っていたが、私は、このフレーズの中にも、日米関係は常に安泰であるとは限らないという警告が入っていると考えていた。

健全な日米関係を維持するためには、日米の経済面で有効な施策を実施することが本筋である。しかし、それにも限度はある。私は、レーガン大統領こそが、日米経済摩擦が日本の安全保障を含む他の分野に流れ込んで日米関係全体を汚染させないための、最大の防波堤になってくれるものと期待した。そのための一つの方策は、私が直接担当していた安全保障面での日米協力の強化であった。

中曽根康弘首相訪米時に、レーガン大統領（中央）と握手する筆者（1987年5月、北米局長時代）

レーガン大統領は、「強い米国」、さらには「共産主義と対決する米国」を標榜して登場した人物である。そして四年後の一九八四年の選挙でも圧勝して、再選された。八五年からは、いわゆる怖いものなしの二期目に入っていた。国民の支持率も高かった。だが、彼は八九年末には大統領職を去らざるを得ないので、心中では「歴史に残ることは何か」ということを考え始めているのではないかと思った。したがって、日本としては西側の結束を支援し、彼自身の夢の構想であるＳＤＩを支持して何とか冷戦に勝利する道を切り開く上で、日本が有力な友邦になることが望ましいと考えた。当時の日本は世界のＧＮＰの一〇％以上を占め、経済力と技術力があった。

私は、後述するように、安全保障面で多くの案件を手がけた。当時は、日本とその周辺海空域の防衛に力を尽くすことが、すなわち

「強い米国」を希求する米国や西側全体の戦略的利益につながっていた。さらに米国内政における国防総省の持つ力の大きさは、アーミテージ次官補の職場を訪問するたびに痛感した。連邦議員もいろいろと陳情しているようであった。国防関係者がレーガン大統領を補佐して、先述の「防波堤」を強固なものにしてくれることを願った。

日米安全保障関係

一九八七年一月にホノルルで開かれた第一七回日米安全保障事務レベル協議（ＳＳＣ）で当方から特に強調したのは、次の二点であった。

一つは、米国議会を中心に貿易問題を防衛問題とリンクさせる動きがあるが、これを双方で阻止すべきであるということ。もう一つはＮＬＰ（空母艦載機夜間離着陸訓練）、そして神奈川県の池子米軍家族住宅問題等、日米地位協定の運用に関わる問題については、基地周辺の人々の感情に十分配慮し、静かな対話を行う必要があるということである。

米国側はこの二点について同意を表明していた。また、次期支援戦闘機問題（ＦＳＸ）については、日米の共同開発という大きな方向性が見られた。その他、安全保障問題で私が取り組んだ主な点に絞り以下に述べたい。

（1）防衛費ＧＮＰの一％枠問題

三木内閣以来の防衛費をＧＮＰの一％以内に収めるという政策について、米国側はかねて不満を持っていた。中曽根総理はこの撤廃に意欲を示しておられたが、後藤田正晴官房長官は消極的であり、自民党内でも大問題になった。

西広整輝防衛局長、佐々淳行内閣安全保障室長と私の三人は、ひそかに何回かホテルで会い、事務方の対策を検討した。柳谷謙介外務次官は、外務省が防衛費の増大の旗振り役になってはならないという考えを持っていた。

最終的には一九八七年度予算折衝で、中期防衛力整備計画の総額という定性的な歯止めをかけて、一・〇〇四%に決めた。そして翌年、八七年一月二四日の閣議で、一%枠に関する三木内閣の閣議決定を廃止したが、同閣議決定の節度ある防衛力の整備を行うという精神は尊重するということを明記した。

(2) 労務費の追加負担

一九八五年のプラザ合意によって急速に円高が進み、在日米軍の労務費がドル建てで増大した。

当時、基地で働いていた日本人は約二万二〇〇〇人であった。労務者の首切りが行われないよう日本政府の経費負担を増額することにした。労働組合を通じて社会党に根回しをしたので、特に問題は起きなかった。こういう問題で社会党が反対しなかったのは珍しい。「思いやり予算」と呼ばれるもののはしりの一つである。

なお、今日でも日米同盟に対する日本の貢献を数字で一番示しやすいのは、在日米軍に対する日本政府の財政負担、ホスト・ネーション・サポートであろう。

(3) 戦艦ニュージャージーと随伴艦の入港

戦艦ニュージャージーはトマホーク（巡航ミサイル）搭載可能であったので、核の持ち込みとの関係で、国会等で大問題になった。当時北米局長は、閣僚を含めて国会答弁数が十指に入るか入らないかというところだった。国会答弁には大きな時間とエネルギーを要した。社会党には大出俊、楢崎弥之助というような練達の士が多く、時には二時間に及ぶテレビ生中継の中で、そのかなりの部分を局長が答弁するというようなこともあった。

私は常に、議事録と勝負をしていた。すなわち、二〇年前のアメリカ局長が行った答弁とも矛盾しないように、言葉を選んで答弁をしていた。人呼んで「神学論争」という。もっとも、東芝機械がココム（対共産圏輸出統制委員会）協定に違反して、潜水艦のスクリューをつくるのに用いられる工作機械をソ連に輸出したとされる事件のように全く新しい問題が出てくると、これも国会答弁は北米局長の役目であったため、苦しんだこともある。

いずれにしても、国会答弁では議事をストップさせないことが一番大事で、それに全力を注いだ。幸い、ストップしたことはなかった。

（4）次期支援戦闘機（FSX）

F1戦闘機が一九九〇年までに老朽化するので、次期の支援戦闘機をどうするかが大きな問題として浮上した。

先に述べたように、八七年一月のSSCで大きな方向が出て、その後同年一〇月の日米防衛首脳会議でFSXを日米で共同開発することで合意した。しかし、私が去った後、後年米国の議会でこの問題が再燃した。

(5) ペルシャ湾の安全航行問題

一九八七年夏に、イラン・イラク戦争に伴って、イランがペルシャ湾に機雷を敷設したため、安全航行が喫緊の課題となった。米国及び欧州は艦隊を派遣した。ペルシャ湾からの原油の積み出し先の最大手である日本に対しても、応分の負担が求められた。この問題は事実上北米局が担当したが、地域が地域だけに栗山尚一外務審議官に中心になってくれるようお願いした。

当初は掃海艇の派遣を考えていたが、これが頓挫すると岡本行夫安保課長が「海上保安庁の巡視船ならどうだろうか」と、新たな案をひねり出してきた。そして、海上保安庁と折衝してくれた。私も橋本龍太郎運輸大臣に話すなどしたが、正式には栗山外務審議官が折衝してくれた。橋本大臣は了承してくださったのだが、後藤田官房長官は消極的だった。

私は、中曽根総理から御了承をいただいたものとばかり思っていた。ところが、一九八七年九月に中曽根総理がレーガン大統領とニューヨークで最後の会談を行った時、宿泊先のウォルドルフ・アストリア・ホテルで松永信雄大使と私がいるところへ総理がお見えになり、こう言われた。「この間の例の話だけどね、自分は海軍にいたから分かるけど、海の上に漂っているというのは大変な苦痛なんだ。それを何週間、何ヵ月もやっていかなければならないということになると、それはとても難しい。だから、あの話はやっぱりないことにしよう」。

私は総理に対してもよく反論していたが、その際は何かこれで終わりという気分が強かった。後になって一九九一年の湾岸戦争のことを考えれば、あの時もう一押しすればよかったかと後悔しているが、中曽根総理も政権の最終局面におられたのだと思う。その翌月の一〇月七日には、人の派遣を伴わないペルシャ湾問題への日本の貢献策が、閣議決定された。後で橋本龍太郎大臣からは、なぜ外務省はもっと強く巡視船の派遣を推さなかったのかと詰問された。

私にとってこの出来事は、次の竹下登内閣において「世界に貢献する日本」という日本の姿勢を打ち出していくことの必要性を強く感じさせるものであった。

これらの安全保障問題を通じて、尊敬する後藤田官房長官、柳谷次官とは、率直に言って意見が異なることが多かったように思う。たとえばある日、後藤田官房長官に会いに行くと、部屋の外で新聞記者から「後藤田さんが「藤井君をとっちめてやる」と言っていましたよ」と耳打ちされた。とはいえ、会ってみるといつものように優しかった。

私も、後藤田官房長官や柳谷次官が言っていたように、戦前日本の軍部の時代に逆戻りすることには反対であり、これらの方々の心情には全く共感する。意見の対立はあったものの、同時に、私はこれらの方々の懐の大きさを忘れることはできないのである。

ＳＤＩ研究への参加と冷戦の終結へ

私が北米局長として最も力を入れた課題は、ＳＤＩであった。

レーガン大統領が一九八三年四月二三日の夜、テレビを通じて全米の国民に呼びかけたのが、ＳＤＩ（戦略防衛構想）であった。この構想は、ＳＤＩシステムを構築し、レーザー光線のエネルギーによって、核兵器を発射段階から宇宙を飛んで落下するまでのすべての段階で捕捉し無力化するというものである。私達は、政府及び民間の専門家から話を聞いた。「東京から静岡上空の十円玉に命中するぐらいの精度が求められる」と言う人もいた。この構想が実現すれば、ソ連の核兵器は事実上すべて使用不能となる。ソ連にはこのシステムを開発する技術も財力もないので、激しく反発した。

この構想はレーガンの夢であり、彼はその実現を信じているかに見えた。近い将来に実現するかどうかはともかく、日本には技術と資力があり、ＳＤＩでレーガンを支持することは、米ソ関係を打開しようとしている彼を支援することに大いにつながると考えた。そして、ソ連が強硬に反発するところを見て、米ソの外交上の取引材料としても極めて有効であると考えた。

最大の問題は、我が国内である。日本では当時でも、根深い核アレルギーがあった。したがって、具体的に核を無力化する方法などを話すことすら憚られるような雰囲気が、自民党や関係閣僚の間にもあった。

一九八六年七月、倉成正外務大臣就任直後に、ＳＤＩのブリーフを行った。例の核の密約の話をした後なので、倉成大臣はＳＤＩについて、初めはちょっと嫌な顔をされていた。中曽根総理以外の大部分の方々は、何らかの疑念を抱いていたのではないかと思う。そのため、日本政府の公式の態度は、ＳＤＩを「理解する」というもので、これに「参加する」という、支持を意味する段階には至らなかった。米国から正式な参加要請もあり、私たちは何とかこれを「参加」まで持っていきたいと考えた。

政府としては、三回にわたって調査団を米国に派遣した。第三次ＳＤＩ調査団は、一九八六年三月に渡辺允北米局審議官を団長として総勢五五人、うち四六人は民間企業の技術者であった。「ＳＤＩに参加しないと技術の進歩に後れを取るかもしれない」という危惧もあった。さらに政府は、三次にわたる調査団の訪米結果を踏まえて、四月一八日にＳＤＩ研究参加決定を最終調整するための閣僚会議の設置を決めた。

閣僚会議の第一回会合は五月一三日に開かれ、第三次調査団に参加した専門家から話を聞いた。調査団は、我が国がＳＤＩ研究に参加することになれば、我が国の関連技術の向上にも大きな影響をもたらす可能性があると報告した。

その後、閣僚会議は七月から九月にかけて五回開かれた。その間、「(イ)研究への参加であって開発・配備とは関係ない。(ロ)一九六九年五月に衆議院本会議で議決された宇宙の開発及び利用に関する国会決議とは矛盾しない。(ハ)機密保持に関しては既存の法令で対処可能」等について合意した。

九月九日には、第六回会議においてＳＤＩ研究参加に関する内閣官房長官談話を決定し、直ちに閣議に報告した。本談話は、全七項目にわたる若干長文の談話であるが、要するに、「(イ)本構想は、非核の防衛システムによって究極的には核兵器の廃絶を目指すものであり、平和国家としての我が国の立場に合致する。(ロ)ＳＤＩ研究は西側全体の抑止力の強化につながり、日本の参加は日米安保体制の効果的な運用に資する。(ハ)我が国が参加するのは研究計画であり、日本の関連技術の水準の向上に寄与する」などが述べられていた。

この談話案は、私が自ら筆をとって起案した。また、関係者への根回しも幅広く行った。この談話は、米政府と日米の民間関係者からは高く評価された。国会において野党から反発があるかと身構えていたが、幸い大した動きはなかった。一〇月以降、ＳＤＩ協定交渉のための日米交渉が開かれた。渡辺允北米局審議官が日本側の団長になり、交渉の末、翌八七年七月に日米政府間協定が締結された。

右の官房長官談話が発出されてからほどない一九八六年一〇月一一、一二日の両日に全世界が注目する中でアイスランドのレイキャビクで米ソ首脳会談が開かれた。この会談では予想以上に軍備管理問題について突っ込んだ話し合いが行われ、「(イ)ＡＢＭ条約(弾道弾迎撃ミサイル制限条約)の一〇年間延長。(ロ)戦略核の五〇%削減。(ハ)ヨーロッパのＩＮＦの全廃」等の合意が見られた。しかし、最終的な合意直前にゴルバチョフ書記長が、「すべての合意は、ＳＤＩの実験は研究室内だけにとどめ、宇宙空間での実験は認められないことにリンクしている」と主張した。そして、レイキャビク会談は決裂した。

私は、渡辺審議官らと外務省の北米局長室で、テレビの生中継を主たる情報源として会談の様子をうかがっていた。会談終了直後には日本政府のコメントをプレスに発表しなければならないので真剣であった。レイキャビクには、在米大使館から人を派遣していたが、情報をとるのは無理であった。右に述べたような話は、後の米国からの説明によるもので、生中継を見ていた際には内容はもちろんまだよく分からなかった。それでも、最後に出てきたゴルバチョフ書記長の青ざめた、思い詰めたような顔は実に印象的だった。そして、主眼はＳＤＩであることを確信することができた。

レーガン大統領は後年、ＳＤＩがソ連をジュネーブやレイキャビクの席に着かせたと述べている。ＳＤＩが現実にソ連の核を無力化するのは、研究を進めてもそう近い将来ではないかもしれない。しかし最も大切なのは、時間があるか否かである。西側はその財力と技術力で、さらに技術水準を上げていくことができる。しかしグラスノスチ(情報公開)、ペレストロイカ(改革)を唱えるゴルバチョフは、国内の社会経済、東欧諸国の不満等で時間がない。私は、冷戦を終結させるための最大の契機の一つが、ＳＤＩであったと思っている。

一九八七年六月、ベネチアで行われたG7サミットの後、レーガン大統領は西ベルリンを訪問した。その際彼はブランデンブルク広場で演説し、ブランデンブルク門とベルリンの壁を背景にして、「ゴルバチョフよ、この門をあけたまえ、この壁を撤去したまえ」と強調した。この演説の直後から米ソのＩＮＦ交渉が急展開し、同年一二月のＩＮＦ全廃条約調印に至る。ベルリンの壁が実際に崩壊したのは、右の演説の二年後、一九八九年一一月のことだった。

冷戦終結の前段階で、国際的に重要な案件であったＩＮＦとＳＤＩの双方に、日本は参画した。前者のＩＮＦについては、国内的な対価をほとんど払わず、後者ＳＤＩについては国内問題を克服して、ドイツ、英国等の後ではあるが、どうにか参加を決めることができた。

ロンヤス時代の終わり

一九八七年九月二一日、国連総会出席中、中曽根総理が米国政府代表部にレーガン大統領を訪ね、最後の首脳会談を行った。会談の冒頭で、レーガン大統領は次のように述べた。

「この五年間、日米両国がより安全な世界のために力を合わせてきた中で、日米協力及び西側団結の促進に果たした貴総理の決定的役割を多としたい。貴総理は世界において日本がどのように見られているかを歴史的な意味において変えた。貴総理の後継者が貴総理の業績を踏まえ、さらに邁進すること、及び貴総理が引き続き長老政治家として役割を果たし続けることを希望したい」。

これに対し、中曽根総理は次のように述べた。

「五年間の友情と協力に心から感謝したい。貴大統領の友情とガイダンスを得て我が国は徐々に世

最後の「ロンヤス会談」後の夕食会における中曽根首相と筆者（1987 年 9 月）

界的役割を果たすようになってきた。また、これとともに日本国民のプライドも高まってきた。我が国の自由世界における地位と責任も変化し、高いものになった。我々二人で協力してつくった道は自分が去っても不変不動であり、今後とも自分も責任を持って見守っていく。野球で言えば、自分がレーガンチームのキャッチャーを退きダグアウトインするが、今後もバッティングコーチか応援団長ぐらいはやりたいと思っている」。

その後、この会談で米ソ関係、ＩＮＦ、ＦＳＸ、経済問題等広範な問題について話し合っている。別れ際に、二人の目は思いなしかうるんでいるように見えた。その晩、私たちが食事をしているところへ中曽根総理がお見えになって、「本当に御苦労さんでしたね」とねぎらいの言葉をかけてくださった。

思えば私は北米局長として中曽根総理の三回の訪米と東京、ベネチアのサミットにおける首脳会談を準備し随行した。訪米の際の会談では、首脳二人きりの会談、いわゆる「テタテ」と呼ばれる通例全体会議の前に行われる会合に、通訳を除けば私と先方の補佐官のみが同席した。また、首脳会談の準備や議題、その順序、ウェイト、対外発表ぶり等について事前に日米間で詰めを行った。レーガン大統領は首脳会談でペーパーを見ながら発言していることが分かったので、議題にしてほしい問題を記したペーパーは上のほうに置くよう要望したこともある。そのうちに、サンフランシスコでの会合という形も考え出した。

私は、渡邊幸治経済局長以下の四、五名で、金曜の夜の便で一六時間の時差があるサンフランシスコに向かった。そこで、ワシントンの国務省とホワイトハウスから来たカウンターパートと、現地の金曜の午前中から丸一日ゆっくり、各議題について双方のおおよその発言要領も含めて打ち合わせができたのである。

こうしたことが少なくとも二回あった。一回目は、竹下総理の訪米前である。夜は、有馬龍夫サンフランシスコ総領事の公邸に呼んでもらったこともあった。そして、現地時間の土曜日の午後にサンフランシスコを発つと、日曜日の夜までには東京の自宅に帰れた。これは追及の厳しいプレスの人々に分からない方法としても最適であった。

プレスに関しては、サミットで首脳会談が行われた際や、米国から要人が来日して総理と面会した際に、その後に北米局長がプレスブリーフを行うのが通例であった。ブリーフで重要なことの一つは、米側とこの問題は伏せておこうという問題に合意しておくことである。私の記憶では、最も多くこの手法を使ったのはＳＤＩに関してであった。

中曽根康弘首相、安倍晋太郎外相らと（後列右端が筆者。1986 年 4 月、北米局長時代）

また、北米局長として極めて重要なことは、総理との意思疎通を行うことであった。幸い、長谷川和年秘書官もその後の福田博秘書官も、詳細かつ迅速に総理に伝達し、御了承を得てくれた。しかしながら、私自身が総理に直接話をする必要のある場合もあるため官邸に出向くと、必ず新聞の「総理の一日」の欄に出てしまう。したがって、たとえばサンフランシスコから帰ってきた後とか、時には夜に公邸のほうにお邪魔したほうが、ゆっくりとお話しすることができた。公邸のほうでは、プレスの人は見て見ぬふりをしてくださる。

安倍晋太郎外相

中曽根総理の対米外交を陰で力強く支えた人物が、安倍晋太郎外務大臣である。安倍大臣は戦後の名外相の一人であった。

一九八二年から八六年にかけて、三年八ヵ月の間外相を務められた。私は以前からよく存じ上げていたが、外務大臣として私の上司になられたのは私がアジア局審議官になってからである。その頃私はインドシナ半島の和解にも力を注いでいたが、対ラオス援助の増加など、私の提案を安倍大臣は全面的に取り上げてくださった。香港総領事のあと北米局長に就任した時も、安倍大臣であった。八五年末の予算折衝の際、私は防衛費を増額すべく走り回った。ある日安倍大臣に呼ばれ、「藤井君、どうやら開発援助の伸びよりも防衛費の伸びのほうが大きくなりそうだが、外務省としてはこれでは困るんだよね」と、例の如く優しく言ってくださった。私は早速、逆回転で動き回ることとなった。

翌八六年の四月に、中曽根総理訪米に同行した安倍大臣は、キャンプ・デービッドでの首脳会談の時、シュルツ（George Shultz）国務長官の私邸での朝食会に呼ばれた。私も、ガストン・シグール国務次官補、國廣道彦経済局長などと同席したが、時折、安倍大臣とシュルツ長官は喧嘩腰で言い争っていた。その朝の主たる話題は、日米航空問題であった。

シュルツ夫人がとても美味しいワッフルを焼いてくださったが、心配そうに給仕をしていた。ワッフルにかけるメープルシロップから、シュルツ夫人がマサチューセッツ州の出身ということが分かった。私は同州のアマースト大学の出身だと申し上げたら、シュルツ長官が急にアマースト大学の校歌を歌い出した。私も一緒に歌ったが、途中で私は歌詞が分からなくなったのに、シュルツ長官は歌い続けていた。朝食会後、こんなに愉快に喧嘩ができた米国の国務長官と日本の外務大臣はいなかっただろうと、私は感心した。後で分かったことだが、安倍、シュルツの二人は、本当に強い友情で結ばれていた。

シュルツ氏は後年ある行事のビデオ・メッセージで、「安倍晋太郎は私の真の友人であり、家族ぐるみの友人であった」と語り、次のように述べている。「私の家内オビがこの世を去った時も、マサチューセッツ州で執り行われた埋葬式に、なんと洋子夫人がはるばる日本から参列くださったのです。なんという温かい心配りでしょう。私は心の底から洋子夫人のご厚意に感動しました」。

このビデオ・メッセージは、安倍フェローシップ・プログラムの設立二五周年祝賀会で披露されたものである。安倍フェローは、一九九〇年に安倍元外相が提唱した日米の研究者等を支援する構想で、その後国際交流基金日米センターが運営している。現在も活発であり、多くの日米の研究者やジャーナリストを育んできた。

一九八九（平成元）年六月、私が官房長の時、岳父の下田武三が入院していたので順天堂病院に見舞いに行った。すぐそばの部屋の扉が空いていたので、何とはなしに見に行った。そこにいた人が問わず語りに、「今朝方、美空ひばりがこのベッドで息を引き取りました」と伝えてくれた。安倍元外相も同じ病棟に入院されていたので、私はお見舞いに行くべきかどうか迷ったがやめた。

それからほどなく、私はＯＥＣＤの大使となったので、平河町の赤坂プリンスホテルの隣にあった清和会の事務所にご挨拶に伺った。心なしか少しお痩せになった安倍元外相にパリ赴任を伝えてお別れをした時の、何とも言えないお寂しそうな顔は今でも私の思い出の中に焼き付いている。

安倍元外相はそれから二年後の一九九一年五月に逝去された。もしご健在だったら当然総理になられ、日本のその後も随分違ったのではないかと今でも思う。

中曽根政権から竹下政権へ

（1）皇太子及び同妃殿下の御訪米

一九八七年一〇月に皇太子及び同妃殿下（現在の上皇、上皇后陛下）は、レーガン大統領の招待によりボストン、ワシントン、ニューヨークを訪問された。御訪米当時、すでに昭和天皇の御健康が心配される中であったので、皇太子及び同妃としてはこれが最後の外国訪問になるのではないかと思っていた。

私は、御訪米に随行することになった渡辺北米局審議官と二人で両殿下にお会いし、御日程等について御説明した。昭和天皇の御訪米の時と同じように、日本からワシントンに直行せず、今回はボストン郊外のライシャワー教授のお宅にお泊まりいただくことにした。ライシャワー教授から日米関係等について話をしていただくのは、将来の天皇にとっても肝要かと思われた。また、ワシントンにおける主要な行事は、今回は晩餐会のお言葉ではなく、テニスであった。軽井沢のテニスコートで両殿下がお会いになったというストーリーは、万人の心に響く優しい話である。ブッシュ（George H. W. Bush）副大統領の公邸には立派なテニスコートがあったので、同副大統領及びシュルツ国務長官などを相手にテニスをなさった。

ニューヨークではハーレムを御訪問になり、集まった人々と握手をして回られた。御訪米は米国のプレスでも大変好意的に報道され、両殿下に対し多くの米国人が敬愛の念と親愛の情を抱いた。それゆえか、米国のマスコミの一部ではいわゆる日本たたきを反省する声も聞かれ出した。

なお、この御訪問に随行した渡辺審議官は、後年、天皇陛下の侍従長として、十年以上にわたって

竹下登首相訪米（右端が筆者。1988 年 1 月）

お仕えした。

（2）竹下総理の訪米

一九八七年一一月六日、竹下登内閣が発足した。

竹下総理の最初の外国訪問はＡＳＥＡＮ首脳会議であり、翌八八年一月に訪米した。中曽根総理が精魂を注いだ日米関係は、必ずしも常に安泰であったわけではない。良好な関係を維持するためには、努力と意志の両方が不可欠である。そこで、中曽根総理が竹下幹事長を次期総裁に指名した一〇月二〇日付で、外務省として「総理訪米」と題する文書を作成した。要するに、経済大国としての国際的責任を着実に履行し、国内諸改革を推進すること、国際政治面においても世界的な課題に我が国としても応分の貢献をすること、従来の対米基本姿勢を継続・発展せしめること等々を書いた。

さらに一一月二〇日付で、新たに「総理訪

米」と題するペーパーを作成した。その中では、日米関係の現状認識として次のように記した。「日米関係は極めて重大な局面に差しかかっており、今日本がすべきことは、「米国から言われたから」という発想からではなく、日本自身の判断と負担において国際社会の政治的安定と経済的繁栄のために果たすべき責任と役割をみずから進んで果たすことである。そうすることが米国の対日信頼感を深め、日米関係の安定化につながる」。

総理に対する正式なブリーフは官邸で行ったが、ある休日に松永信雄駐米大使と私の二人で竹下総理の私邸を訪問した。長時間にわたって、主として松永大使からレーガンの人となり、米国の情勢等々について話をした。竹下総理は内政に強い総理として米国側が期待しているとの話も出た。また、松永大使は、今回の訪米の最大の眼目としてはレーガンとの個人的な関係の構築であると強調していた。訪米の準備としては、米国との関係では双方の大使館ルートで議題等についての打ち合わせを行った上で、前に述べたサンフランシスコ会合でじっくりと日米間の話し合いを行った。

一九八八年一月一三日、竹下総理とレーガン大統領の初めての会談が行われた。最初は二人だけの、いわゆる「テタテ」の会談だった。例によって、通訳以外は私と先方の補佐官一人しか陪席していない。竹下総理は初めての総理としての訪米で、私から見ても相当に緊張しておられ、固くなっているご様子だった。レーガン大統領が話の途中で、「世の中の人は自分のことを俳優が大統領になったと言って皮肉るが、私は大統領になって初めて分かった。大統領は俳優でなければ務まらない」と述べた。竹下総理は大笑いして急に和やかになり、リラックスした雰囲気になった。

全体会談の冒頭で、大統領が次の点を述べた。「(イ) 最も重要なことは、日米が緊密な同盟国として二国間及びグローバルな問題に力を合わせ対処していることを明確に示すこと。同盟国の団結がソ連を交渉のテーブルに引きずり出すことの成功に結びつけた。（ロ）日本の防衛努力を評価する。日本は防衛協力及び防衛負担の両面で大きな前進を成し遂げた」。

これに対し、総理は次の通り述べた。

「先の皇太子同妃両殿下の御訪米の際の米側の温かいおもてなしに感謝し、特にテニスのお相手をしていただいたブッシュ副大統領及びシュルツ国務長官にお礼を申し上げたい」。

すると、同席していたシュルツ国務長官は、「我々は完敗した。シュライバー（プロの女性テニス選手）などと組まれては、勝ち目がない」と述べ、一同は爆笑した。

さらに総理は、米ソ関係についての大統領の努力を、西側の一員として強力に支持する、そして経済面では我が国は内需拡大、構造調整、市場開放を行っていく、と述べた。会談ではさらに、マクロ及び個別の経済問題、そしてアジア問題などについて広範な話し合いが行われた。

また、前年一二月にＩＮＦ全廃条約の締結が行われたことについて、大統領は次のように述べた。

「米側は最も重要な点をソ連から勝ち取った。ソ連に譲歩していたら、中曽根前総理の手前、本日貴総理に合わせる顔がなかった。何しろソ連はＩＮＦを一〇〇発近く日本の近くに設置すると言っていたのだから」。

これに対し竹下総理より、グローバルゼロの実現に重ねて感謝を表明した。この時の訪米は、個人的信頼関係の確立が最大の眼目であった。そして実際にレーガン大統領は、首脳会談の後のプレスリマークスで、「両首脳間に深い友情が確立された」と述べた。竹下総理は、プレスリマークスの最後を次の言葉で締めくくった。「私は今次首脳会談を通じ日米関係の基盤を一層強化し得たと考えます。私はこの基盤の上に「世界に貢献する日本」をつくり上げるべく全力を尽くしていきたいと思います」。

そして、竹下総理は翌日、ナショナル・プレス・クラブにおいて演説を行った。私は、この演説原稿の作成に力を注いだ。その演説のタイトルは、「日米のグローバル・パートナーシップを目指して――世界に貢献する日本」であった。これが後に、「国際協力構想」に発展することになる。

（3）　レーガン大統領

レーガン大統領は、私が知る限り戦後の米国の大統領の中で、ケネディ大統領と並んで最も魅力的な人物であった。

彼の魅力はどこから来ていたのであろうか。彼の温かい人柄とユーモアは、間違いなくその一つである。

一九八一年三月、大統領暗殺未遂事件が起こり彼は生死の境をさまよった。手術室に運ばれて麻酔をかけられる前にレーガンは、医師たちを見回してこう言った。「あなた方が皆共和党員だといいのだが」。医師も気を利かせて「大統領閣下、今日は我々全員が共和党員です」と答えた。

この話は全米に報道され、党派を超えて人々の笑いを誘った。彼のユーモアが、いかに初対面の竹下登総理の気持ちをほぐしたかは、私も目撃している。

他方、彼の軽妙なジョークは、外交における「力」の信奉者という本質を包み込んでいる。「強いアメリカ」、そして「冷戦に勝利すること」への不退転の決意こそ、彼の本領であったと思う。

一九八八年一月の竹下登総理との最初の会談において、一ヵ月前に米ソが調印したＩＮＦ全廃条約の交渉に関連し、レーガン大統領に促されたシュルツ国務長官は次のように述べている。

「ＩＮＦ交渉の大きな教訓は力と友邦国間の団結、忍耐と粘り強さ、そして目標を設定したら、それを堅持し、しかもその目標にグローバルな意味合いを付与することがいかに大事であるかということに尽きる」。

この考え方はレーガンの本質そのものであると思う。

私にとっての彼の魅力の最大の源泉は、ケネディ大統領と同じく、「大きな物語」、そして「大きな夢」の信奉者であったことにあると思う。その最たるものは、戦略防衛構想（ＳＤＩ）である。米ソの多くの専門家は遠い未来の問題と考えていたのだが、どうやら彼は本気でこれによって核兵器を無用なものにできると信じていたようだ。彼は夢想家なのか、リアリストなのか、分からないところが面白い。

レーガン大統領は、彼を理解し、同じような考えを持った卓越した人々に恵まれていた。何と言っても、欧州にはマーガレット・サッチャー首相、アジアには中曽根康弘総理がいた。また、シュルツ国務長官という傑出した人物もいた。さらにソ連ではゴルバチョフ書記長という魅力的な人物が登場し、ＳＤＩと米国の力と同盟国の結束をもって渡りあえたのも幸運であった。

レーガン大統領はまた時代にも恵まれていた。一九八九年一月二一日、彼と夫人のナンシーがホワイトハウスを去る際「冷戦は終わった」と高らかに宣言した。そしてこの年の一一月にベルリンの壁は崩壊した。

レーガン大統領は、アイゼンハワー以降で、二期八年を全うした初めての大統領となった。彼は今でも多くのアメリカ国民の心の中で、アメリカが真に偉大だった時の偉大な大統領として、温かい追憶の中に生きている。

（4）北米局長として考えたこと

日米経済摩擦は激しさを増し、リビジョニストが日本異質論を唱えだした中で、レーガン大統領と中曽根総理の個人的関係は強固であった。一九八五年から二期目に入ったレーガン大統領は、次の選挙を考える必要もなく、国内に怖いものなしの状況であった。そこで私は、レーガン大統領と国防省を、経済面での日本たたきの「防波堤」にすることを考えた。そのためには、防衛面で米国に対する協力を強め、特にレーガンの夢であるＳＤＩに協力し、西側が冷戦に勝利することが望ましい。

しかしながら、これらは一面の話であり、より根底にあったのは日米同盟に対する私の危惧であった。私は北米第一課長の頃から、パーマストンの名言、「永遠の同盟はない。あるのは永遠の国益である」という言葉を、日米同盟に当てはめていた。前述の通り、大平外相秘書官の時訪れたグエン・バン・チュー・ベトナム大統領は、頼むものは米国だけであったのに、米国はこれを見捨てた。

日米同盟は二つの特徴がある。一つはライシャワー教授が言うように、人種、文化の異なる国同士の、世界史的な同盟であり、裏を返せば決して自然にでき上がる同盟ではない。

そして、もう一つの特徴は、その片務性である。私は日米同盟をできる限り長く存続させることが日本の国益であり、また世界のためにもなると考えた。そのため、米国が日本の防衛の増強を求めるのをよいこととして、少しでも片務的な要素を軽減していこうとした。

日米同盟を当然視すべきではないという考え方は、現在でも変わらない。

二　官房長

官房長の職務

一九八八年一月の竹下総理の訪米が終わると、直後に私は小和田恆氏の後任として官房長になった。小和田氏は私の一期上で、私が北米局長の時条約局長として一緒に国会に出席していたことがあった。外務大臣は宇野宗佑氏、次官は村田良平氏であり、大臣秘書官には宮本雄二氏と若手の秘書官として宮家邦彦氏がいた。官房長は局長より年次が上で、幹部会の司会をし、各局長を束ねる役目であった。

また、大臣官房のトップとして、人事、総務、会計、国会関係、特定案件などの職務があった。

外務省の人事は事実上、次官、官房長と、人事課長のみが関与し、決定していた。村田良平氏の回顧録（『村田良平回想録』上下巻、ミネルヴァ書房、二〇〇八年）によれば、次官の最大の職務は人事である。当時、私の知る限り、外務大臣も事務当局の提案する人事を承認しなかったことはなかったと思う。ただし、主要国の大使、外務次官については、総理と官房長官にも根回しをするのが通例であった。

外務省内での人事に関係する三者の人事の決め方については、人によって異なると思うが、おおむね自分の年次に近いポストに事実上の発言権を持つのが通常だった。したがって、次官は、主要国大使、次官の後任、外務審議官のポストに対して強い発言力を持ち、官房長は局長クラス、そして人事課長は課長クラスについて特に強い発言権を持っていた。

そうは言っても、次官とは異なり、官房長はすべての人事に目を光らせる必要があり、官房長にとって最大のエネルギーは人事に注がれた。幸い、川島裕人事課長は人事を把握し公正でもあったので、大いに助かった。ちなみに、官房長の部屋から一番近い所に人事課長の部屋があったが、おそらくそれは、頻繁に相談を要するという意味で宜なるかなと思った。

当時は総合外交政策局が存在せず、官房総務課長が政策調整室長を兼任していた。平林博官房総務課長は、全省によく目配りをしてくれた。また、官房総務課長は外務次官の総理に対する定期ブリーフの際にはお供をしていた。官房長としては、外務省全体を人的・物的な面のみならず、政策面でもどう動かすかについて次官を補佐することが極めて重要な職務だった。外務省全体としての、総合的な政策を考えてゆく必要性を感じていた。

一九八八年の九月には、後の総合外交政策局の設置につながる第一回の機構委員会が開かれる。しかしその後、昭和天皇の御病状の悪化・御大葬につながる状況で、私自身がこの課題を進めることはできなかった。また、昭和天皇の御大葬の時のように、全省を挙げて行う行事の場合は、その中核にいなければならなかった。

会計の職務では、外務省の予算の獲得・運営が重要であった。特にＯＤＡ予算については巨額であったし、外務省にとっては重要な外交ツールであった。林暘会計課長はよくやってくれたし、また、在外公館の面倒を見る在外公館課長の折田正樹課長も実績を上げてくれた。

官房長の右腕となる官房審議官は、兵藤長雄氏であった。国会関係では、彼は自民党の国会対策委員長室にほとんど毎日「出勤」しており、秘書のほうが彼に同情して事実上席を設けてくれたほどである。なお、当時国対委員長室へ行くと、よく小泉純一郎氏にお会いした。当時から独特な感性の光る方であったが、確かに並の議員と比べるとやや異端であり、この人が将来大変業績を上げる総理大臣になると気づかなかったのは、私の浅慮である。

国会議員とのお付き合いは私の重要な職務であり、自民党、社会党の有力な議員とは親しくしばしば食事をともにしていた。特に土井たか子さんとは以前から仲がよかった。また、自民党の事務局やいろいろな方面と親しくし永田町の情報はかなり豊富であった。「内政の分かる外務省」、さらには「外交の分かる国会議員」が求められていた。なお、外務省を代表できるのは、大臣を除くと次官と官房長だけであった。週二回開かれる次官会議にはしばしば私が出席した。幸い年次が高いので、各省からは文句が出なかった。また、次官は国会答弁をしないのが通例なので、私が国会に呼び出されるのは北米局長の時とは全く異なり、外務省員に不祥事があった時だけであった。

大臣官房の扱う課題は右以外にも数多いが、直接の部下が皆優秀で、私は大いに助けられ、特定の案件に力を入れたり、論文を書いたりすることもできた。

私が特定案件の中で最も力を入れたのが、「世界に貢献する日本」の具体化と、昭和天皇の御大葬である。

国際協力構想

外務省内で議論を重ねた結果、「世界に貢献する日本」を竹下構想として具体化するため、三本柱からなる国際協力構想を打ち出すことになった。平和のための協力、政府開発援助、及び国際文化交流である。

対欧州配慮も含めて、この交流の全体像と国際文化交流については、一九八八年五月に竹下総理が訪欧の際、ロンドン市長の午餐会で表明する。そして、平和のための協力についての詳細は、六月初めにニューヨークで開かれる軍縮特別総会で明らかにする。さらに六月のトロントサミットで、政府開発援助についての構想を説明するというものであった。これらは予定通り行われた。

この構想の背景には、米国等において、日本が何もしていないとして、日本の社会・文化にまで批判が及びつつある現実があった。他方、経済成長に伴い日本にもおごりが出てきており、後年の『「NO」と言える日本』のような米国に対する新たな反発も出始めているという状況があった。それゆえ、世界の平和と繁栄を確保するため日本が貢献することを具体的に示すことが望ましいという考え方から、この構想は実現に向けて動き出した。

その中で一番具体的な目標を明示し得るのは、政府開発援助であったが、少なくとも私自身に関する限り、一番肝要なことは平和への貢献であり、その中でも、血を流さずとも、せめて汗を流す要員の海外派遣であった。

また、この際、日本文化を世界に理解してもらうことも重要であると考えた。しかし、この構想に信憑性を与えるためには、開発援助の質と量の改善については具体的な数字を示すことが大事であると考えて、大蔵省と折衝した。この折衝では、英正道経済協力局長が立派な役割を果たした。最後のところは私も同席して一晩中議論した。朝陽が上がる頃にやっと第四次中期目標案を策定した。その内容は、ODA実績を一九八八年以降の五年間に五〇〇億ドル以上とするよう努めることとし、併せてＯＤＡの対ＧＮＰ比の改善、一層の無償化等、質の改善を行うことであった。

なお、六月のトロントサミット直後には、ＯＤＡに関する総務庁の行政監察報告がまとまった。これを受けて外務省は、援助の無駄を省き、体制をいかに強化するかについて作業班を設置し、私がその責任者になった。

一九八八年七月二五日付の日本経済新聞のコラムで、次のように私は記している。すなわち、日本は「近々世界一の援助国になるが、世界最大の黒字国、債権国として当然の責務である。ＯＤＡ中期計画で示した五〇〇億ドルは必ず達成しなければならないし、援助の質を高め、ＪＩＣＡの再編整備も考えていく。今後ＯＤＡをどれだけふやせるかは、日本人の生きざまを世界に示すバロメーターになると考えている」。このように竹下構想で、ＯＤＡ関係は大いに前進した。

さらに、三本柱の中に国際文化交流が入ったことの意義は大きい。思えば、福田赳夫外務大臣が一九七二年に国際交流基金を創設され、大平正芳総理は一九七九年一月の総理就任後最初の所信表明演説の冒頭において、「文化の時代の到来」という題で述べている。この流れの中で日本の世界に対する貢献の一つに文化を据えたことは、今日でも新鮮である。

ロンドン・スピーチにおいて、文化交流について詳細に述べられている中で竹下総理は、一九八一年にロンドンで開かれた「江戸大美術展」、そして九一年に予定されていた「ジャパン・フェスティバル」について言及されている。前者は、日本が戦後海外で行った最初の大型展であり、後者の「ジャパン・フェスティバル」は、佐波正一元東芝会長をヘッドとする体制の下で日本が海外で行った空前絶後の規模の総合的文化紹介事業となった。また、国際文化交流に関する総理の諮問機関として、平岩外四東京電力会長を議長とする懇談会が設けられ、この分野でも大きく前進した。

昭和六三年版の『外交青書』の第一章第一節は、「我が外交の基本課題――「世界に貢献する日本」の推進」と題した内容となっている。その節で、国際協力構想の詳細な説明をしているが、「むすび」において次のように述べている。

「二一世紀まで余すところ一〇年余となった今日、我が国は国際的にも大きな変革の渦の中にある。……このような状況下で、我が国としては、憲法前文にある通り、「平和を維持し、専制と隷従、圧迫と偏狭を地上から永遠に除去しようと努めている国際社会において、名誉ある地位を占め」ることができるよう、「世界に貢献する日本」の実現を目指し、懸命の努力を行っていかなければならない。世界の平和と繁栄のための応分のコストを積極的に負担し、広範な分野で世界に貢献する日本を実現することこそ、現在の我が国に最も求められているところであり、また我が国自身の利益に通じるところなのである。そして現在、日本は、その方向へ向けて踏み出しつつある」。

この文章は、私が手を加えて書いたものである。

しかしながら、私にとっては最大の眼目であった海外への要員の派遣については、国内政治に阻まれ、一国平和主義の殻を破ることができなかった。リクルート事件により竹下内閣は退陣を余儀なくされてしまったことは、誠に残念なことであった。このことは、後の湾岸戦争における日本の貢献において、明らかになる。

なお、私は北米局長、官房長時代、ソニーの創業者である盛田昭夫氏と知り合った。御殿山にあった事務所に行くといつも彼は若い人達に囲まれていた。ご自宅にもお呼ばれしたが、できたばかりの赤坂のアークヒルズの住宅棟の一室を接待用としており、外国人等とよくお呼ばれしたものであった。

平岩外四氏も忘れられない方である。東京電力会長室を何回か訪ねたが、図書館のように壁が本でいっぱいであった。いろいろと教えていただくことの多い人であった。

また、本田宗一郎氏とは、義父の下田武三氏が晩年親しくしていたので、私もご自宅に伺ったりした。本田氏は、少年のような好奇心を持っていると感じることがしばしばだったが、それは、これら三人の方々に共通していた資質であると思う。

外務省の知的側面の強化

人事課長の時にも同様なことを考えたが、官房長としてはもっと大きなスケールで外務省の知的側面を強化していきたいと考えた。

一つは省内体制であるが、外交に関する論壇を活性化させるとともに、外務省もそれに参加していき、とかく個別案件処理に追われている職員に、広く、かつ歴史的な視野から外交を考える方向に持っていきたかった。

外務省のみならず、朝まで電灯の灯が消えない当時の霞が関の不夜城に、知的な余裕を持ってほしかった。そのために、次のような取り組みを行った。

(1) 日本国際問題研究所の強化

私が官房長になったその日に、当時は確か虎ノ門にあった日本国際問題研究所(国問研)を訪問した。何とか人的・予算的に強化したいと思い、松永駐米大使に、退官したら理事長になってほしいとお願いした。松永大使にこれを受けていただき、一九九〇年春退官をされてすぐ理事長に就任され、九九年に小和田恆氏に引き継ぐまで国問研を育てていただいた。

今日の国問研はその後、佐藤行雄、野上義二、及び佐々江賢一郎理事長の下で、存在感を強めている。

（2）『外交フォーラム』の創刊

外交に関して権威があり、かつ広範な人材による論壇を育てようと、外務省が支援する外交専門誌『外交フォーラム』は、柳谷前次官のイニシアティブによって作成が決定し、私の官房長時代の一九八八年一〇月に創刊された。

編集責任者になっていただいた粕谷一希氏は、『中央公論』の元編集長であった。多くの論客を世に出し、後に戦後最大の人材のプロデューサーとも言われた人であった。粕谷氏と柳谷前次官は、「志遊会」という会を組織し、月に一回、いろいろな人を呼んできて十数人の少人数の朝食会を帝国ホテルで開催し、ディスカッションを行った。私もそれに常に参加していた。このメンバーは二〇名弱で高島肇久、草刈隆郎、寺島実郎氏らも加わっていた。

私は、粕谷氏と終生親しくしていた。『外交フォーラム』の編集長は、その後、伊藤実佐子氏となり、編集委員として、本間長世、糠沢和夫、北岡伸一の三氏が務められた。残念ながら『外交フォーラム』は、二〇〇九年一一月の事業仕分けで買い上げ廃止と判定され、休刊に追い込まれた。北岡伸一、山内昌之氏など、多数の方々が反対の緊急声明を発出され、私はこの声明を見て涙を禁じ得なかった。『外交フォーラム』は、今日では外交専門誌『外交』として引き継がれ、都市出版が担当している。

なお、『外交フォーラム』に現役の外務省職員が参加することを奨励する意味もあって、私は一九八九年五月号に、「相互依存の世界と日本の外交」と題する論文を書いた。

私は、戦前の日本の外交が実務的な案件処理型であり、歴史の大きな流れに対する十分な洞察を欠いたうらみがあること、また、戦後の日本も、冷戦という安定の中で自国のことのみに専心し、日本が直接関係することのみに関心を持ってきたのではないかと考えた。そして、この論文の結論の中で、日本はパワーポリティクスと相互依存の間、そして理想と現実の間で、「二本足」で立たなければならないと書いた。

（3）外務省研修所の移転

竹下内閣は首都機能移転をうたい、中央省庁の一部（一省一部門）を東京都外に移すことを決めた。宇野大臣に絶対反対をお願いしたが、バブル絶頂の当時、何やら動きづらい様子だった。

私は各方面に、反対をお願いして歩いた。本件について、日頃は話をよく聞いてくれる石原信雄官房副長官の部屋に押し入って訴えたり、全省庁の官房長会議を一人だけ欠席したりしたが、詮のないことだった。そこで、文京区の小石川にあった外務省研修所を移転させるかわりに、神奈川県相模原市に広大な土地を用意してもらうことと外務省の敷地内にビルをつくることで合意した。新研修所は一九九四年にオープンし現在に至っている。

すでに文京区の研修所は手狭になっており合宿もできない状況だったたし、また、特殊語学の研修生が外務省で働きながら研修を受けるにしては、相模原の新研修所は遠過ぎて不便であった。私は友人の建設次官に頼み込み、現在外務省新館と呼ばれているビルを外務省の敷地内に建設する運びとなった。私はかねて、外務省の最大の資産の一つは、いわゆる特殊語の人材であると考えていた。言葉を理解することが、その国の文化を理解する第一歩であるからである。

現在では主要七言語を含む、約四〇言語の研修生が研修を受けており、その一部を本省の新館で行っている。

昭和天皇の御大葬

「昭和天皇は八九年一月七日に崩御され、……二月二四日、新宿御苑において大葬の礼が行われ、世界一六四か国、ＥＣ及び二七の国際機関の元首、弔問使節が参列した。今回参列した国の数及び参列者のレベルは史上例のないものである。正に一つの時代を画する出来事であった」（『外交青書』平成元年版）。

確かにこれだけの規模の行事は、その後も類を見ないものであった。当時の外務次官であった村田良平氏著の『回顧する日本外交』の冒頭は、次の文章で始まる。「四十二年八ヵ月に亘った私の外務省勤務中で最も重要で、また最も精魂を傾けた任務は、平成元年二月二十四日にとり行われた昭和天皇の御大葬をめぐる対応であった」（一五頁）。この文章に始まり、その後約四〇頁にわたり詳細に外務省の御大葬への対応を記述しているので、私は詳述を避けることにする。

当方からの働きかけにより、一月一〇日には、二〇日に米大統領に就任する予定のブッシュ氏夫妻の参列が発表された。他の国からも、続々と元首が参列することになった。参列者の席次から始まり、すべてのロジスティクスの事務量は膨大であった。すでに前年九月陛下が吐血された時以来、村田次官を本部長とし、田中義具大使を事務局長とする対策本部を内定していた。事務局は在外から約一〇〇名以上を一時帰国させ、人材をかき集めた。一月初めからは、ほとんど全員が徹夜に近く働いた。私もすべての重要な案件の相談に乗る他に、一五〇〇人に及ぶ外国人記者を含め、外務省全体としてうまく回っているかを目配りした。一日に何回かは対策本部にも顔を出した。

御大葬当日は、私は最前列の右端の席に座って、万一何かあれば竹下総理、宇野大臣、小渕恵三官房長官と直接話をして、その場で適切な措置ができるように身構えていた。村田次官は本省に残り、世界に何か問題が起きた場合、あるいは外からでも御大葬関係で対応可能な布陣とした。

当日は氷雨の降る寒い日であった。昭和天皇の御訪米の際には、ホワイトハウスに御到着になった時にちょうど雲の裂け目から太陽が顔を出した時のことを思い出し、やはり陛下は日の御子であらせられたのかと思った。

無事御大葬の礼が終わり、外務省へ向かう帰りのバスの中で松永大使と隣り合わせになった。松永大使が「とうとう昭和も終わったね」と、窓の外を見ながら言われた。私もそうですねと感慨にふけった。

ほっと一息ついたのも、束の間であった。翌二五日の記者会見で外務省の担当者が参加国は一六四ヵ国であったと述べたところ、外務大臣は一六三ヵ国と言ったではないかとの質問が出た。これに対する適切な回答がなかったため、翌日大問題となりいくつかの新聞は社説でもこの問題を取り上げた。私は直ちに状況を調べた。南アフリカが在京総領事を参列させたわけであるが、そのことを大臣に報告していなかったようである。

いずれにしてもこれは事務的な連絡ミスであり、これを政治的な責任問題にしてはいけないし、村田次官一人の責任にしてもいけないと思った。そこで宇野大臣には事前に耳打ちをしておいたが、村田次官に進言し、村田次官と私が連れ添って宇野大臣のところに謝罪に行くことにした。国会開会中は閣僚室が院内にあって、通常その前には多くの新聞記者がたむろしている。そこへ村田次官と私が行って宇野大臣から「厳重注意」の処分を受けるという形をとり、一件は落着した。もっとも、この件を新聞で見た私の親戚の一人が、私が外務省をやめることになったと心配してくれて閉口した。

竹下内閣の退陣、宇野内閣の誕生、天安門事件

竹下内閣は、外交面では国際協力構想を掲げ、その着実な実施を推進しつつあり、内政面では昭和から平成への移行を大過なく行った。また、画期的な消費税の導入を行うことができた。戦後の内閣の中でも優れた内閣の一つであったと思うし、大きな可能性を持った内閣であったと思う。

その意味では、リクルート事件は誠に不幸な事件であった。竹下総理は、私が知る限り戦後の総理の中でも田中角栄総理に近く、官僚の心をつかむ人心把握力が強かったと思う。その一つの源は、大変数字に強く、また人の名前をよく覚えておられたことだった。

私も竹下総理に夜くつろいだ席でよくお会いしたが、一つの特技は、世界の長い川を最長から一五位まで言ったり、その長さを言ったりすることであった。一説によると、主要な官僚の名前を入省年次で覚えているとのことであった。ある晩、清水谷の料亭に各省庁の官房長全員が総理に招待された。

宇野宗佑外相と筆者（外務省玄関にある殉職者顕彰像の前で。1988 年）

驚いたのは、席次が個人の入省年次通りの順序になっていることであった。運輸省の官房長の棚橋泰氏が、私と入省年次が同じだったが、私より学年が上で、彼が一番で、私が二番といった具合であった。

竹下先生とは、先生が病を得て北里大学病院に入院なさるまでお付き合いさせていただいた。先生が経世会を立ち上げた時の東京プリンスホテルでの参会者の数は、空前絶後であったかと思う。内政に力のあった竹下先生に、もっと長生きして外交でも腕をふるっていただきたかったと思う。

一九八七年一一月の竹下内閣成立とともに、宇野宗佑先生が外務大臣に就任された。私は北米局長として、また官房長として宇野大臣を補佐した。宇野大臣は問題の把握力が抜群で、よく調書、電報等を読まれていた。その判断力も的確迅速で、優れた外務大臣であった。

私は官房長として仕事の面でもぴったりと大臣

については、夜もよく少人数で飲んだりしていた。宇野大臣は多芸多才な方であった。夜は自分でハーモニカを吹いて伴奏を入れつつ、歌も歌われた。十八番の一つが、一九八一年の映画「連合艦隊」の主題歌、「群青」という谷村新司のヒット曲であった。無残にも連合艦隊が群青の海に沈んでいく情景を哀惜の念をもって歌っておられた。

ある日突然、総理になるかもしれない、所信表明演説を用意してくれと頼まれて大いに緊張したことがあった。宇野内閣は、一九八九年六月二日から八月九日までの二ヵ月の短命であった。宇野先生は、実際と比較して、世間で最も過小評価されている方の一人ではないかと思う。

なお、一九八九年六月、天安門広場に民主化を求める青年達が集まっているという情勢は聞いていたが、宇野内閣が成立した直後の六月四日に、天安門広場で軍がついに実力を行使し、多数の死者を出したと知った。私のところにも刻々と情勢が伝わってきた。

その晩、ニュージーランドの歌姫キリ・テ・カナワ女史の公演の後のディナーで、私は吉田茂元総理の御息女の麻生和子さんの隣に座っており大変楽しい時間を過ごしていた。一方で、刻々と入って来る情報に、邦人の安否等を心配し、気もそぞろであった。六月二四日の四中全会では、学生たちに同情的であった趙紫陽総書記が正式にすべての職を解任され、江沢民氏が総書記となった。

一九八七年の胡耀邦氏の解任等をきっかけに中国における民主化運動が高まったところを考えると、あれほど親日的であった胡耀邦氏を支持する人々は民主化を望んでいた人々とも重なるようであり、彼らが弾圧されるのを目の当たりにして、私は今後の日中関係に暗いものを感じた。

三　ＯＥＣＤ代表部大使

一九八九年七月に、私はＯＥＣＤ代表部特命全権大使となった。

ＯＥＣＤ代表部は、各省から精鋭が集まっており、各省からの出張者も多く、各種の委員会が数多く開かれていた。館員は人材の宝庫であり、津田広喜参事官（後に財務次官）、小川洋一等書記官（後に福岡県知事）、木寺昌人一等書記官（後に駐仏大使）等がひしめいていた。大使は主として、ＯＥＣＤの最高意思決定機関である理事会に出席するのが常であった。次席は須藤隆也公使、後に鈴木勝也公使であった。吉川元偉一等書記官が、大使の補佐官役として理事会に必ず出席してくれた。

東西冷戦の終結

一九八九年八月にパリに着任した際には、ＯＥＣＤは事実上夏休みだったため、東西ベルリンに行ってみた。現地ではベルリン総領事をしていた久米邦貞氏や、私の外務省の同期で東独大使をしていた新井弘一君のもとを訪ねた。東ベルリンは日本の企業も進出し、経済の活気もあったが、やはり別世界であった。有名なチェックポイント・チャーリーという検問所を通って、西ベルリンに入った。

その数ヵ月後、一一月にはベルリンの壁が崩壊した。そして同年一二月には、マルタでブッシュ大統領とゴルバチョフ書記長の会談が開かれ、冷戦の終結が宣言された。パリから見たヨーロッパの反応は、大変な高揚感であった。それは、自由、民主主義、人権の勝利であり、軍事的脅威からの解放であった。この状況は、欧州の地域統合の動きを加速させることになった。一九九一年一二月には通貨統合、政治統合を視野に入れたマーストリヒト条約の合意に至り、ＥＣからＥＵへ移行することとなった。

私は、当時の欧州における米国と日本に対する経済的対抗心が、欧州統合を推進させたと強く感じた。なお、欧州におけるこの一時の高揚感は、必ずしも長くは続かなかった。欧州においても、冷戦は脅威の中の安定という面が強かったが、冷戦後は不安定な世界が現出してきたのであった。

冷戦の終結が欧州に大きな地殻変動をもたらしたことを目の当たりにして、私は少々驚きであった。しかし考えてみれば、戦後半世紀近く続いた東西冷戦という体験が、欧州と日本とでは全く異なっていたのである。

戦後日本を語る時、日本は独特な体験をしていたのだと考える必要があると感じた。

戦後日本の特殊性

日本は「西側の一員」と自ら称し、また冷戦の終結へもある程度の貢献はできた。しかし、考えてみれば戦後日本は米国や欧州とは全く別の経験をしてきたのである。

米国は朝鮮戦争、キューバ核危機、ベトナム戦争、湾岸戦争、アフガニスタン紛争等々、戦争やその一歩手前のところで明け暮れてきたし、多くの米国人の血を流してきた。自分のためというより、世界の秩序を守るためという要因が大きかった。

一方で欧州は東西が対立し、ドイツも東西に分断された。西ベルリンはソ連圏の中で孤立し、他の西ドイツはソ連及び東欧諸国による赤軍の脅威にさらされてきた。赤軍の通常兵力の脅威に対抗するために中距離核戦力である米国のパーシングⅡ等を西ドイツに配置してもらっていた。ドイツにとっては中距離核は死活の問題であった。冷戦の終結に伴い、東欧では各国が次々と変身しソ連圏を脱して独立を得た。そして、欧州統合の動きが強まる。

これらの状況に比べ、戦後の日本は全く特異な経験をしてきた。何よりも、日本には真の安全保障上の脅威が存在しなかった。一九五〇年六月に始まった朝鮮戦争は、およそ三〇〇万人が命を落としたとみられる大戦争であった。だが、日本は未だ占領軍の統治下のことであり、いずれにしても北朝鮮も中国も日本まで攻めてくることは全く念頭になかった。日本のすぐ隣でこのような大戦争が行われている間、日本は脅威を感ずるどころか逆にいわゆる朝鮮特需により戦後の不況から脱することができた。また、ベトナム戦争においても、日本が高度経済成長をまっしぐらに走る中で足を引っ張るものではなかった。

米ソ冷戦の最中においても、日本に対してはソ連のバックファイヤー爆撃機などによる経空脅威が存在したことも事実であり、比較的ソ連に近い青森県に三沢基地が整備されたりした。しかし、ソ連が日本を侵攻するために軍隊を海上輸送することは事実上不可能であり、またソ連は中国との関係も悪化し日本に侵攻する意欲も持っていなかった。中国が経済的存在感を示し始めたのは、二一世紀に入る頃からである。

このような状況において、私は二〇世紀初頭の歴史を振り返らざるを得なかった。第一次大戦こそが一九世紀の帝国主義の時代を根底から変えた出来事であった。欧州本国が予想をはるかに上回って長期間にわたり戦場となり、飛行機や戦車などの登場は戦争の形態を大きく変えた。日本は欧米諸国とこの体験を実感としてほとんど共有していなかった。したがって、日露戦争に勝利した日本は、自らの成功体験の夢を忘れられず、戦艦大和、武蔵を建造しながら昭和の戦争に突入し破滅に至ったのであった。これからの日本が戦後の高度成長の夢の虜になっていくのではないかとの危惧を抱いた。

ＯＥＣＤの役割の再検討

一九六一年九月の発足以来、ＯＥＣＤには二つの基本的な座標軸があった。一つは市場経済体制を奉じる「西側」という立場であり、もう一つは開発途上国への援助を供与する先進国としての「北側」としての立場であった。

冷戦の終結は、それまでの「西側」という視点に若干の影響を与えた。後者については、南北問題が華やかなりし頃は南の「グループ77」に対応するものとして先進国グループのことを「グループB」と呼んでいたが、いわばグループBの砦として、ＯＥＣＤがあった。

私が一九六八年から七〇年にかけてジュネーブでＵＮＣＴＡＤを担当していたときは、極めて頻繁にＯＥＣＤの会議に参加して北側諸国間の調整を行っていた。しかし、すでに述べたように、南北という対立の図式は意義を失いつつあった。したがって、私が着任した頃、ジャン・クロード・ペイユ(Jean-Claude Paye) ＯＥＣＤ事務総長は、常駐代表らとともに「リトリート」と称して、時には地方に一泊して全く非公式なブレーンストーミング会議を行って、ＯＥＣＤの役割を模索していた。その結果、基本的には次のような考え方を共有したと思う。

すなわち、ＯＥＣＤは自由・民主主義等の価値観を共有している、西側先進国の集まりである。この価値に基づいた貿易、経済、金融等の国際システムを保持することは、冷戦後も極めて重要である。また、冷戦の終結により、ソ連圏に入っていた中東欧地域の社会主義諸国の市場経済への移行を支援することも重要である。

このため特に東ヨーロッパ支援をOECD諸国は主体的に進めるべきだと、欧州の代表たちは強く主張していた。他方、日本としては、それは大いに結構だが、同時に経済発展により先進国へ移行しつつあるような途上国の国々にも目を向け、これを支援することも大事であって、アジアにおいても韓国など加盟国の拡大も考えられるのではないかと提案した。

中東欧を市場経済体制に移行させるために、理事会をウィーンはじめ中東欧の各地で開催して、同時に現地を視察した。当時はまだそのような言葉はなかったが、一言で言えば、今日でいうところの、リベラルな世界秩序の維持と拡大が大事であるという考え方を共有していたように思う。したがって、G7サミットの重要性は冷戦後も変わらず、OECDはサミットの事務局的な役割を果たすことも大切だったので、OECD閣僚理事会をサミットの約一ヵ月前に行うことが暗黙の了解となっていた。

さらに、OECDが当初から持っていた三つの特徴を保持・発展させることが必要であるという認識も各国代表が共有していた。

その特徴とは、第一は「ピアー・レビュー」である。OECDは条約上の権利義務からは離れ、「クラブ」的な雰囲気の中でお互いの政策を披露し合い、強圧でなく、事実とロジックに基づいて意見を述べ合うという、いわゆるピアー・レビューの伝統があった。

第二は、世界最大のシンクタンクとしての側面である。OECD事務局には当時、専門的知識を有する合わせて一四〇〇名にのぼる有能な職員がいた。そして、加盟国から経済、財政、社会等、広範な分野にわたって最も権威のある統計を組織的に入手することができた。これによって相互の関連を含めた政治的な配慮なしの鋭く深い分析が可能となっていた。

第三には、異分野提携である。今述べた通り、ＯＥＣＤが扱う分野は多岐にわたる。貿易、マクロ・ミクロの経済政策、国際金融、開発援助、運輸、教育等々、安全保障と文化を除いてほとんどの分野をカバーしていた。しかしながら、これらの分野は相互補完性が必ずしも高くはなく、どうしてもセクショナリズムの面が強かった。そこで可能な範囲で異分野提携を行うように努力した。特に地球環境問題のような新しい課題に取り組む際には、従来の諸課題を結びつけることによって、より問題の認識を深めることが可能になった。

ＯＥＣＤに日本から事務次長を――欧米知識人から見た日本

ＯＥＣＤ事務総長を補佐する事務次長は、一九六一年のＯＥＣＤ発足以来、二名で構成されていた。私が着任した当時の日本は世界最大の債権国であり、開発援助供与国であり、ＯＥＣＤ予算の四分の一弱を負担していた。私の前任者の小和田恆大使は、事務次長を一名増員して日本からこれに充てることを画策し、一時はほとんど成功するかに見えたが、一旦打ち切りということになった。また、小和田大使は、日本のＯＥＣＤ加盟二五周年を記念して、ＯＥＣＤ理事会を当時としては初めてパリ本部以外で、すなわち東京で開くことについて合意を取りつけた。そして、日本政府は事務総長及び二四ヵ国の常設代表の大使夫妻を、日本に招待した。

一行の訪日は、一九八九年一〇月一日から八日までの一週間と予定されており、私は八月にOECDに着任して二ヵ月足らずで日本へ帰ってきたことになる。日本に着いてから最初の日は、当時最高の有識者らが日本に関するブリーフィングを行い、二日目は外務省でOECD理事会を開催した。多数の大使の発案によって、日本のOECDにおける役割を評価するプレスリリースが発表された。午後には海部俊樹首相を表敬した。

夜には、運輸省の主催で隅田川を屋形船で下りながらの夕食会があった。多くの出席者が東京に対する既成イメージを変えたと、この屋形船ツアーを大変に評価していた。これは我がOECD代表部に運輸省から出向していた本保芳明一等書記官（後に初代の観光庁長官）のアイディアかと思われる。

一〇月三日には、天皇皇后両陛下に引見を賜った。一行は、両陛下と皇居の持つ気品に圧倒された。最高の思い出になったことは間違いないだろう。ただし、ある日本人が、この皇居全体の地価とマンハッタンの地価は大体同じであるという発言をしたら、ヨーロッパの大使が「それは何か間違っていますよ（Something wrong with it）」ということを言っていた。その頃、日本はバブル崩壊の直前だった。日本は価値というものの実体を見失っているように感じた。

翌四日には熊本に飛び、細川護熙熊本県知事主催のレセプションが、細川家の菩提寺である泰勝寺で行われた。一行は細川家の初代から三代の墓を見学し、また熊本城の佇まいを見て、皇居に次いで日本の気品を感じていた。一行はさらに大分に入り、平松守彦知事の歓待を受け、国東半島の自然の中にあるキヤノンの新鋭の工場で御手洗冨士夫常務（後の経団連会長）の説明を受けた。さらに京都を見学し、大阪において関西財界の歓待を受けた。

私は初めて、欧州を主体とする欧米知識人夫妻と一週間日本各地を回り、彼らの目から日本を見る機会を得た。これは貴重な体験となった。率直に言って日本異質論やリビジョニズムに近いイメージを抱いていた一面がある彼らにとって、皇居の伝統と気品、自然と最新鋭技術の調和（キヤノン）、自然と伝統文化との調和（泰勝寺）に基づいてダイナミックな国づくりを行っている姿を見たことは、かなりのカルチャーショックであったようだ。

さらに強く感じたのは、日本の持つ文化財産の大きさである。日本には伝統という基盤があって、初めて今日の繁栄があるという細川熊本県知事が言った考えに、多くの人が共感していた。私はこの夜スピーチを行い、「この細川という人は、いずれ日本の総理になる人である」と述べた。その後OECD在勤中、細川氏は総理になったかとしばしば聞かれ、閉口した。

小和田大使が企画し、実行したこの旅行は、OECD関係者に極めて強いインパクトを与えた。その後、彼が構想していた事務次長の話を持ち出して根回しを行ったが、誰一人反対する者はなく、理事会において日本から次長を選ぶことが容易に決まった。その際、どこかの国が「これを前例としない」と発言して、これを記録に残すように主張していたが、外務省で私の同期である初代の谷口誠事務次長は立派に務められた。それかあらぬか、以来現在まで日本から事務次長が出ている。

湾岸戦争

一九九〇年八月二日、イラクによるクウェート侵攻で始まった湾岸危機は、冷戦後の世界が直面した最初の国際的危機であった。冷戦の間ほとんど機能しなかった国連安全保障理事会が直ちに反応し、イラクの無条件撤退を要請し、一九九一年一月までに撤退しない場合にはイラク軍排除のためのあらゆる措置をとるという決議を行った。

そして、一九九一年一月一日に米国が主導する多国籍軍が動き出した。この間、日本には米国と国連の双方から、多国籍軍の武力侵攻への明確な支持と具体的な支援を求められた。米国においては、日米経済摩擦による対日批判が最高潮に達していた時期であり、日本政府は対応に苦慮した。

私は、OECDの側面からできることを考えた。OECDには幸い、国際エネルギー機関（IEA）があった。IEAは一九七四年二月、キッシンジャー米国務長官が主宰したエネルギー・ワシントン会議での大平外相の提案に基づいて、先進石油消費国がエネルギー調整グループの設置に合意したことに由来する。その後、検討の結果、IEAを設立することが合意され、IEAが正式にOECD傘下の国際機関として発足したものである。IEAの機能は多岐にわたるが、石油備蓄、緊急時の融通等があって、一九七八年末からのイラン情勢の緊迫化に伴い、第二次石油危機以降は緊急時対策が重視された。湾岸危機に際しては十分状況分析を行ったが、対策についての加盟国間の緊密な協議を継続し、日本も積極的に緊急時の措置の推進を提案した。通産省出身の小川洋一等書記官が、大いに活躍してくれた。

一九九一年一月の武力行使発生直後には、加盟国間で備蓄を取り崩し、日量二五〇万バレルの石油を市場に供給することを可能とする緊急時協調計画を実施した。私たちは市場の動向に注目していたが、幸い戦争が極めて短期間で終わったこともあったし、IEAの合意それ自体が市場に織り込み済みであったので、石油価格の高騰は起こらなかった。

なお、日本は湾岸戦争において総額一三〇億ドルの支払いを行い、そのため増税を行った。米国だけではなくフランスも、その分け前にあずかった。湾岸戦争への日本の貢献について、政府部内の検討の議論をつまびらかにしないが、私は関係者の尽力は大変なものであったと思う。

私が親しくしていたフランス国際問題研究所（ＩＦＲＩ）の所長であったティエリー・モンブリアル（Thierry de Montbrial）氏は、少なくとも初期の段階で私に次のように述べていた。

「一九八七年のペルシャ湾の安全航行問題の時には、イラン・イラク戦争があり、イランがペルシャ湾に機雷を敷設したことがあった。しかし、今回はイラクがクウェートを侵攻したものであり、ペルシャ湾を通っている商船のかなりの部分が日本と何らかの関係があった前回とは、事情が異なる。しかも、日本は仮に石油価格が高騰したとしても支払い能力が最もある国である。今回日本が大きな貢献をする必要はないのではないか」。

私は彼の話を東京に打電したが、後になって東京で苦闘している私の同僚に対して申し訳ない思いを抱いた。

不安定化する世界

私は、パリ、ジュネーブ、モナコ、アテネなど、欧州各地で求めに応じてスピーチを行った。在外の大使の大きな役割は、スピーチを行って歩くことであるということが、ＯＥＣＤ大使となって初めて分かった。一九九一年一〇月二九日のパリにある外交クラブでのスピーチの原稿が、手元にある。演題は「日本とヨーロッパ」であった。このスピーチで、私は次のように述べた。

「今日の世界は、大きな転換点にある。ベルリンの壁の崩壊や冷戦の終焉は氷山の一角にすぎない。今日の転換の根本には仮借なき技術革新をもたらした情報革命がある。一方では経済活動のグローバリゼーションが進み相互依存と一体化が進むが、他方では政治的には歴史、文化、民族、宗教等の分裂要素が頭をもたげてくるであろう。軍事的脅威もより地域的なものとなるであろう。共同制裁の重要性も増すであろう。また、国家安全保障は経済を含む広い範疇で考える必要が出てきており、情報、移民、地球環境、テロリズム、原子力の安全、世界金融体制の健全性等が重要となってくることであろう。課題がよりグローバルになるにつれて、その影響及び解決もよりグローバルになっていくのではないかと思う。したがって、グローバリゼーションは単なる経済の問題だけではなく政治的問題でもある。

国家間における力の拡散及び問題の多様化に伴い、超大国といえども世界を担うことはできなくなる。世界はますます共通のルールをつくっていく必要がある。そして、そのルールは民主主義、自由な市場であり、開かれた、かつ透明性に立脚したものでなければならない」。

今日からふり返ると、このスピーチは情報革命など正鵠を得ているものもある。しかし、決定的な要素を欠いていた。それは中国の台頭である。

一九九一年の時点では、中国の経済規模はまだ大きくなく、その外交も低姿勢であった。天安門事件によって不安な要素もあったが、内心では、中国も豊かになれば天安門事件での学生達のような人々が勝利し、いずれ民主主義の国になるのではなかろうかと、当時の大方の人々の気分を共有していたのである。

そもそも中国の将来の巨大化に注目して国際問題に関心を持ち始めたことから外交官を志した私としては、非常に恥ずかしい限りである。

パリでの生活

私は初めて大使となったが、任国政府というものが存在しないところに赴任した。ＯＥＣＤ理事会の議長はペイユ事務総長であったが、あとの二四名はすべて各国代表であり、同僚であった。

当時ヨーロッパ以外の国は、日本、米国、カナダの三ヵ国のみであり、東洋人は私一人であった。最低週二回の理事会で円卓上に並んで討論を行うが、理事会以外でも昼食をともにしたり、夜は夫妻でディナーに出席し合ったりしてお互いによく知り合っていた。そのため率直な議論が可能であり、議論が白熱してくると、相当際どい場面もあった。

ある日、私が議論の最中にちょっとトイレに行ったら、「藤井が怒って退場した」と、緊張が走っていた由であった。帰ってきたら、皆がほっとしてくれたので、むしろ私のほうが驚いた。

パリの在留邦人の中には以前から親しかった森英恵夫妻がいて、一緒に楽しい時を過ごした。またパリには、日本から多くの重要な人々が来訪した。特に国会議員の一行は、夏休み期間中に大挙して来訪した。第一義的には、かつて私の上司であった木内昭胤駐仏大使であったが、私は官房長として多くの議員を個人的に知っており、かつＯＥＣＤには夏休みがあったので、できるだけ多くの議員を公邸やレストランで接待することにしていた。ＯＥＣＤから見た日本について説明を行うことも、私の役目かと考えていた。

OECD 大使公邸にて家族と。左より妻・清子、次女・美和子、長女・百合子、三女・三枝子、筆者（1990 年 9 月）

ＯＥＣＤ公邸は、パリ一六区のヌイイというところにあり、バウハウス様式の建築で、独特の気品があった。一九三四年に完成したものだが、ル・コルビュジエらによるモダニズム建築の代表的な一つとして「歴史的建造物」に指定されている。

私の家内は、公邸から遠くないところにあるアメリカン・ホスピタルでボランティアをしたりして、パリの生活を楽しんでいた。この病院はパリ在住の米国人によって建設されたもので、中近東アフリカ地域に駐在している日本人やその家族が病気となった時に、英語が通じ外国人への対処に慣れているこの病院を利用する制度もあった。

私にとって思い出深かったことの一つは、年末年始の休暇であった。ＯＥＣＤではクリスマス休暇が結構長かった。夏休みと異なり、年末年始には日本からの来訪者はまばらとなる。家内は東京に残っていた娘達の世話のため帰国し、私一人となる。私としては公邸職員の皆さんに休暇を取っていただく必要があるため、パリを離れてクレタ島とかカナリア諸島で休暇を過ごすことにした。

と言っても、何をするわけでもなかった。オペラ座の近くに英語の本を売っている本屋があったので、そこで普段は読めない分厚い本を何冊か買って、これを読むのが楽しみであった。

知識社会への移行の遅れ

冬休みを利用して私が読んだ本の中で最も印象深かったのは、アルビン・トフラーによる『パワー・シフト』という本であった。この本は一九九〇年に刊行されたもので、来るべき二一世紀の社会について述べたものであった。この本の冒頭で、著者は古今東西、人類に共通する力は「腕力」、「金力」と「知識」の三つであるとして、日本の三種の神器について述べている。

日本の天皇が代々引き継ぐ三種の神器は、剣と勾玉と鏡からなっている。鏡は天照大神が自分の姿を見て自分について知識を得たものであり、知識とか人間の心を表すと著者は述べている。そしてトフラーはこれからの時代では、力の三つの要素の中で知識（knowledge）が優位に立つ「パワー・シフト」が起こると述べている。知識とは、情報、データ、イメージ、価値観などを含む広範なものである。トフラーの予言は、その後ＩＴ革命などによって立証されるが、多くの国では「知識社会」「知識産業」という言葉が流行った。

しかし残念ながら、日本は本家本元でありながら、世界が知識社会に変わってゆくという意識が一般には希薄なまま、二一世紀初頭を過ごしてきたのではないかと思われる。本家本元と言ったのは、三種の神器の内、鏡は天照大神の御神体として伊勢神宮にあり、そのレプリカが皇居の賢所に奉安されているところから見ても、鏡が他の二つの神器の上に位置すると思われるからである。私は先に述べた情報革命の進展に、日本が乗り遅れているという危機感を持った。日本で意識改革ができなかった大きな理由は、規格品の大量生産方式のものづくりによる戦後の奇跡的な経済成長という成功体験に囚われすぎていたからではなかろうか。

四　駐タイ大使

私は、一九九二年六月にバンコクに着任した。前任者は岡崎久彦氏であった。次席は大塚清一郎公使であった。私がバンコクに着任する直前には、民衆と警官・軍の衝突によるいわゆる「流血の五月事件」が発生し、現場の王宮前広場は心なしか血生臭く感じた。事件直後、プミポン国王がスチンダー首相（軍人）と反政府運動を率いたチャムロン元バンコク知事を呼び、暴力の停止を迫った。二人が王の前にひざまずいてにじり寄る映像が広く流れた。同年九月には、新憲法のもとで総選挙が実施され、文民である民主党党首のチュワン・リークパイ氏が首相となった。その後しばらくの間、民主主義の着実な進展が見られた。

駐タイ大使として私のミッションが日タイ関係の深化にあったことは言うまでもないが、カンボジア和平の側面支援も重要であった。

関係深化の基盤

私が目指した日タイ関係は、日本にとってタイ国が西側先進国以外で初めて価値観と利害を共有する「対等な友人」となることであり、日本と東南アジア諸国との関係のモデルケースとすることであった。このことは、当時いろいろなところで発言していた。その目標の大きなよりどころは、日タイの歴史面での関係であり、日タイの皇室・王室の絆であり、タイの民主主義の進展であった。

（1）日本とタイの歴史的なつながり

日本では、山田長政のタイにおける活躍や、アユタヤの日本人町のことは、戦前の人々は皆知っていた。だが、日本人があまり知らない、太平洋戦争中と戦後の話がある。

一つは、タイ国駐屯軍司令官であった中村明人中将についてであり、「仏の司令官」と親しまれてタイ人の心をつかんでいた。それには理由がある。そもそも非西洋の諸国が植民地となる中で、日本とタイは独立を保った。

戦時中の日本にとり、タイは他の東南アジア諸国のように、英米蘭に勝って占領した地域とは異なり、親密な友好国であった。したがって、日本軍人のタイ人に対する態度も、おのずから異なっていたのであろう。

そのような背景の中、一九六〇年代に発表されたタイの女性作家トムヤンティ原作の『メナムの残照』は、戦時下の日本軍人とタイ人女性の悲しい恋物語である。タイではテレビドラマ化、映画化が繰り返し行われており、主人公の小堀海軍少尉の名前を知らぬタイ人はいないほどだった。日本にとってタイは、いわゆる歴史問題が全く存在しない国である。

日タイ関係の絆を深めてきた大きな主体は、タイにおける在留邦人であった。たまたま私が大使の時、「泰国日本人会」創立八〇周年を記念する会が催された。泰国日本人会は大正二（一九一三）年九月に設立され、当時の会員数は約二〇〇名であった。一九九三年一〇月末には日本人会正会員数が七〇五五名、賛助会員すなわち法人会員数も六〇一社に達し、東南アジア最大となっていた。また、バンコク日本人商工会議所も一九九四年に創立四〇周年を迎えていた。

（2）日本の皇室とタイ国の王室との絆

天皇皇后両陛下（現在の上皇上皇后陛下）は、一九九一年九月に、御即位後初の外遊の最初の訪問国としてタイ国を御訪問された。また、九二年九月には秋篠宮殿下がタイ国を公式訪問された。タイ国王は海外訪問をなさらないので、シリキット王妃殿下が九三年四月には非公式に三度目の訪日をなさった。

私としては何とか公式訪問にならないかと本省に働きかけたが、当時は枠が詰まっていて時間的にも間に合わないことが分かった。私は外務省を通じて警察庁に頼み込んで、一部の警備は手当てしてもらった。京都方面の旅行が主であったが、この方面では秋篠宮殿下が随行してくださり、これに驚いて現地では極めてよい待遇を行った由である。シリキット王妃は、秋篠宮殿下が御研究のため非公式で何回もタイを訪問されたので、特に殿下のために離宮の一つに家を建てたとおっしゃっていた。

また、ある日、タイの宮内庁長官から私に電話があり、シリキット王妃が離宮ですばらしい桜を見たが、今まだ日本で桜は咲いていないのではないかと思うから、ぜひ天皇皇后両陛下に献上したいとのことであった。国民から深く尊敬されているプミポン国王とシリキット王妃の日本に対する親愛の情は、誠に深いものがあった。

なお、三島由紀夫の最後の作品となった『豊饒の海』の中には、日本の皇室とタイ王室のことが出ている。

（3）タイの民主化への動き

流血の五月事件後、チュワン政権が誕生したことはすでに述べた。クーデターの繰り返しから、民主主義が定着し始めたかに見えた。当時のタイは、過去三〇年以上、年率七％を超える経済成長を維持しており、都市中産階級の興隆があった。言論の自由も、王室に対する不敬罪を除き、かなり浸透していた。

関係深化の努力

上記のようなタイ国ですら、一九七四年一月に当時の田中角栄首相が東南アジアを訪問した際に、反日デモが行われている。

私の赴任当時は、その教訓を生かし、きめの細かい経済協力等が行われていた。当時、タイにとり日本は貿易額、投資額、援助額で第一位を占め、タイへの外国からの直接投資のうち、日本からのものが三割を占めた。このような状況の中で、日本は決しておごらず謙虚に、自尊心の高いタイの人々とも心と心の結びつきを密接にし、政治、経済、文化、あらゆる面で交流を深める必要があった。

当時私が『外交フォーラム』に寄稿した、「日本はタイの発展と安定のパートナー」という趣旨の一文がある。それによると、この頃タイは国内の構造問題に直面しつつあった。その一つは、国民所得が二〇〇〇ドルに近づき、タイ製品の国際競争力強化のため、技術者の育成等人材の教育訓練の重要性が増していた。第二にバンコクの交通渋滞及び大気汚染等の環境問題であり、第三にバンコクと地方の格差であった。

右のような問題を意識しつつ行われた対策の例を挙げれば、次のようなものがある。人材の育成を含めてタイ経済を発展させるためには、援助のみならず日本からの直接投資を呼び込んで、タイ製品の第三国に対する輸出を拡大し、タイを輸出基地にすることが一つの対策であった。このため私は、日本の財界人やバンコクの日本人商工会議所の関係者に働きかけを行った。また、インフラについては円借款と結びつけた。

一九九三年一一月一五日、トヨタのゲートウェイ工場の定礎式が行われた。チュアン首相と豊田達郎トヨタ社長と私の三人で式典を行った。タイにとっては、このトヨタの工場は海外からの最大の直接投資であった。現在では、タイは東南アジア有数の工業地帯となっている。二〇一八年にはタイはトヨタの海外拠点として、米国に次いで累計一〇〇〇万台を達成し、キープレーヤー拠点へと成長した。

また、環境問題への対策としての一例を挙げれば、当時日本はタイに対して年間約一〇〇〇億円の円借款を行っていた。一九九二年の第一七次円借款で初めて環境保護促進計画が援助の対象となり、翌九三年の第一八次円借款ではこれを四倍の一一二億円に増額した。このあたりは経済担当の田中信明参事官がよく働いてくれた。ここまではうまくいったが、三点目のバンコクと地方の経済格差縮小は大変な難物であった。

タイに隣接するラオス、カンボジア、ミャンマー等は、いずれも貧しかった。メコン川流域のインドシナ半島は、地形上相互に協力し発展する余地が極めて大きいので、後で述べる「インドシナ総合開発フォーラム」を通じてタイの地方の経済的活力が高まることを期待していた。今日でもバンコクと地方の経済格差が、ややもすればタイ国民の意識の分断をもたらしているようである。

また、文化面では、日本のODAで建設されたタイ文化会館を国際交流基金の協力を得ながらフルに活用して、日本からも交響楽団や劇団の公演等を行ってもらった。タイ自身がすばらしい伝統文化を持っているせいか、タイの人々は日本の文化を深く理解してくれた。タマサート大学やチュラロンコン大学に講演に行ったり、スラムの人々を助ける「スラムの天使」と呼ばれたNPOの代表と親しくなり、彼らを支援したりした。日本とタイの関係は、私の後任者や後続の在留邦人の人達によって、確実に深まっている。

カンボジア和平の側面支援

一九九一年一〇月のパリ和平協定を受けて、明石康国連事務総長特別代表が統括する国連カンボジア暫定統治機構（UNTAC）による暫定統治が開始された。

日本では、一九九二年六月にいわゆるPKO法が成立し、同年九月以降、日本から初のPKO派遣がカンボジアに対して行われた。自衛隊施設大隊、停戦監視要員、文民警察及び選挙要員等、延べ人数で一〇〇〇人余りがUNTACの活動に参加した。私はかねてカンボジアの和平にアジア局審議官として関係しており、また官房長としては「世界に貢献する日本」として要員の海外派遣を望んでいた。今回はあくまでも裏方であったが、まさに時至れり、という気持ちであった。

戦後初の自衛隊海外派遣となった施設大隊の六〇〇名は、九月にフィリピンで給油後、タイのウタパオ空港に到着し、一泊した。私は、タイの政府・軍部に対し、日本としては歴史的なことであり、ぜひ飛行場に日章旗を掲げるとか、高官が出迎えるとかしてほしいと申し入れた。タイ側も、できるだけのことをしてくれた。タイとカンボジアの国境は八〇〇キロもあり、密林地帯が大部分である。この地域は事実上タイ軍部が支配しており、産出される貴重な木材や宝石が軍の大きな財源となっているという噂があったが、タイ軍はこれを否定していた。また、UNTACの選挙を快く思わず、これを妨害するポル・ポト派の残党が、主としてタイ・カンボジア国境あたりにいた。

私は、チュワン総理やスリン・ピッツワン外務次官（後のASEAN事務局長）に、UNTACの歴史的な意義を説き、ポル・ポト派の策動を抑え、何とか総選挙を無事に終わらせるようタイも努力をしてほしいと何回も申し入れた。二人とも、UNTACの意義と日本の立場をよく理解してくれた。ただし、誇り高いタイ王国の人々に対し、私がタイの内政にも関わるようなことを強引に申し入れたと知れたら、日タイ関係が危殆に瀕することは明らかであり、私はそのことを他言しなかった。

それでもなお念には念を入れるため、私は極秘裏に軍幹部と直接会うことにした。流血の五月事件の際の主役であり、当時は完全に悪者になっていたスチンダー元首相と、人を介して秘密裡に会合し、ウイモン陸軍総司令官に会わせてくれるように頼んだ。日本の大使がスチンダーと会ったことが知れると、私は大使を辞任せざるを得ないかもしれない。この件も、他言をはばかった。

ある日、私はウイモン総司令官と会うことになった。先方は一〇人ぐらいの軍幹部が列席していたが、当方は数名であった。暑苦しい雰囲気の中で、私は今回の総選挙がこの地域及びタイと日本にとっていかに大切かを詳しく説明した。そして、タイの軍部がポル・ポト派の動きを牽制してくれるよう要請した。これに対して先方は、特段の意向は示さなかった。

その後、私はウイモン総司令官からゴルフに誘われた。私とウイモン総司令官がプレーを始めると、ゴルフ場にサイレンの音が鳴り響いた。そこは軍のゴルフ場だった。私はウイモン氏と話し合っていることを、チュワン首相には一切言わなかった。先方も多分知ってはいたであろうが、一言も触れなかった。

一九九三年四月八日、国連ボランティアとして働いていた中田厚仁氏が、ポル・ポト派と見られるグループにより殺害された。御遺体はバンコクの空港に搬送され、私と家内も御両親とともに対面した。御父上は報道陣に対し気丈夫に振る舞われた。「尊い命はこれからも生かされて、世界の人々のために生き続けることを信じます」と述べられた。

中田氏の逝去は、日本国内に大きな衝撃を与えた。そして、五月四日には、文民警察官の一行が何者かに襲撃され、高田晴行警視正が死亡、他の四名が重軽傷という事件に発展した。私と家内は、高田警視正の御遺体がバンコク空港に着くと、すぐ仮ごしらえの安置所を設けて御遺族の来訪を待った。中田さんの時とは違って、国の任務で亡くなったわけであり、お父上の怒りを含んだお顔は忘れられない。

仮安置所のくもりガラスの壁とドアの外には、多くのカメラと報道陣が待ち構えていた。私はお父上に、誠に僭越ながら記者会見を行わないようにしてくださいと頼み込んだ。もしお父上の怒りの映像が日本全国で放映されたら、とてもＵＮＴＡＣの日本ＰＫＯはもたなくなると思ったからである。お父上は一瞬ちょっと考えていらしたが、私達と別口から退出してくださった。

私は直ちにウイモン総司令官と会い、中田さん、高田さんの件は誠に遺憾であり、ポル・ポト派があと一人日本人を殺したら、ポル・ポト派に軍事援助を与えているといわれているタイ軍部に対しても日本国内で厳しい批判が起こると伝えた。また、日タイ関係に取り返しのつかない傷が付くから、実力行使してでもポル・ポト派を抑えてほしい、と厳重に申し入れた。

ウイモン総司令官は、ポル・ポト派に援助など与えていないと述べていた。それから数日後、自治大臣で国家公安委員長を兼任していた村田敬次郎氏が、特命でプノンペンに派遣される道中、バンコクに立ち寄った。「もう一人死んだらもたないからな」と私に言っていた。その頃、日本の文民警察官がタイへ逃げ込んできた。大塚清一郎公使が指揮して、公使以下館員が皆で手分けしてバンコク中の病院を回り、日本人がいないかと探し回った。その後、私も一人一人に会った。

五月二三日、総選挙が始まった。五月二九日、開票作業が始まり、ＵＮＴＡＣの明石代表は自由で公正な選挙が行われたと宣言した。有権者登録を行ったカンボジア人の数は四七〇万人以上で、投票率は九割近くになった。世界中のメディアは、歴史的な成功だと報じた。

なお、私のタイ政府や軍部への働きかけは効果があったのかどうかは分からない。いずれにしても、明石康氏の『カンボジアＰＫＯ日記』（岩波書店、二〇一七年）によると、私が明石氏にこの働きかけを初めて打ち明けたのは、総選挙後の六月二七日に二人だけになった時だった。

宮澤喜一首相の東南アジア諸国歴訪（1993 年 1 月）。タイのプミポン国王（右）に拝謁する筆者

インドシナ総合開発フォーラム

宮澤喜一首相は、一九九三年一月に東南アジア諸国を歴訪された。時あたかも前年秋からUNTACの要員を派遣し、カンボジアの総選挙へ向けて苦闘が続いている最中であった。したがって、私は東京の外務省や総理秘書官を務めていた竹内行夫氏に連絡をとり、総理の主要なスピーチは今回はバンコクで行っていただいて、インドシナ半島の総合開発計画について発表していただくように働きかけた。

メコン川の流域の、ミャンマー、ラオス、カンボジア、ベトナム、タイからなるインドシナ半島は、冷戦とベトナム戦争、さらにベトナムのカンボジア侵攻等によって地球上で最も分断された地域となっていた。その中でタイは、安定と民主化の中心であった。私は、メコン川流域の総合開発について種々の案を考えた。息の長い話であると同時に、目前に迫ったカンボジアの総選挙を達成して、平和をもたらすことを促進できると考えた。幸い、宮澤総理には九三年一月一六日にバンコクで、「インドシナ総合開発フォーラム」を提唱する演説をしていただいた。その演説の主要部分は、次の通りである。

「私は、カンボジアに永続的な和平が達成され、近い将来すべてのカンボジア人が心を一つにして祖国の再建と発展に打ち込む日が訪れることを切に希望しております。しかしながら、和平プロセスは関係者の大変な御努力にもかかわらず依然脆弱であり、私はカンボジアのすべての当事者、なかんずく民主カンボジアに対してここで再びUNTACへの全面協力を呼びかけます。

カンボジア和平合意の成立は、カンボジア復興ばかりではなく、ベトナム、ラオスの開放政策の推進に道を開き、ASEAN諸国とインドシナ諸国からなる東南アジアが一体として発展する可能性を示しております。このような展開は、一九七七年に福田総理がマニラで東南アジア全域に相互協力と理解の輪を広げることにより地域全体の平和と繁栄の構築に寄与するとの方針を打ち出して以来、我が国が一貫して目指してきたものであります。その後のカンボジア問題の推移は、遺憾ながらこのような目標の実現を困難なものとしてまいりましたが、今ようやく東南アジアの諸国が平和と繁栄を分かち合える状況が到来してまいりました。ASEANとインドシナ諸国がよき隣人、よきパートナーとして手を携えることは歓迎すべきことであります。日本としても東南アジア諸国が有機的な一体性を強め、地域全体として発展していくことが重要であると考え、そのような認識のもとに、とりわけインドシナ地域の社会経済発展のためにインフラ整備、人材育成の面で協力していきたいと考えております。

私は、このような観点から、関係国、国際機関の専門家、官民の有識者の参加を得てインドシナ地域の国境を越えた協力と開発のあり方について率直で建設的な討議・意見交換を行い、インドシナ地域全体の調和のとれた開発戦略を策定する場として『インドシナ総合開発フォーラム』の設置を提案いたしたく、その準備のための国際会議を、本年秋を目途に我が国にて開催したいと思います」。

この宮澤演説はタイにおいても、おおむね評判がよかった。当時、東南アジアで広く読まれていた香港ベースの権威ある雑誌、『ファー・イースタン・エコノミック・レビュー』誌は、宮澤演説を「クラリオン・コール（高らかな呼びかけ）」と題して、日本のイニシアティブを高く評価した。カンボジアの和平はうまくいったが、誠に残念ながら、本構想の本格的実現については、宮澤内閣がこの年の八月に総辞職してしまったため、見果てぬ夢と化した。しかし、メコン川流域諸国の協力と一体化はその後も着実に進展し、日本政府もこれに協力している。

今日では、インドシナ半島を横断する「東西経済回廊」や「南部経済回廊」という幹線道路が完成に近づき、各国間の関税撤廃なども話し合われている。日本政府もこの動きを支援したことは、言うまでもない。

なお、ここでも今日から振り返って、私の反省について一言申し上げたい。

そもそもメコン川は、中国の雲南省から流れ込んでくる川である。当時の「インドシナ総合開発構想」の中で、中国をどう扱うかが問題であった。私は、当然将来中国が入ってきてよいと思っていた。ここに、私の中国を見る目の甘さが出ていたのかもしれない。

新聞報道によれば、二〇一八年三月三一日に開かれたメコン川流域六ヵ国による大メコン圏首脳会議で、総額約七兆円に上る二二〇の事業を盛り込んだ、二〇一八年から二二年までの期間を対象としたハノイ・アクション・プランが合意されたという。中国の王毅外相は、「一帯一路」で最も大きな恩恵を受けるのは大メコン圏であると、会議で何度も発言した由である。

バンコクを去る

私のバンコク在勤は一年八ヵ月と短かったが、タイ王室、チュワン首相以下政府要人、大使館員、在留邦人などに恵まれた。

一九九二年一〇月には、石川六郎氏を団長とする日本商工会議所、東京商工会議所のＡＳＥＡＮ訪問ミッションが来訪した。たまたま、チュワン民主党内閣が成立して会談した最初の外国使節団となった。またこの時期、過去の経済協力の成果がいくつも形になるといった幸運にも恵まれた。バンコク都市部とメナム川を挟んで対岸のトンブリ側を結ぶ架橋は、八月と九月にそれぞれ一本ずつ開通した。これで一二本の橋のうち、日本の円借款案件が八本を数えることになった。

離任にあたり、タイ政府からは、通例としては二年以上在勤しないと与えられない白象一等勲章を特別に授与する旨の連絡が入った。

バンコク出発の日、大使公邸には丁重な政府使節が来訪した。公邸を出発すると、驚いたことに、渋滞で有名な空港までの高速道路を一部閉鎖して警察車両が先導してくれ、通常は数時間かかるところを短時間で到着することができた。

成田に着いたら、異なる現実が待っていた。とはいえ一台のワゴン車が待っていてくれたので、大助かりであった。

第七章　日英関係の緊密化

一　駐英大使就任

一九九四年三月、駐タイ大使から北村汎氏の後任として駐英大使に転勤となった。私は一旦帰国して各方面に挨拶に回った。総理は細川護熙氏、外相は羽田孜氏だった。細川氏については、私がOECD大使のとき、細川家の菩提寺である泰勝寺で「この人は将来総理になる人だ」とスピーチの中で述べたことがあったが、このような形で総理になるとは思ってもみなかった。総理室では自らお茶をたててくださり、好感の持てる方であった。そのような印象は、今日でも続いている。

駐英大使として赴任するにあたってまず大変だったのは、イギリスについて勉強することであった。今まで一回もイギリスに在勤したこともなければ、本省で直接関係したこともない。私は東京駅前の八重洲ブックセンターへ行き、英国に関するあらゆる本を買い求め、ロンドンの大使館に郵送した。ロンドンへ向かう飛行機の中でもイギリスについての本を読んでいた。言うまでもなく、外務省の担当者から最近の英国の情勢、日英関係に関し機微なことを含めてブリーフがあったし、多くの書類にも目を通した。

メージャー首相と筆者（1994年）

ロンドンに着任すると、沼田貞昭特命全権公使、小町恭士公使（総務）、山中誠参事官（政務）、竹内春久参事官（広報）等多くの人からブリーフを受けた。情勢や案件についてはよく分かった。しかし、それでもなお私のイギリスの歴史等についての知識は浅いものであった。

私の赴任当時の日英関係は、基本的に良好であった。その理由の一つは、トヨタ、ホンダ、日産のような自動車を中心に多くの日本企業が地方に進出していたからであった。その多くはいわゆる、「グリーンフィールド投資」といい、ある地方で広大な製造工場を新しく建設し、それが周辺の住民の新しい雇用につながった。当時は日本からの直接投資は三四億ドルを超え、英国のシェアは対EU投資総額の四〇％以上を維持していた。

一九九四年九月に東京で行われた日英外相会談において、英国のハード（Douglas Hurd）外相は、日本を英国の対アジア外交の中心に位置づけることを明言し、また、日英関係を戦略的パートナーシップと位置づけ、グローバルな日英協力の重要性が強調された。私の一貫した目標は、日英がグローバルかつ多様な部門で協力することにより日英関係を深化させ、できれば英国を米国に次ぐ日本にとって実質的な同盟国とすることであった。

他方、一九九五年の終戦五〇周年を機に、戦争捕虜（Prisoner of war：ＰＯＷ）の問題が表面化し、この対策に追われた。

さらに一九九七年には、同年五月にブレア（Tony Blair）労働党政権が誕生したこともあり、天皇皇后両陛下の御訪英の準備に追われた。

多忙な毎晩のディナーの後、本をひもといたが、あまり進まない。そこで考えたのが、英国中を回って講演をして歩くことであった。主として大学であるが、それ以外にも土地の商工会議所や市長の招待などがあった。サッチャー前首相が日本からの直接投資を奨励し、各地に日本企業の工場が建設されつつあったので、イギリス各地で日本に対する関心が大いに高まっている時期でもあった。

英国では市長が特別な権威を持っていることが多いが、各地で市長以下に歓待された。その際、必ずお国自慢を兼ねてその土地の歴史を教えてくれる。たとえばヨーク市においては歴史博物館があり、詳しく説明してくれた。英国はケルト、ゲルマン、ノルディック人等が入りまじり、また、古代ローマ帝国に占領され、ノルマン・コンクエストによりフランス文化が入ってきたことも大筋分かっていたが、各地を旅行することによって、読書で得た知識がより深まった。

私が一番多く行った場所の一つはウェールズ地方である。ここはケルト系の人々の土地であるが、日本文化とケルト文化の比較研究の本があるように、この両者は似ているところがある。昔、「わが谷は緑なりき（How Green Was My Valley）」という映画があった。ウェールズが炭鉱で栄えていた頃、危険な坑道で作業をする男達と、それを支える家族の物語である。炭鉱が廃れた後、ウェールズを支えた一つが日本企業であった。

ヨーロッパで最初に日本企業が工場を建てて進出したのが英国であり、中でもウェールズであった。ウェールズに在勤した日本人は、ウェールズ人が団結心と協調性を持っていることに驚いた。会社で運動会をやると、家族が喜んで参加してくれた。やがて日本の対英投資は大規模になり、イングランド地方に移っていくのであるが、ウェールズに在勤した日本人はヒラエス（Hiraeth：郷愁という意味のウェールズ語）クラブというクラブを組織していた。

なお、地方を旅行している時は、通常のホテルではなく、いろいろなところに泊まった。思い出深いのは、北アイルランドではいわゆるガバメントハウスに泊まったが、その最高の部屋に泊めていただいた。女王陛下もお泊まりになったと言われている。また、英語でいうところの、「ホーンテッド」、すなわち幽霊が出ると言われる部屋にも何回か泊まった。ダラム大学には何回か行ったが、大学のビショップハウスという、昔スコットランドと戦ったビショップの宮殿のような建物に泊まったことがある。この建物にはゲスト以外の人は一人も住んでいない。一階で行われたディナーが終わって、階段を上って最上階の私が泊まるビショップルームという場所に行った。そこまで送ってくれた学長夫妻が別れ際に「そういえば、この部屋は、『ホーンテッド』と言われています。おやすみなさい」と言って帰ってしまった。しばらくは落ち着かなかったが、その後はだんだんこの手の話には慣れていった。

私は、大学だけでなく中高及び小学校に行っても話をした。北アイルランドでは小学生が日本と英国の国旗を持って出迎えてくれた。また中学校では、生徒が日本の地理について勉強しているところを見学した。その中学校の校長や教員が述べたところによると、その学校へ入学する以前の段階では日本に対して無知あるいは固定観念や偏見に満ちている生徒がほとんどであるらしい。地方旅行に行くと、英国の歴史だけではなく日本に対する草の根の状況も、ある程度理解する上で役に立った。

なお、偏見と言えば、英国の世論に大きな影響力を持つタブロイド判の大衆紙の多くは、しばしば日本人のことを「ジャップ」と呼んでいた。また、知識階級においても、私は王立国際問題研究所（チャタムハウス）で三回（一度は退官後）主要なスピーチを行ったが、着任後間もない頃にはあえて「極東（Far East）」という用語を避け、「東アジア（East Asia）」という言葉を使った。会場内からは反発に近い質問を受けたこともあった。

二　日英の和解

問題の背景

第二次大戦中、日本軍に捕らえられたイギリス人捕虜は約五万人であった。一九四二年六月からは、映画「戦場にかける橋」で悪名高い泰緬鉄道の建設が開始された。その過程で多くのイギリス人捕虜は熱病、感染症、栄養失調、過労などで倒れ、十分な治療も受けられずに死んでいった。生き残った者は、その多くが日本軍の非人道的な扱いを呪い、怒った。第二次大戦中、前線上でのイギリス兵の死亡率が五・七%であり、また、ドイツ軍やイタリア軍の捕虜となったイギリス兵の死亡率が五%であったのに対し、日本軍の捕虜となったイギリス兵の死亡率は二五％にも上っていた。

さらに、一九四五年五月のヨーロッパ戦勝記念日（ＶＥデー）には、ヨーロッパの戦争から帰還した将兵は英雄扱いであった。その後、八月の対日戦勝記念日（ＶＪデー）の後になって英国に帰ってきた元捕虜（ＰＯＷ）たちは「忘れられた軍隊（Forgotten Army）」と呼ばれた。

その人々の恨みは日英関係に暗い影を落としてきた。これは一九七一年の昭和天皇の御訪英の時にもあらわれたが、比較的静かであったのは、当時は元ＰＯＷの人たちも働き盛りで運動が低調であったからであると言われている。一九九四年八月の外務省調書によると、当時生存している英国人の元ＰＯＷは約一万人前後と見られていた。

ＰＯＷ問題の再燃

一九九三年八月に就任した細川総理は、所信表明演説で、「戦争犠牲者へのおわびの気持ち」を表明された。これを受けて、英国世論によりＰＯＷ問題が増幅されたと見られている。同年九月に訪日したメージャー（John Major）首相は、首脳会談でＰＯＷ問題を取り上げ、会談後の記者会見において「ＰＯＷへの補償の問題はサンフランシスコ平和条約で法的に解決済みではあるが、英側において民間で講じられる措置がこの問題の解決に資するかどうか検討中であり、日英両国首脳はそのようなアプローチは検討に値すると考えている」という旨の発言を行っている。

それから半年後の九四年三月に着任した私は、沼田公使以下館員と相談し、ＰＯＷ問題は翌九五年の終戦五〇周年記念を迎えますます深刻化すると考えて、本格的にこの問題に取り組むことにした。

幸い在英大使館には知恵者が多く、また、当時親日的な有力英国人がいたので、彼らの意見も聞いて次のような戦略を館内で共有した。

戦後処理の推進に向けての戦略

およそ戦後処理には、「法的処理」と「謝罪」と「和解」という、三つの側面がある。この問題についての法的処理は、サンフランシスコ平和条約で決着済みであり、これをはっきりさせる必要がある。このための戦略の一つは、POWについて民間資金を活用するという英国政府及び日本側の一部にあった考え方を断念させるということであった。

さらに、謝罪については、一九九五年の終戦五〇周年記念の際に、村山富市総理に単純明快な謝罪を行っていただくよう意見具申をした。そして、和解については、問題の性質がすぐれて人の気持ちに関することであり、次のようないくつかのことを行った。

（1）大使以下館員と元捕虜との直接接触

強硬派の人々を含めて旧POWの人たちに対して、大使以下館員が先方からの書簡に返事を出し、また直接会って話を聞くことが第一歩であった。なお、このような今まで前例のないことを本省に請訓する（問い合わせる）と、否定的な、あるいは条件付きの指示が来がちである。したがって、本省には相談せずに、あくまで私の責任の上で行動していくことが肝要であった。直接の接触によって、POWの人達をめぐる状況がかなり分かってきた（なお、「公電」はあくまで外務大臣と大使の間のやり取りになり、請訓に対する回答は「訓令」と呼ばれ外務大臣の指示となる。そしてこれを起案するのは、通常は課長より下の事務官である)。

(2) 民間団体との協力

一つの大きな発見は、すでに民間で和解のための活動を行っている人々の存在であった。それは、次のような方々である。すなわち、旧将兵間では、平久保正男氏が進めていたビルマ作戦同志会等があった。また、パシフィック・ベンチャーや、メアリーのグレース・ブラウニング氏。さらには、恵子・ホームズ女史のアガペや、小菅信子女史のケンブリッジにおける「ポピーと桜」である。

恵子・ホームズさんには、大使館に来ていただいた。そこで、「日本政府として協力するとは言えませんが、しかし私は個人的にできるだけのことをします」と述べて、私の寸志に加えて大使館のスタッフからの寄付を集めて、お金を送付した。

他の民間の活動を含めて、翌九五年から正式に支援を行った。というのも、一九九四年八月に村山総理が、戦後五〇周年という節目の年を控えて、過去の歴史を直視し、関係者と対話と相互理解を促進するための「平和友好交流計画」を翌九五年から始動させる旨発表されたからである。

なおこの計画は私たちも意見具申をしていたものであり、この計画によって民間交流支援が促進された。この計画の中に日英共同での歴史の編纂事業も入れてもらった。第一回の会合には私も出席して、イアン・ニッシュ(Ian Nish)教授と細谷千博先生以下の日英関係者により日英共同での歴史の編纂を行うことができた。これは、後に『日英交流四〇〇年史 一六〇〇－二〇〇〇』(東京大学出版会、二〇〇一～二〇〇六年)という、全五巻の刊行物として結実する。

和解に関するこれらの民間団体の活動の大きな特徴は、平久保正男氏のように実際にビルマで戦った人が担っているもの以外の、三つの団体の代表が女性であるということであった。高齢な男性である元ＰＯＷの人々の胸に、この三人の女性に代表される癒やしは極めて貴重であった。元ＰＯＷの背後にある退役軍人会のケンブリッジ支部「ポピーと桜」クラブがオーガナイズした「日本文化の夕べ」の会合に、小菅信子さんのお誘いで私と家内が正式に出席し、女性の持つ癒やしの力を実感した。

（3）日英政府間で同一歩調

かつてメージャー首相が述べた民間による補償については、日英双方が事実上諦めてくれた。しかし、九五年に入ると英国内の反日感情は徐々に勢いを増し、タブロイド紙のみならずプレス一般の論調も厳しくなっていった。また当時五万人を数えた在留邦人は、このような状況に対して、不安な気持ちを抱くようになった。戦後処理というわば後ろ向きの問題の解決のためには、日英関係の積極面を日英両政府が協力して創出し、英国の国民に対しても広報することが大切であると考えた。このため、後で述べる「日英行動計画」を考案したり、これも後で述べる日英関係を「戦略的パートナーシップ」から「特別なパートナーシップ」に発展させることが肝要と考えた。

同時に、ＰＯＷ対策についても、英国外務省のトップの人々とは政府要人、議員への働きかけやプレス・メディア対策についてもできるだけ当方の情報を伝え、率直な意見交換ができた。特にメディア対策が重要であり、我が外務省の副報道官から駐英公使になり、その後、駐英公使から外務報道官になった沼田公使を中心に、竹内春久広報文化担当参事官などが組織的に行った。

ＰＯＷ問題の深刻化

一九九五年に入るとＰＯＷ問題が一層騒がしくなってきた。一月には英、米、豪、ニュージーランドの元ＰＯＷ関係者七名が日本国を相手取り、一人当たり二二万ドルの支払いを求めて東京地裁に提訴した。この頃からイギリスのメディアで元ＰＯＷの回想録などの対日批判があふれ出し、八月一五日の「対日戦勝記念日（ＶＪデー）」に向かって高まっていった。

メージャー首相の英国政府は、「ヨーロッパ戦勝記念日（ＶＥデー）」である五月八日には、ドイツとイタリアの首脳を招き、日本を含む各国大使も加えて国際的な回顧、和解、郷愁、祝賀の日とした。これに対し、八月一五日の「対日戦勝記念日」では、日本の大使を招待せず、英国のみの行事とし、今日と過去の間の線引きが見られなかった。これに対して英国内では批判もあり、あるテレビ番組では本件に関する討論会が行われた。多くの若者は、日本は今日では友好国なのだから、日本の大使を呼ぶべきだと主張していた。私たちの考えでは、あえて公開論争には参加せず平静を保つことにした。

他方、私自身、英政府の高官や主要紙のコラムニストに、サンフランシスコ平和条約により日本が捕虜一人当たり七六・五ポンドを支払ったが、この額は当時の高校卒の一年間の給与に相当すること、さらに、ＢＣ級戦争裁判において主として捕虜虐待を理由に一〇〇〇人近くが処刑され、三四〇〇人以上が収監された事実を述べ、今日この問題を蒸し返しても日英両国に何らの利益もないことを強調した。

同時にイギリス政府に対しては、メージャー首相が強硬派の元ＰＯＷと面会したことと、首相の若干の発言について、当方の意見を申し入れた。そしてメージャー首相に対して、日本大使を呼ばないという、「対日戦勝記念日」についての首相の立場は理解していると、内々に伝えた。メージャー首相の気配りがあったのか全く分からないが、ある晩、バッキンガム宮殿での国賓の公式晩餐会が開かれた。私の家内の席はメージャー首相の隣だった。

私たちにとって幸運だったのは、ＰＯＷの問題が日本国内であまり報道されず、日本の国内問題とならなかったことである。というのも、もし日本で政治家が不用意な発言でもしようものなら、英国においては火に油を注ぐようなことになることは間違いないと思ったからである。

七月には、村山総理がメージャー首相に保守党党首としての再選をお祝いする書簡を送った。その中で「我が国の過去における行為が戦争捕虜を含む多くの人々に深い傷を与えたことについて深い反省とおわびの気持ち」を述べた。その内容の一部を英国政府が八月一一日に公表した。翌日、村山総理が避暑地で記者からメージャー首相に手紙で謝罪したのかと聞かれ、「あれは党首再選のお祝いを言ったまでで、別に謝罪したものではない」との趣旨を述べられた。八月一三日にはこれを英国のメディアが取り上げ、大騒ぎとなった。沼田公使は三回もＢＢＣに出演して説明した。この事件で、英国内における八月一五日の談話に関する関心が一挙に高まった。

一九九五年八月一五日。戦後五〇周年の終戦記念日に当たって、いわゆる「村山談話」が発表された。ロンドン時間では一五日の深夜から一六日の早朝であったが、私は一六日午前七時四〇分からのＢＢＣの番組に出演した。そこで、日本の官房長官が歴史談話を発表したというが、これは正式な日本の立場の表明なのか、と質問があった。私は、この談話は閣議決定されたものであり、日本政府の正式な立場を表明していること、総理自身が談話発表後の記者会見で英国人捕虜をも対象としたものであると述べたことを説明した。なお、総理の右の発言はメージャー首相宛て書簡の問題があったので、当方から特に総理にお願いして発言していただいたものである。

それで一件落着かと思いきや、今度はＢＢＣの午後一時のニュースで、「対日戦勝記念日」をカバーするために特に東京に派遣された英国有数のプレゼンターであるジョン・トゥサ氏のインタビューを東京から受けた。英語は仮訳と書いてあるがと述べて、これが正式な文書であるかということを再び確認してきた。私は日本語と全く符合している旨を述べ、公式な文書であることを日本大使として断言すると述べた。さらに、午後一〇時半のＢＢＣの「ニュースナイト」にも出演した。沼田公使も、民間放送番組のいくつかのチャンネルで、インタビューを受けた。

結局、「対日戦勝記念日」ではビルマ戦線の旧軍人がエリザベス女王の前を行進し、女王からねぎらいの言葉があった。「対日戦勝記念日」以降急速に英国メディアの対応は鎮まってきた。しかし、ＰＯＷ問題がこれで終わったわけではなかった。

なお、英国には事務職の頂点として「Cabinet Secretary」という官職があった。彼は閣議の際、首相の右隣に座っており、閣僚の不祥事などあると中心になって調査にあたった。彼は官僚であって政治家ではなかった。したがって、日本の「官房長官（Chief Cabinet Secretary）」とはどのような役職なのか、という疑問が英国のプレスで湧いたのかもしれない。

このようにして、鎮まったとはいえ、「対日戦勝記念日」でＰＯＷの問題が終わったわけではなかった。

同年八月二〇日付の『サンデー・タイムズ』紙の報ずる世論調査の結果によれば、四〇％の英国人が日本にさらなる謝罪と補償を求めているとしている。しかし、この調査自体は「対日戦勝記念日」直前の雰囲気の中で行われたようで、「対日戦勝記念日」以降かなりの変化があったかと思う。

「対日戦勝記念日」に関する私の所感を本省に打電したが、その末尾で、日本の今日の姿を英国の若い世代に草の根レベルで紹介していくことも引き続き重要な課題であり、日本文化の紹介についても、西暦二〇〇〇年前後を目指して改めて現代の日本を英国に紹介する一連の行事を企画することも一案であると述べた。この点は、一九九六年九月に日英間で合意した新たな日英行動計画の中で、日本は二〇〇一年に英国における日本祭を開催する旨が明記された。

なお、「対日戦勝記念日」以降もさまざまな和解の努力を払った。一例を挙げれば、一九九五年一〇月末に、私はコベントリー市庁舎で「西側世界と日本」というスピーチを行った。コベントリー市は、和解と許しの象徴的な町となっている。第二次大戦中、コベントリー大聖堂がドイツの爆撃によって完全に破壊されたが、その時の首席司祭が「戦争が終わったら復讐するのではなく、許しと和解に努める」と述べたことがその始まりである。

一九九五年には、五〇周年を記念してこの旧聖堂の土地に、「和解の像」が建立された。同時に、同じ像がバージン・アトランティック航空のリチャード・ブランソン（Richard Branson）社長によって広島平和記念資料館の国際会議場にも寄贈された。

また、この演説とは別に、その晩市長が中心になって設けてくれた晩餐会の席でのスピーチで、私は和解と許しの力に触れ、「この宇宙で光と暗黒が出会うと必ず光が勝つ。しかし、その光を維持するためにはエネルギーと勇気が必要である」と述べた。

三　和解の先へ

日英行動計画

すでに一九九四年九月に東京で行われた日英外相会談でハード外相は、日本を英国の対アジア外交の中心に位置づけることを明言され、その年の一月に同外相は日英関係を「戦略的パートナーシップ」と位置づけ、グローバルな日英協力を強調した。

日英関係をさらなる高みへと深化させていくためにできることは何かと、我々は考えた。そこで、我が館員を見回した時に、あることを思いついた。在英大使館には五〇名以上の正規館員がおり、霞が関及び永田町からの俊秀が揃っていた。いないのは消防庁と気象庁だけだという荒っぽい言い方をする人もいた。したがって、館員の諸君にそれぞれの部門でいかなる日英協力ができるかを考えてもらった。

また、経済班には開発援助で日英がグローバルに協力できるプロジェクトを具体的に本省と作成することにしてもらった。いろいろな面白いアイディアが出てきた。これらをまとめて日英行動計画案として英国側と非公式に打ち合わせを行い、結局、九五年一二月に河野洋平外務大臣が訪英されて開かれた外相定期協議において、日英両国が政治、経済、文化等あらゆる分野で最も緊密な関係を過去のいかなる時代に比しても樹立していることが確認され、また、日英両国がこれまで取り組んできたグローバルな問題への対処や両国関係の強化のための協力の実績を示すとともに、今後の協力の具体的な方策等々を示す「日英行動計画」が取りまとめられた。なお、この種の「行動計画」は日本とドイツ等他の欧州諸国との間でも一時広まった。

さらに、翌九六年九月に東京で行われた会議において、池田行彦外務大臣とリフキンド（Malcolm Rifkind）外相は、九五年一二月以来達成された協力関係を踏まえて、二一世紀に向けた新たな「特別なパートナーシップのための行動計画」を発表した。これはかなりの長文であるが、骨子のみ抜粋すると以下のようになる。

1　国際平和と安全保障への貢献

A　ボスニア、B　平和維持と平和構築、C　国連改革、D　テロ、E　核拡散及び軍備管理、F　北朝鮮の核兵器開発

2　国際社会の繁栄への貢献

A　多角的自由貿易体制、B　援助協力、C　環境及び保健教育

3　アジアと欧州の関係強化

A　ASEM、B　地域的安全保障関係、C　知的交流

4　二国間協力

A　文化及び教育協力、B　アクション・ジャパン・キャンペーン、C　第三国における商業上の協力、D　科学技術

これにより、日英関係は「特別なパートナーシップ」であることに格上げとなった。上記以外に私

が特に力を入れたのは次の二点であった。

第一は、日本からの直接投資の拡大強化である。たとえば豊田章一郎氏は、夫人とともに何回も英国を訪ねられ、対英投資を勧められた。他の関係者にもできるだけ対英投資を勧めた。一方、日本の直接投資の受け入れ側は、英国政府内では通商省であった。ヘーゼルタイン（Michael Heseltine）副首相兼通商大臣とは極めて心が通い合い、同氏の広大な邸宅へ出入りしていた。

そして第二は、日英安全保障協力である。私は自由世界の国としては、英国は米国に次いで軍事力を遠方に展開できる国である点に注目した。英国は、核兵器保有国であるのみならず、フォークランド紛争で通常兵力の使用を実際に行っている。社会的にも戦死者を篤く弔う習慣がある。しかし安全保障の分野の協力はほとんど実績もなく、具体的な案件も見当たらなかった。親しくしていたポーティロ（Michael Portillo）国防相に「日本と英国は地理的に隣同士だ」と言ったら怪訝な顔をしていたので、「米国とカナダが間にいるだけだ」と言ったら笑ってくれた。

彼は一九九六年一月に訪日してくれた。その後、衛藤征士郎氏が防衛庁長官としては初めて訪英したが、九七年五月の総選挙でポーティロ氏は落選してしまった。

ブレア政権の成立

一九九七年五月の総選挙によって、トニー・ブレア労働党党首の新政権が発足した。ブレア氏とは彼が一九九四年七月に労働党の党首になる以前に知り合い、その後親しく付き合うようになっていた。一九九六年に彼は、日本に行って経団連でスピーチをしたいと頼んできた。日程は、翌九七年の一月四日しかないという。私は、一月四日は無理だと思うが、一応聞いてみると答えた。公電で本省を通じて経団連に聞いてもらったら、案の定その日は無理だという返事が来た。ちょうどその頃豊田章一郎経団連会長が夫人とともにロンドンを訪れていて、公邸でディナーを行った。その席上で私から、ブレアは将来有望な人物なので何とかならないかと頼み込んで、豊田さんの許可を得たことがある。

また、ブレアの選挙区はダラムであったが、ダラムにはオックスフォード、ケンブリッジに次いで古いダラム大学があった。彼の父上も、かつてその大学で教鞭をとっていた。私は、ダラム大学は何度か訪れて講演をしていたこともあり、ブレアには特に親しみを感じていた。ブレアは、「新しい労働党」、すなわち「ニュー・レイバー」というスローガンを掲げ、従来の社会主義的な政党から、よりビジネス・フレンドリーな政党に脱皮して、一九九七年五月の総選挙で勝利をおさめた。

選挙当夜、私は家内とともにＢＢＣに招待され、多くの政治家と一緒に選挙速報を見ていた。次第に保守党関係者の焦りが見え出した。ポーティロ国防相も初めは快活であったが、そのうち姿を消した。私は、英国の政権交代というものはこんなにも全面的に変わるものかと驚いた。その進展は私の予想を超えたが、新政権には基本的な不安は感じなかった。

日英関係については、ブレア政権発足直後に池田行彦外務大臣が訪英されてクック（Robin Cook）外相と外相定期協議を行い、九月には小渕恵三外務大臣が国連総会出席の際、クック外相と会談し、「グローバルな視点を共有する特別なパートナーシップ」という緊密な協力関係は盤石であることを確認した。ブレア内閣が成立してから、私は、彼の能力と若さから一〇年は首相をやるだろうと言っていた。

ブレア首相と筆者（1997年）

天皇皇后両陛下の御訪英

この時、私にとっては一つだけ大変心配なことがあった。それは天皇皇后両陛下（現在の上皇上皇后陛下）の御訪英であった。御訪英の時期や準備については、メージャー前政権の時から英国側と詳細に話し合っていた。

御訪英は、ブレア政権発足直後の女王の演説（Queen's Speech）でエリザベス女王が発表された。御訪英に関し私が心配していたのは、唯一ＰＯＷ問題であった。そもそも英国政府はオランダ政府とは異なり、ＰＯＷに対し同情的な姿勢を示していた。前保守党政権は、戦後五〇周年の機会における日本側の働きかけもあり、ＰＯＷ問題について格別な新たな措置は困難であることについては理解をしてくれていたが、労働党としてはかねて保守党との違いを示すため、また、弱者の見方であることを示したいとの観点から、ＰＯＷの話により耳を傾けるとの姿勢をとっていた。したがって、私たちとしては武藤正敏公使と河野雅治公使も加えて再び詳細な政府・議会・プレス対策を立案し、館員で手分けをして、御訪英がＰＯＷで傷つくことがないよう次のような働きかけを行った。館員の中には、私が人事課長時代に外務省に採用した上月豊久一等書記官が総務班で活躍してくれてうれしかった。

（1）政府間対話

ブレア首相に対しては、翌年一月の訪日の話を進めた。九月三日にブレア首相に会った時は、明年一月にぜひ訪日してほしいと述べたのに対し、首相は大いに楽しみにしていると答えてくれた。クック外相とも長い時間話し、御訪英をポジティブな雰囲気の中で行えるよう日英で努力することで意見が一致した。

また、コールズ（John Coles）外務次官は、英政府としては御訪英とＰＯＷをリンクさせないことを約束すると述べてくれた。当方からはコールズ外務次官に対し、民間における和解の動き、プレス対策、労働党対策などについて詳しく説明し、先方も適切なアプローチであると言ってくれた。

（2）民間の和解支援

一九九七年八月一五日、大使館においてＰＯＷ関係者約二〇〇名が参加するレセプションを行い、全員で「蛍の光」を歌った。その後、二三日には「ポピーと桜」の小菅信子氏の求めによりケンブリッジの退役軍人会の「日本文化の夕べ」が行われ、大使館の林景一参事官や私もまた、夫妻でともに出席した。

また、一〇月二五日に行われた私の離任レセプションには、最強硬派で、日本で提訴を行っている中心人物であるティザリントン（Arthur Titherington）氏も含めて、多くのＰＯＷ関係者が参加してくれた。

（3）議員及びプレスに対する働きかけ

館内で相談して対象、担当者を決め、館員が手分けをした。

私が直接関係した例として、労働党の実力者であるニック・ブラウン（Nick Brown）労働党幹事長と、イングランドの東部において日本人女性を含めた昼食会で知り合ったことが挙げられる。その後、公邸の昼食にも来てもらい御訪英の話をしたが、先方は御訪英のためにできることは何でもすると言ってくれた。

また、『タイムズ』紙のストットハード（Peter Stothard）編集長が私のために送別の昼食会を設けてくれたが、女王陛下が両陛下の御訪英を発表した時、同紙がＰＯＷ問題のみに言及したので、これに抗議したことがきっかけで率直な意見交換ができるようになった。その後、『タイムズ』紙の理解は際立っていた。

さらに、大衆紙『デイリー・メール』及び『イブニング・スタンダード』両紙の社主である旧知のロザミア卿を訪れ、両陛下が英国で温かく迎えられることの重要性を説明したところ、同氏は、両陛下は英国において温かい歓迎をお受けになるであろう、自分も協力を惜しまないと言ってくれた。

ダイアナ妃の葬儀への出席

駐英大使としての私の最後の公式行事は、ダイアナ妃の葬儀に日本国を代表して出席することであった。ダイアナ妃にはすべての人が魅了された。日本には一九八六年五月、チャールズ皇太子と一緒に来日した。「ダイアナ・フィーバー」と言われ、各地で熱狂的な歓迎を受けた。一九九五年一月の阪神・淡路大震災の直後にも慰問のために日本を訪れたいとの意向が示されたが、日本側の都合上実現しなかった。

一九九六年八月にチャールズ皇太子と離婚したダイアナ妃は、ウィリアムとハリーという、二人の王子とケンジントン宮殿に住んでいた。ダイアナ妃は自分で自動車を運転していた。私がケンジントン宮殿に会いに行ったり、すぐ近くの日本大使公邸のランチにお迎えしたり、お付き合いをしていた。家内の誕生日には大きなパフューム・キャンドルを贈ってくださった。

一九九七年八月三一日の早朝、ダイアナ妃はパリで自動車事故のため逝去された。ダイアナ妃の逝去に対する国民レベルの哀悼と同情並びに敬愛の念の噴出はすさまじいものであった。チャールズ皇太子は、ダイアナ妃の遺体を引き取りに自らパリに飛んだ。ブレア首相は、ダイアナ妃の遺体がイギリスに帰る直前、ダイアナ妃について演説を行い、「彼女は人々のプリンセスでした（She was a people's princess）」と述べ、国民の深い共感を得た。

ダイアナ妃が生前親しく民衆、特にエイズ患者やホームレスなどの社会的弱者やマイノリティに文字通り肌で接し――エイズにかかった人と握手するなど――これらの人々に対するチャリティ活動に貢献したことは広く知れ渡っていた。また、アンゴラやボスニアの地雷原に出向き、対人地雷の非人道性を世界に訴える等の行動をとられた。

一方、英国王室に対する支持が過半数割れをしたとの世論調査がある中で、英王室特有の柔軟性をもってエリザベス女王が決断され、バッキンガム宮殿に半旗を掲揚し、女王が哀悼のスピーチを行う等、すでに英王室を去った人に対して先例のない対応がとられた。

一九九七年九月六日には、ダイアナ妃のための準国葬（王室国民葬）がウェストミンスター寺院で執り行われた。ダイアナ妃の棺がバッキンガム宮殿を通る際、女王は柵の外に出てダイアナ妃の棺を見送り、頭を下げて敬意を示された。一〇〇万人とも二〇〇万人とも言われる人々の多くが、葬儀が終わり夜になってもケンジントン宮殿やセント・ジェームス宮殿から立ち去らなかった。この間、ケンジントン宮殿には花束の山がうずたかく積もり、献花しようとする人の列は数百メートルも続いた。人々はウィリアムとハリー両王子にも同情していた。ダイアナ妃の逝去は英国のみならず米国をはじめ世界中で大きな話題となった。二〇世紀の人物で、これほど世界中で惜しまれた人はいなかったというのが、私の個人的な思いであった。

この葬儀の参列者は、ダイアナ妃の実家であるスペンサー家の意向により、ダイアナ妃と親交があったか否かを基準にして極めて絞り込んだ限定されたものとなった。日本を代表して誰が葬儀に参列すべきかについては、私は強い意見具申を行い続けた。公電は林景一政務参事官起案による名文であり、私自身も東京に電話を入れた。しかし、私の意に反して結局は私が日本を代表して出席することになった。私の席は各国の王室に次ぐようなかなり高いところにあった。当時の日本の英国における地位もうかがえた。エルトン・ジョンの歌は心に響いた。私が当時本省に打電していた感想の一部を紹介したい。

「現段階でこの一週間に起きたことを正確に分析するのは難しい。私は公邸近くのケンジントン宮殿に毎日足を運んだが、日ごとにふえる花束、老若男女の連帯感の不思議に共鳴し合う雰囲気に圧倒されずにはいられなかった。ダイアナ妃は、生前から日本の一部マスコミが捉えているようなファッションスターやシンデレラといっただけの人ではない。みずから不幸を抱えながら、不幸な人、貧しい人、病める人、弱い人への同情心を心からあらわし、心から交流する姿に英国の大衆は打たれていた。葬儀の日のエルトン・ジョンの歌に『さよなら、イギリスの薔薇よ（Goodbye England's Rose）』とあるように、ダイアナ妃は英国の最も高貴な精神であるコンパッション（Compassion）を体現するものとして死後永遠に美化されることになった」。

そして、本省に、英国の王室は、将来いずれかダイアナ妃の血を引く人が継ぐことになるだろうと打電した。

四　忘れ得ぬ人々と出来事

マーガレット・サッチャー元首相

私がサッチャー夫妻に会ったのは着任直後であった。サッチャーさんが首相をやめてから四年も経っていなかった。言うまでもなく、サッチャーさんは病める英国を立て直し、フォークランド戦争で果敢に戦い、鉄の女と言われた人である。公邸の四人だけのディナーにしばしば来ていただいた。

御夫君のデニス・サッチャーさんは寡黙な方であったが、サッチャーさんは公邸の玄関に入るなり機関銃のように話をする。私には大変参考になるのだが、どうも一方的に話をされる。こちらのほうもだんだん慣れてきて、サッチャーさんが息を吸う瞬間を捉えて「その通りですが、しかしながら……（Yes. But…）」と言って話に割り込む術を覚えた。サッチャーさんは日本からの企業進出を推進した当人であるが、日本から学ぶことが多いと考えておられた。

たとえばある日、英国のエンジニアリング・クラブで、当時、川崎重工の社長だった大庭浩氏が日本のものづくりに関する講演をした。サッチャーさんと私は最前列で隣に並んでいたが、大庭さんの話をサッチャーさんは大いに気に入って、子供のように机をたたいて、「Hear, Hear」と言ったりしていた。一九九五年五月には日本から勲一等瑞宝章が贈られたが、日英関係を強化した彼女の功績は本当に大きかったと思う。

ロストロポーヴィチ

ムスティスラフ・ロストロポーヴィチ（Mstislav Rostropovich）は、二〇世紀後半を代表するチェリストであったが、人間的にも温かみのある人物であった。公邸にはよく来てくれたが、どうやらお目当ての一つはロンドン一と言われた和食ではないかと思う。

ある夜は、希代のバレリーナだったマヤ・プリセツカヤ（Maya Plisetskaya）を帯同してくれた。日枝久フジテレビジョン社長による高松宮記念文化賞の発表会がグリニッジで行われたときは、ロストロポーヴィチも演奏してくれたが、エドワード・ヒース元首相がおどけて指揮棒を振るまねをしていた。

ある晩、私はロストロポーヴィチの七〇歳を祝うディナーを公邸でいろいろな人を呼んで開いた。彼は喜んでケーキの蠟燭を消してくれた。その二日後、新聞を見て驚いた。彼は公邸に来た翌日にはパリでフランス大統領主催の誕生日祝賀会に出ている。英国からはチャールズ皇太子が駆けつけた様子である。彼は私にそのことを一言も言わないまま公邸で楽しい一夜を過ごしてくれた。

文化人たち

カズオ・イシグロ氏が『日の名残り（*The Remains of the Day*）』でブッカー賞を受賞した際、お祝いの会を公邸で行った。その時に彼は、戦前の上海について書いていると言っていた。

野村萬斎氏が一九九四年に襲名し、同年、文化庁芸術家在外研修員制度で一年ほど渡英した。私は大使館のボールルームで多くの方々を招待して狂言を披露してもらったり、公邸にも何度かお越しいただいた。若い才能がシェイクスピアなどを学ぶことによってますます多方面に開花していくことを確信できた。その後の活躍は本来の狂言を含めて目覚ましいものがある。今日の日本を代表する文化人となった。

建築家の磯崎新氏が、比較的若手の建築家を連れて来訪した。その中で、特に私の印象に残った一人が隈研吾氏であった。それから何年かして、葉山にあった私の家内の父の別荘を売り渡したところ、隈研吾さんの建築ですばらしい施設に変わった。現在でも葉山文化塾として活動をしている。ピアニストの内田光子さんは父上が家内の父と外務省で親しくしており、公邸にも何回が来ていただいたり、感動的な演奏を聴いたりした。

ゴルフ

英国ではゴルフを毎週のようにやっていた。Cabinet Secretaryをしていたロビン・バトラー（Robin Butler）氏とも時々一緒にコースを回った。たとえば、サンドウィッチというロンドン郊外にあるゴルフコースに定期的に集まる会があった。メンバーはおおむね会社の社長であったが、ロビンと私だけが公務員で、そして私以外は全員英国人であった。近くのホテルに一泊し夕食と朝食をともにしてからゴルフとなるが、リンクスと言って海に面したコースなので風が強い。その中を午前中と午後とそれぞれワンラウンドずつ回った。私は付いて行くのでやっとだったが皆さん体力があるのには感心した。保守党のメージャー政権から労働党のブレア政権に変わってもロビンだけは変わらない。首相の横に座ることになる。私は彼に対し「英国政府の一貫性は貴兄の肩にかかっている。日本の天皇皇后両陛下の御訪英をよろしく頼む」旨、述べた。

日英関係を支える二つの財団

日本人が設立した二つの英国法人が、日英間の文化交流を大きく支えている。

一つは一九八五年に当時のサッチャー首相と笹川良一氏が話し合って設立した「グレイトブリテン・ササカワ財団」であり、もう一つは一九八八年に大和証券の千野宜時社長によって設立された「大和日英基金」である。二団体とも日英の民間文化交流事業に対し助成金を支出しているが、それ以外にも重要な役割を果たしている。

私は両方の団体に関係してきた。前者については後に述べるが、大和日英基金は大和スカラーとして大学卒業直後の有為な英国の人材を毎年六、七名日本に招聘し、一九ヵ月の間日本語と各自の専門分野の研究に従事してもらうことを支援している。また、ロンドンに「大和ハウスジャパン」を所有し、二〇一八年に日本政府の「ジャパン・ハウス」ができるまではロンドンで唯一の日本関係の展示、シンポジウムのできるスペースであった。

企業支援

ロンドンには多くの日系企業がある。そして、大企業のトップは欧ア（欧州アフリカ）総支配人とか欧ア担当役員といった肩書だった。この人達と話をしていると、欧州の某国で発電所の入札があり、ドイツと日本が残ったが、ドイツは首相の手紙を大使が政府に持って行っている。日本も何とかならないかといった要請を、アフリカ諸国も含めて受けるようになった。たまたま私は欧州・アフリカで最も入省年次が高かったので、各国に駐在している日本の大使達に電話をすることが多かった。動いてくれる人も多かったが、本省の訓令がないと、と言う人もいた。

東京で欧州大使会議が開催された際、特定の話題があれば小部会をつくって議論したいということなので、私は「日本企業の支援」というテーマを提出した。驚いたことに大使会議参加者の全員がその部会に入りたいということであった。ほとんど議論する必要もないまま、日本の企業が一つに絞られ、他の国の企業と競合する場合には、日本の企業を支援するということが、在外の大使達の結論になった。このことは今日では当然のこととなっている。

在英日本企業

在英日本企業は日英関係の最大の柱であった。その財力と技術力は高く買われていたので、日本の大使には英国側からいろいろなアプローチがあった。

一例は友人だったある議員から掃除機を開発している男がいるが会ってくれないかと頼まれ、ジェームス・ダイソン（James Dyson）氏の小さな工場へ行ったことがある。彼の事業はその後大きな成長を遂げた。

また、ある日テート美術館のニコラス・セロータ（Nicholas Serota）館長が訪ねてきて、テムズ河の向こう側にある古い発電所のあたりに現代美術の美術館をつくりたいので日本企業に支援してくれるよう呼びかけてほしいとのことであった。私はあまり活発には動かなかったが、この構想は見事に結実してテート・モダンとなり、年間来館者六百万人を超える世界で最大の美術館の一つとなった。いずれも私としては後ろめたい気持ちである。

大学と企業の連携

英国で特に感じていたことの一つは、大学に隣接して民間企業が研究所を開設し、インダストリアル・パークとして協力し合っていることであった。そのことについて、日本の企業も大学もどちらかと言うと自分の中に閉じこもっているのではないかと感じ、日本に帰国後も講演等のたびにこの点を強調していた。

ピーター・ユスティノフ

一九九七年七月、私はダラム大学から名誉博士号を受けた。英国の大学はバイスチャンセラー（副総長）が事実上の学長で、儀式の際だけ名誉職であるチャンセラー（総長）が列席する。私に名誉博士号を授与してくれたのは、俳優をしていたピーター・ユスティノフであった。

彼は一九九〇年にナイトの称号を受け、一九九二年からダラム大学の総長をしていた。彼は三ヵ国語をしゃべることができ、演出家、小説家でもあった。一個の天才であったと思う。私は、ダラム大学でピーター・ユスティノフに会っている時、かつて私がインドに在勤した時に若く恥じらいを示したインディラ・ガンディー首相を思い出していた。前述したように、首相はユスティノフのインタビューを受けている最中に暗殺されたのであった。

山口壯氏

私が目をかけていた若い書記官の一人に山口壯氏がいた。ある日彼は突然「大使、私は選挙に出ます」と言って私を驚かせた。その後衆議院議員となり、外務副大臣などを務めたが、私は今も「つよしの会」にはいつも出席している。

「ウィンブルドン効果」

ラグビーによく招いてくれたりして私が親しくしていたイングランド銀行総裁だったエディ・ジョージ（Eddie George）は、私も同行してある日本の要人と会った時、最近聞いた話によると日本人は

「ウィンブルドン効果」（世界的に有名な大会になり、各国から優秀な選手が集まって、地元勢が淘汰されること）という言葉をつくっているらしいが、英国の選手が勝つことが大事なのではなく、ウィンブルドンという場所が英国にあることが大事なのだと強調していたことが心に残った。確かに、世界中の強豪が集まり、最も権威のあるセンターコートで優勝することが無上の光栄であるような場所をつくるほうが、英国人のテニスプレーヤーが優勝することを目指すよりも重要である。

イングランド銀行を見ていると、中央銀行として、ロンドンのシティで世界中の人々が投資し、そして活躍できるように育てるという姿勢が垣間見えた。いわばシティという「ウィンブルドン」をつくるために奉仕しているように見えた。なお、本物のウィンブルドンでは、ベスト・エイトに入るとセンターコートでプレーをするが、一九九五年には松岡修造さんが、また翌年には伊達公子さんがベスト・エイトに入り、私は招待されて二人を応援した。

庭園都市

英国は、有名なエベネザー・ハワード（Ebenezer Howard）が提唱した「庭園都市（Garden City）」のふるさとである。確かにイングリッシュ・ガーデンや田園カントリー・サイドはすばらしい。大通りを花でいっぱいにするという習慣も印象的であった。私は退官後、先のウィンブルドン効果と併せて、この種の問題に取り組むことになった。

私は、一九九七年一〇月に帰国することになった。後任は林貞行君であった。ブレア首相らに離任の挨拶を広く行ったが、その際必ず翌年の両陛下の御訪英の重要なことを強調した。

一〇月三日には、私達夫妻はエリザベス女王に拝謁した。女王は前日までスコットランドのバルモラル宮殿に長期滞在され、直後にインド・パキスタンへの公式訪問に出発される予定であり、バッキンガム宮殿で執務されるのはその一日限りであった。バッキンガム宮殿が一般公開されていたので、女王の私室で三人のみでお会いした。女王は自らティーを入れてくださった。女王とは、園遊会の時などしばしばお会いしていたので、打ち解けた雰囲気であった。私から天皇皇后両陛下の御訪英が特に重要であることを述べたところ、女王は両陛下の御訪英を待ち望んでいるとおっしゃった。

私はロンドン出発の前日は休みをとり、前々日に大使館を後にしようとした。

そこにマーガレット・ベケット（Margaret Beckett）商務大臣から電話があり、どうしても明日会いたいということであった。同大臣は、短期間ながらトニー・ブレア氏の前に労働党の臨時党首をしていた、いわば副総理格である。私は一旦断ったが、先方がどうしてもというので会うことにした。出発の前日、商務省へ行くと、ベケット以下かなりの人数が待っていた。用件は、日系の某自動車メーカーがエンジン工場を東欧に移転するという話を聞いたが、ぜひこれをやめさせてほしいという趣旨であった。

私は、帰国すれば退任する身であり、もともと一企業がどういう行動をするかという点について、日本政府が云々することはできないと述べ、会談を終わった。これが英国における最後の仕事であった。

帰国後の話であるが、私は家内と両陛下に英国の情勢について報告に参上した。長時間いろいろと話をした後、私は両陛下の御訪英が成功すると確信した。翌年の御訪英の際、バッキンガムへ向かう馬車の上から沿道に並んで背を向けている元ＰＯＷの人達にも会釈をされた様子が英国で大変好意的に報道されたと聞いて両陛下のお人柄がそれを可能にしたと胸を撫で下ろした気分であった。

第八章　日本文化の発信

一　国際交流基金

国際交流基金理事長就任

私は、一九九七年一二月に外務省を退官し、年末に浅尾新一郎氏の後任として国際交流基金理事長になった。国際交流基金（以下、基金）は、福田赳夫外務大臣のイニシアティブによって一九七二年に設立された外務省所管の特殊法人（二〇〇三年以降は独立行政法人）であり、文化・芸術交流、日本語教育、日本研究、知的交流、草の根交流等を総合的に支援する機関である。

一九九九年の予算額は約二〇〇億円、職員数は三一一名であった。基金法に基づいて理事長の他四名の理事がおり、また、有識者による運営審議会があり、定期的に会合を行って議論を重ねた。運営審議会の約二〇名のメンバーは、尾崎護、粕谷一希、北岡伸一、木村尚三郎、小島明、高階秀爾、芳賀徹、波多野敬雄、グレン・フクシマ、福原義春、山田洋次等の各氏であった。

かねてより運営審議会の特別委員会が検討を重ねてきた結果の報告書が、私が理事長となった直後の一九九八年一月一六日に提出された。この報告書は「さらに開かれた活力ある国際交流基金のために」と題して、具体的な提言を含んでいた。冒頭で次のように述べている。

「冷戦後の国際社会において……国際文化交流は、日本が諸外国と協調しつつ共存し文化を通じた世界への貢献によって、国際社会において名誉ある地位を占める上で不可欠な役割を担っている。国際文化交流は安全と生存を確保する手段であるだけでなく、自らを豊かにし世界に対する責任を果たす名誉ある義務でもある」。

そしてこの報告書では、「①国際社会の安定により日本の安全と生存に寄与」、「②世界に開かれた豊かな日本の形成」、そして「③地球社会への貢献」についても述べている。さらに地域別事業方針の作成や地域事業部の設置等について、広範かつ具体的な提言を行っている。基金は同報告に基づき「行動計画」を作成し、組織改革を早期に着手した。

基金の特徴は、次の二つであった。一つは政府との関係である。基金の目的は、ソフトパワーの面で日本の外交を補佐するものである。外交でのソフトパワーはパブリック・ディプロマシーと言われるものであるが、それは二つの部分からなっている。一つは政府広報であり、もう一つが広義の文化交流である。

政府広報とは、案件ごとに日本政府の政策を分かりやすく説明し国際社会の理解を得ることである。このためには、万人に理解しやすいよう英語でロジカルにかつ感情移入しやすいような物語を創って説明する能力を磨くことが大切だろう。時には他国への的確な批判をすることも必要である。そして、この分野において、政府自体によるある意味では「血みどろの戦い」と峻別すべきは、基金が担当する芸術文化からライフスタイルに至るまでの広義の文化交流であった。したがって基金は政府との間に一定の距離を置くことが必要である。これは基金類似の機関であるブリティッシュ・カウンシルにおいても、政府との距離を「アームス・レングス（片腕の距離）」と呼んでいることと同様である。幸い、当時の外務省は榎泰邦文化交流部長を含めて、よくこの点を理解してくれていた。

もう一つの特徴は、基金は「目利きの集団」であることが肝要という点である。外務省からの出向者は一～二名であり、他の職員は基金生え抜きの人材であった。外務省の中でも高官は既成の権成ある文化人と接することは容易であったが、基金の職員が目利きであれば、無名の才能を引き出すこと、あるいはこれからという人を応援して世に送り出すことができる。事実、基金はそのような役割を担ってきた。私自身も下北沢の小劇場に行ってみてほしいと言われ、何回か行ったこともある。その中には今日では大家になった人々がいたが、この面で私の果たした役割は氷山の一角にも及ばないものであった。

なお、総じて文化は異文化と交流することによってより豊かになるものであり、日本の文化の伝統は維持しながら、できるだけ多くの人によって日本という土地で新しい文化が花開くことに役立つような双方向の文化交流が必要であるという考えを持っていた。

以下、特に印象に残ったことについてのみ、挙げたいと思う。

縄文文化に目覚める

基金は一九九八年九月から約二ヵ月間、パリ日本文化会館において縄文展を主催した。当時、縄文関係では唯一の国宝であった、いわゆる「縄文のビーナス」と称される土偶をはじめ、重要文化財五九点を含む一一一点を展示した。この展覧会は予想以上の評判となり、小さな会場は連日満員の人でむせ返り、プレスも大きく取り上げてくれた。一一月八日にはシラク（Jaques Chirac）大統領が来館され、一時間半にわたって鑑賞された。このために派遣された文化庁の調査官との一問一答の報告書が私の手元にある。それによると、シラク大統領は縄文文化についてかなり詳しい知識を持っており、本当にすばらしい、非常にモダンだと述べている。

また、二〇世紀の知の巨人と言われたクロード・レヴィ＝ストロース（Claude Lévi-Strauss）は、縄文展のカタログの序文を書いてくれたが、その中で火焔式土器について、今から五六〇〇年前に地球の反対側にあらわれたアール・ヌーヴォーであるかのようだと述べている。

私は、この縄文展を契機として縄文文化に関心を持ち始めた。そして徐々に日本文化の基調には縄文文化があると確信できた。かつて、縄文時代は未開野蛮な時代としてのみ考えられていた。近年、放射性同位元素による年代測定技術などを利用した研究が飛躍的に進んだ結果、縄文時代は今から一万五〇〇〇年超前にさかのぼること、また、人々の暮らしぶりもかなり分かってきた。縄文人は狩猟採集民であったが、土器の使用（土器革命）により豊かな食生活を手に入れ、人類最古の定住者の一つであった。四季があり、海に恵まれた日本列島において土器、弓矢、犬、丸木舟を用いた縄文人は、海からは魚介類を、野原からは旬の草や木の実、さらに鹿や猪等を得ていた。土器は栗やどんぐり、草根類等を煮沸して灰汁をぬき、食用にすること、また冬期の貯蔵を可能にした。

旧来の世界史の教科書では人類がアフリカに誕生してから狩猟採集の時代が長く続き、この間人類は常に移動していたが、今から一万年超前にメソポタミアで農耕、牧畜を始めることによって定住し、第二段階に入ったとされている。しかし、日本列島においてはそれよりさらに四～五〇〇〇年も前から定住していたことになる。土器の使用は小さな集落を形成して定住することを可能にした。農耕、牧畜を行うためには農地や牧草地を開かなければならない。森を切り開き、いわば人間が自然を征服せざるを得なかったのに対し、縄文人は自然の恵みの中のみで生きてきた。縄文文化が一万年の長きにわたって続いたのも自然との共生の賜物であった。万物に神が宿るというアニミズムの精神もその頃形作られた。したがって、仏教すら日本に渡ると「草木国土悉皆成仏」（梅原猛『日本の伝統とは何か』ミネルヴァ書房、二〇一〇年）というように、石や金属すら成仏するという思想に変わる。國學院大学名誉教授の小林達雄氏とは今日でも親しくしているが、同氏によれば、多くの縄文遺跡・遺物が今日でも発見され続けている由である。

各地域との文化交流

（1）ＡＳＥＡＮ諸国との文化交流

私の理事長就任当時、基金が最大の力を入れてきた地域の一つはＡＳＥＡＮ諸国であった。一九八〇年には基金内部にＡＳＥＡＮ文化センターが設立され、ＡＳＥＡＮ諸国との双方向の文化交流が盛んになった。

一例を挙げれば、一九九〇年代半ばに多言語による演劇が制作された。シェイクスピアの「リア王」を下敷きにしつつ、岸田理生氏の書き下ろし脚本をシンガポールのオン・ケンセン氏が演出し、日本、中国、インドネシア、タイ、シンガポール、マレーシアの六ヵ国から第一線の参加者を得て一九九七年に完成した「リア王」である。俳優達は自国語で話し、自国の衣装で参加した。

このハイブリッド劇は一九九九年にはアジア、欧州の世界各地で公演され、好評であった。

（2）韓国との文化交流の拡大

ＡＳＥＡＮ地域に比べ、韓国との間では文化交流が政治的に制約されていた。しかし、一九九八年に金大中氏が大統領に就任し、日本文化の解禁を行った。大統領は同年一〇月、訪日した。宮中晩餐会に陪席していた私は、金大中大統領のスピーチを聞きながら、一九七三年八月八日の金大中事件を思い出していた。当時大平外務大臣がいかにこの件で苦労したかを秘書官として経験していただけに、日韓両民族が歴史をしっかりと踏まえた上で未来志向の和解をしうる絶好の機会が来たと感じた。

翌一九九九年三月には、小渕恵三総理の訪韓によって日韓文化交流会議が創設され、二〇〇二年のワールドカップの共催を一つの大きな契機として二〇〇二年を「日韓国民交流年」として、日韓の国民同士の交流をさらに活発にしていくことで合意した。

私が重点を置いたことの一つは、韓国文化について日本人がより理解を深めることであった。二〇〇一年には韓国のミュージカル「地下鉄一号線」の日本初公演を実施したが、その後に日本では韓流ブームが起き、この面での国際交流基金の出番はほとんどなくなった。

さらに、ソウルに日本文化センターをつくることを考え、二〇〇一年度の予算で設置が認められた。その後、韓国側との折衝や場所の選択等を経て、二〇〇三年四月にソウル日本文化センターの開所式が行われた。その過程で金大中大統領の宴席に呼ばれ、一人置いた隣に座り、いろいろとお話しすることができた。また、大平総理が親しくされていた金鍾泌首相にもお会いする機会を得た。文化セン

韓国の金大中大統領と握手する筆者（2001 年、国際交流基金理事長時代）

ターの話をしたら、金首相が「藤井さん、やりましょう」と力強くおっしゃっていただいたことは忘れられない。

朝鮮半島の人々と日本人との間の和解と相互理解を深め本当の信頼関係をつくっていく未来は、当時は明るいと見られたが、その後金大中氏も批判され、今日では日韓の関係は本当に難しいと実感する。

（3）日中文化交流

中国との関係においては、中国の知的指導者や若手リーダーとの知的交流の支援や、「北京日本学研究センター」（旧大平学校）の強化が私にとって重点事項であった。また、芸術交流も支援し、多くの中国の文化人の訪日が実現した。さらにある時期、国務院・全人代と並んで中国の公式な機関である政治協商会議と協力して、中国の草の根に届くような文化交流も行った。その一例としては、日本の茶道、華道、香道からなる「三道」の紹介事業を行い、私も北京から天津まで同行した。これらの過程で私が個人的に気づいたことの例を挙げれば、次の通りである。

中国の文化人を多く招聘したが、一様に奈良・京都を見て大変に感動していた。多くの文化人は、あそこに中国の最もすばらしい文化だった唐、宋の時代の文化が残っていると語っていた。

また、中国の知識人と多く話をしたが、中国の現代史上の人物で彼等が尊敬している人々の多くは、日本との関わりがある人であった。たとえば、孫文、魯迅、周作人、周恩来等である。

三道で感じたことであるが、中国の一般の女性の間で三道は大変人気だった。その一つの理由は、親しみやすさ、懐かしさがあるということであった。基金勤務を通じて私は日中の両国民同士の相互理解の将来には希望を見出した。

（4）日米文化交流

一九九一年四月には、安倍晋太郎元外相のイニシアティブによって五〇〇億円の基金をもって日米センター（Center for Global Partnership）が国際交流基金の一部として発足した。日米センターの事業は主として若手研究者を支援する安倍フェローシップと日米知識人交流事業から成っており、公募助成プログラムも行っていた。給田英哉国際交流基金理事が所長で茶野純一氏が副所長であった。日米センターには国際交流基金理事長の諮問に応じ、日米センターの運営等に関する諸々のことについて意見を述べる評議会（Advisory Committee）が設立されていた。この評議会の最初の議長は佐波正一氏で、私が理事長をしていた頃のメンバーは、日本側からは松永信雄、小渕恵三、山本正、松山幸雄、川口順子、椎名武雄、五百旗頭真、小笠原敏晶、緒方四十郎、千野境子、大原謙一郎、及び田中明彦の各氏がいた。米側からはジョージ・アリヨシ、ジェラルド・カーティス、トマス・フォリー、エズラ・ヴォーゲル氏等がいた。佐波氏の後任の議長には、大幅に若返って五百旗頭真教授に私から直接お願いした。

安倍フェローシップは、一九九一年から二〇一八年までで累計四一九名を援助した。日米センターとは別に地域レベル、草の根レベルでの日米相互理解の促進の支援や、日本研究や芸術交流、日本語支援も行ってきた。日米安保条約も日米両国民の相互理解と信頼関係がなければもたず、日米文化交流、特に知的交流は最重要な課題の一つであった。

（5）日欧文化交流

海外における大型の日本紹介事業は、主としてロンドンで行われた。一九八一年には「江戸大美術展」が空前の成功を収め、一〇年後の一九九一年には「ジャパン・フェスティバル」が史上最大の規模で行われた。

私が直接関係したのはそのさらに一〇年後の二〇〇一年で、国際交流基金も支援した「ジャパン二〇〇一」という名前でハイドパークでのお祭り等大規模な日本紹介事業を行った。また一九九九年には「ドイツにおける日本年」を開催し、ベルリン、ケルンで日本を紹介するイベントを開いた。パリの日本文化会館は福原義春資生堂元社長と磯村尚徳氏の二人とともに運営にあたった。

（6）中南米との交流

一九九八年六月にサンパウロに「日本文化センター」を設置し、開会式に私も参列した。ブラジルにおける日系人の方々の活躍を目の当たりにした。

（7）中東交流事業強化

二〇〇一年九月一一日の同時多発テロ以来、国際秩序にとって中東諸国が重要性であるという認識が世界的に高まってきた。基金としては比較的疎遠であった中東地域との相互理解の促進が急務となった。

二〇〇三年一月には中東交流事業業務室が開設され、同年九月からは日本と中東地域との文化交流を強化・発展させるため、山内昌之教授を団長とするミッションが派遣された。このミッションは根本二郎、森英恵、森本公誠、北岡伸一の各氏より成り、サウジアラビア、イラン、シリア、エジプトを訪問し、「伝統と近代化」のテーマでシンポジウムを開く等の活動を行った。

横浜トリエンナーレ

最も古い歴史を持つ国際美術展覧会であるベニス・ビエンナーレには日本館が常設されており、アーティストの選考を含めてその運営は基金に任されていた。日本においてもベニスのようなことができないかという問題提起は以前からあった。基金の理事長となった時点で、横浜トリエンナーレの構想はある程度進んでいた。

基金内部で私に最も強く開催を主張したのは、当時理事であった中山恭子氏（後に参議院議員）であった。現代アートの国際的な祭典を日本でも行うという話を聞いている間に、私もその必要性を理解、確信するようになった。

そもそも現代アートについては全くの素人であった私だが、現代人が新たに創造するアートの大きな分野が現代アートであるということは知っていた。かねて考えていた日本人だけで日本の文化をつくっていくというのでのは不十分で、グローバル化する世界においては、ウィンブルドンではないが、場所性がますます重要になってくることを想起して、横浜の魅力をさらに増すためにも、世界のアーティストを集める横浜トリエンナーレに取り組むことを決めた。

まず主催者であるが、横浜市と国際交流基金だけではなくメディアにも入ってもらい、NHKと朝日新聞が加わった四者となった。アーティスティック・ディレクターとしては、河本信治、建畠晢、中村信夫、南條史生の四氏に就いてもらった。

横浜トリエンナーレの組織委員会が一九九九年一〇月に設立された。構成は、会長が四人、高秀秀信横浜市長、海老沢勝二NHK会長、箱島信一朝日新聞社長と私。委員が木村尚三郎氏以下九名、アドバイザリー・コミッティは平山郁夫氏や文化人・財界人を含めて一九名、森稔氏も参加してくれた。さらに一二名のインターナショナル・コミッティを加えて総勢四四名の大世帯となった。その二年後、二〇〇一年九月二日、「メガ・ウェイブ――新たな総合に向けて」をテーマにして第一回横浜トリエンナーレの開会式が盛大に行われた。

パシフィコ横浜展示ホールと赤レンガ一号倉庫を主たる会場として、その間にもオノ・ヨーコ氏の作品や海上に草間彌生氏の作品があり、三八ヵ国一〇九人のアーティストによる展示が壮大なスケールで繰り広げられた。巨大と言えば、椿昇氏の大きなバッタが目立った。延べ六七日の開催期間中の入場者は三五万人に上った。福田康夫官房長官夫妻や遠山敦子文部科学大臣も参観してくれた。国際交流基金は約二億円弱を負担し、企業協賛金は一億円に上った。

特筆すべきはボランティアの存在である。トリエンナーレを広く一般の方々とともに盛り上げていくため、また、予算の節約のため、展覧会業務に参加するボランティア・スタッフを募集した。定員五〇〇人の募集枠に一〇三七人が応募し、最終的に一〇代から七〇代までの七一九人が作品保護、イベントの運営、通訳、広報等の多岐にわたる分野で熱心な活動を展開し、大きく貢献してくれた。

なお、私個人として思い出深いことがあった。何せ、トリエンナーレなどには慣れていないので、私どもは開会式の前夜には何も予定していなかった。アーティスティック・ディレクターの一人であった南條史生氏はかつて国際交流基金にいたことがあり、実務面にも長けており、私にとっては随分助けになった。南條氏から、前夜には関係者を呼んでディナーかレセプションを行うのが通例だと言われて、私は直ちにそのように事務方に指示したが、事務方からは予算がないとの返事であった。致し方ないので、いくつかのところに頼みに行った。主として森稔氏が援助を約束してくれて、何とか赤レンガ倉庫でパーティをすることができ、文化大臣を含む世界各国から訪れた多数の賓客や関係者をもてなすことができた。

後年、南條氏が森美術館の館長となり、私が森アーツセンターの理事長となるとは考えてもいなかった。

観光立国懇談会

二〇〇二年末、福田康夫官房長官から電話があり、小泉内閣が観光立国を目指して懇談会をつくることになったので参加してほしいとのことであった。私は観光の重要性を痛感していたので、直ちに快諾し、国際交流基金理事長の資格で参加した。

二〇〇一年当時、日本人の海外への旅行者が一六〇〇万人に上るのに対して、日本への外国人旅行者は五〇〇万人に留まっていた。この受け入れ数は世界第三五位で、他のアジア諸国と比較しても、中国、香港、タイ、シンガポール、マカオ、インドネシア、韓国の後塵を拝していた。第一回の観光立国懇談会は二〇〇三年一月末に総理官邸で開催された。長方形のテーブルの正面には小泉純一郎総理、福田康夫官房長官、安倍晋三官房副長官、そして座長の木村尚三郎教授が座った。残り一〇名のメンバーを入れても全体で一五名程度のコンパクトな会議であり、自由に発言ができた。その後、四回の懇談会及び数回にわたる有識者のみの会合や起草委員会がもたれ、観光の意義や課題、戦略などについて、幅広い観点から熱心な討議が重ねられた。

その結果、四月二四日に「観光立国懇談会報告書――住んでよし、訪れてよしの国づくり」が提出された。この報告書は長文であるが、（イ）世界は大交流時代を迎えているが、日本はこれに乗り遅れていること、（ロ）日本の魅力として、自然との共生を図り、美を追求する等を具体的に挙げていること、（ハ）日本はその魅力を守り向上させる努力に欠けていること、たとえば都市景観等について述べ、さらにマーケティング、ビザ、入国手続等具体的な課題、を取り上げている。そして最後に、「観光立国を産業立国とともに車の両輪とすべき時がきた。世界の国々、世界の人々に愛され、親しまれる日本となるために、そして私たちの子供や孫たちが幸せに繁栄するために、である」と結んでいる。

この報告書を受けて政府は五月に観光立国関係閣僚会議を開催し、七月三一日には同会議は「観光立国行動計画――「住んでよし、訪れてよしの国づくり」戦略行動計画」を策定した。この報告書は、極めて詳細に具体的な行動事項を、関係省庁名を含めて記述している。そして、行動計画の「はじめに」の最後の文章が次の通りである。「観光立国は、一朝一夕に達成できるものではない。したがってそこには効果的かつ息の長い施策の積み重ねが必要である。政府としては、二一世紀の我が国の進路である「観光立国」実現に向けて、この行動計画とともに、本日その第一歩を踏み出すこととする」。

その後、国を挙げての努力もあり、訪日外国人観光客数は二〇一三年に一〇〇〇万人を超え、二〇一八年には三〇〇〇万人を突破しその後も増え続けている。通常の文化交流では果たし得ない実体験を通じて日本を好きになってくれる人々が世界に広がること、さらには地方創生のためにもさらなる訪日外国人の増加が望ましい。

各種文化機関との関係

国際交流基金の理事長として多くの文化関係機関の評議員、理事、運営委員等を務めた。たとえば東京国立博物館、国立西洋美術館、新国立劇場、独立行政法人国立美術館（全国の国立美術館を統合したもの）、人間文化研究機構（国立の文化研究機関を統合したもの）等の国立機関であった。さらにトヨタ財団、放送文化基金、グレイトブリテン・ササカワ財団、大和日英基金等の民間の機関にも参加し、一番多い時は全体で四〇近くあった。その他アサヒビールの樋口廣太郎氏が主催するさまざまな会合は常連であった。森アーツセンター理事長になってから公的な部門は徐々に減ったが、多くのポストを兼務をしてきた。たとえば、二〇〇五年の愛知万博の際には豊田章一郎氏からの依頼で国際諮問委員会の一員になった。

なお国際交流基金賞の選考委員会議長を、オリックスの宮内義彦氏にお願いした。今日でも議長を務めていただいており、芳賀徹氏、田中明彦氏、国分良成氏等とともに私も参加している。

国際交流基金を去る

二〇〇三年一〇月一日から国際交流基金は独立行政法人となった。私は、その前日、理事長を退任し、小倉和夫氏に後事を託した。小倉氏、そして二〇一三年から理事長を引き継いでいる安藤裕康氏は立派に業績を上げてくれている。

国際交流基金で痛感したことは、縄文文化を基調とする日本文化の多様性と大衆性に見られる魅力が普遍的なことであった。多様性とは、縄文文化から始まり、弥生・古墳時代を経て、中国からの文明・文化を借用し、それを日本化し、さらに江戸末期からは西洋の文明・文化を借用して日本化してきたこと、そして、ちょうど日本式の簞笥のように、これらは小さな引き出しの中に温存されていることが一つである。

さらに、魅力に富んでいる大きな理由の一つは、たまたま日本が遣唐使を通じて中国の文明を輸入した時期が中国にとっても文化の最も栄えた大唐の時代であったことである。当時の長安には世界からの文化の精華が集約されていた。国際交流基金は、正倉院御物の一部の精巧な複製をつくり、「循環するシルクロード」として中国などで展示を行った。そこにはすでにイランにも現存しないペルシャの琵琶等があった。

もう一つの日本文化の魅力の源泉は、その普遍性である。西洋では、歴史上、アートは主として支配階級に属するものであったが、日本では、たとえば万葉集にしても、天皇から庶民に至るまでの人々が網羅されている。また、江戸時代にしても、西洋のいわゆるハイカルチャーではなく、浮世絵や歌舞伎や俳句がもてはやされた。典型的な庶民文化の一つである和太鼓は、世界中どこへ持っていっても人々の心に響く普遍的なアートの一つである。また、日本のマンガ、アニメが普遍性を持っていることは近年ますます明らかになってきた。

戦後、日本は高度経済成長の時期を経て経済大国となったが、バブル崩壊以降、経済成長は止まり、株価も大幅に値下がりして、相対的に日本の存在感は縮小していった。その中で日本を世界に輝かせる方策のいくつかが、文化立国、観光立国、そして魅力のある東京のまちづくりであった。外務省退官後、この三つに多少とも関われたことは幸いであったと思う。

忘れ得ぬ人、高円宮憲仁親王

高円宮憲仁親王は、一九七八年、カナダのキングストンにあるクイーンズ大学に留学され、帰国後ほどなく国際交流基金に就職された。殿下は、総務の一員として一般の社員と同じ待遇であり、「三笠さん」と呼ばれていた。国際交流基金には二一年間お勤めになった。

二〇〇二年一一月二一日、殿下はカナダ大使館でスカッシュの練習中に倒れられた。その日の午前

国際交流基金理事長時代。高円宮殿下、英国のエドワード王子と筆者（理事長室にて、1998 年）

中にも通常に出勤しておられた。私は、その報を聞いて直ちに慶應義塾大学病院に向かった。その晩、殿下は亡くなられた。四七歳の若さであった。一一月二九日には高円宮本葬に当たる斂葬の儀が豊島岡墓地で行われた。霊柩車は途中で基金本部があった赤坂のアークヒルズ前を通り、給田英哉理事等多くの国際交流基金職員が見送った。当時、沿道では約二〇〇〇人が最後のお別れをした。

斂葬の儀においては、霊車の左右には川淵三郎氏、渡邉恒雄氏、海老沢勝二氏と私など六名が生前親しかった柩側者として付き添った。翌年の二月に出版された基金職員による追悼文集『わたしたちの殿下』の中で私が「輝く日の宮」と題して書いた一文を以下紹介したい。

> 高円宮殿下がこの世をさられたことは、今もって信じ難い。何故なら殿下はそのお人柄、

エネルギー、能力のいずれからも生命の輝きそのもののお方であったからである。

殿下の存在は人に自信を与えるものであった。このことは混迷する日本全体についても云えたが、国際交流基金にとっては云う迄もないことであった。政治的な圧力、外務省や特殊法人への憎悪に近い批判、予算削減の嵐。そのような中にあって、殿下の微動だにしない基金への信頼と支援は本当に大きな支えであった。殿下と接していると、今直面している困難など一時的なものであり、もっと永続的に大切なものがあるというもう一つの現実を想い起すことが出来てホッとするのが常であった。

殿下についての想い出は尽きない。もう四年以上前のこととなるが、私が理事長となって間もない頃、殿下のお部屋の問題が起った、というより起した。殿下が総務課のいち職員と同じ机に座していられるのを見て、私は何とかならないものかと思った。幸い当時の総務課長に何とか予算を見つけて個室を作る計画を作ってもらい、同課長から殿下のご意向を打診してもらった。ところが、殿下は頑として、職員と同じ大部屋に居られることに固執されたので個室案は撤回した。このことがあって私自身も殿下や基金のことをよく知らずに余計なおせっかいをしようとしたことを恥じるようになった。

それから大分年月がたって二〇〇一年春に殿下を部長や課長と同様、大部屋の窓際に座っていただく案が浮上し私は一も二もなく賛成した。殿下が基金の一職員として特別の待遇を受けられることを拒まれたのは、基金の中では、アークヒルズの二十一階のエレベーターを下りられた瞬間から、一個の人間として対等につき合い、お働きになりたかったからであろうと思われる。幸い基金の職員は二十年前からこのことをよく理解していたように思う。対等といえば、二〇〇二年六月の殿下がサッカーワールドカップの開会式に出席のため訪韓される前、若干しかつめらしかったが、私は殿下が日本の皇室を代表されて訪韓されることもあり、理事長室で殿下に私が考える日韓関係のあり方、日韓国民交流年のありよう、基金の取り組みをご説明申し上げた。私はその中で、すべての中で最大の狙いは永い交流の歴史を持つ日韓両民族が真に対等な心理を持つことにあり、日韓国民交流年はこのスタートになるべきであると思う旨を述べた。私はその時殿下が実に深く日韓の両民族のことを理解されていることに感銘した。そして、日韓の将来、日本の将来についてあんなに勇気づけられたことは近来まれであった。殿下にこそ、こののち何十年にわたって日韓両民族の本当の和解と協力へ人々を動かす原動力となっていただきたかった。

殿下の基金におけるご活躍を述べればキリがない。

二〇〇一年九月、基金は横浜トリエンナーレを主催した。横浜トリエンナーレの狙いは、現代美術を都市や市民により近いものとし、それによって都市と美術の活性化を図るものであった。その開会式には世界から多くの現代美術関係者・文化大臣等が集まった。その際の殿下のスピーチは原稿無しで素晴らしいものであった。その時私は、殿下のような高いレベルの方が出席し、このように豊かで深い内容のスピーチをされるような開会式は他の国では容易に出来ないと思い、日本人として心から誇らしく思った。

高円宮殿下は国際交流基金にとってたとえは少し変だが「かぐや姫」のようなお方であった。二十一年間の間、殿下が私たちの日常であったように、殿下にとっても基金は「常の場」であったと信じる。政治や独立行政法人化で試練に見まわれた基金ではあったが、殿下はそのかぐわしいご生涯の最後の日まで居心地よく基金で勤務され、基金を愛してくださったと信じる。

「輝く日の宮」を失った基金にとって、最大の心のよりどころは基金には殿下のように日本の皇室の伝統を体現されている逸材を心地よくお包みするだけの公共性、中立性、独立性があり、何よりも自由な文化があったということではあるまいか。殿下は足早に去ってしまわれたが、殿下の国際文化交流に対するゆるぎない信念と情熱とは必ず引き継がれなければならない。

さらに、殿下を偲んで『時の彼方に~ア・ビアント~』というバレエが、島田雅彦氏の脚本、三枝成彰氏の音楽で牧阿佐美バレヱ団によって制作され、上演された。このバレエが二〇一二年八月に新国立劇場オペラハウスで高円宮十年式年祭に当たり再演された。その際のカタログの中で、生前殿下が親しかった何人かがそれぞれ思い出を書いている。私も「国際交流基金で御一緒して」と題する一文を書いた。その最後の部分を以下に再現したい。

殿下も徐々に公務がふえ、平成一四年五月にはサッカーワールドカップのソウルでの開会式に陛下の御名代として出席されました。日本の皇族として初めて公式に韓国を訪問されたのでした。私は、殿下が世界に向けて日本を代表する顔の一つになりつつあり、それはすばらしいことだと内心期待に胸を膨らませておりました。その年の一一月、殿下の突然の逝去は日本にとってはかり知れない大きな損失でした。本物の芸術品は時を経てますます価値が高まるといいますが、人についても当てはまることかもしれません。目利きの殿下が「Will you marry me?」とプロポーズなさった久子妃殿下は、憲仁親王殿下と御趣味をともにされ、深く結ばれておられました。久子妃殿下が憲仁親王殿下の志をお継ぎになっているお姿に心を打たれます。高円宮殿下は太陽の方だったと冒頭で述べましたが、太陽は一たび沈んでも上ります。今でもどこかでばったり殿下にお会いするような気がすると述べましたが、殿下は愛してやまない妃殿下と三人のお子様方のそばにいらっしゃるような気がします。そして、きょうのバレエも御一緒に鑑賞されているのかもしれません。「ア・ビアント」は「アデュー」ではないのですから。

二　森アーツセンター

街づくりと森稔氏

森ビルの森稔氏との最初の出会いは、駐英大使の時であった。夫人の佳子さんは、後に英国最古の美術の殿堂であるロイヤル・アカデミー・オブ・アーツ（RA）のトラスティとなった。

一九九七年一〇月、ロンドンから日本へ帰ってみると東京の街はあまりにもみすぼらしく、無味乾燥だった。当時、たとえば東京駅近くの丸の内は週日は大勢の人が遠くから通勤してきてにぎわっているが、週末になると人っ子一人いない街になった。また中通りを含め、緑がなく商店もなかった。都心の他の地域を見ても押しなべて緑は少なく、比較的小さな建物が密集していた。

ほどなく、私は国際交流基金理事長となったが、当時の国際交流基金は赤坂のアークヒルズの二〇階と二一階に事務所があった。前に述べたように、英国では私は東京に「庭園都市」の要素を取り入れるべきだと考えていた。また、世界が情報、知識社会化して発展しつつあるのに、日本は立ち遅れていると考えていた。大平総理の秘書官をしていて同じ意見を持っていた福川伸次元通産次官と意気投合して、勉強会を行うことにした。考えてみれば大平総理が創った政策研究会の中に「文化の時代」と「田園都市国家」があったのだ。

勉強会を始めるには場所や費用のことが先決であり、二人でビジョン豊かで我々よりももっと深くこの問題を考えているとみられる森稔氏に頼みに行った。森氏は協力しましょうと即決してくれた。その結果、「庭園都市日本構想研究会」というものが発足した。メンバーは、政治家（石原伸晃氏、塩崎恭久氏、林芳正氏等）四名、学者（伊藤滋氏、川勝平太氏、山中燁子氏等）八名、行政（青山佾東京都副知事等）四名、民間（今村治輔清水建設会長及び森稔氏）二名、研究機関・ジャーナリスト等六名、そして代表世話人には福川伸次氏がつき、総勢二五名となった。

この研究会は、おおむね二ヵ月に一回くらいの頻度で開かれ、二年間にわたって活発な議論を行った。その結果、二〇〇一年六月に「庭園都市日本構想」という報告書を作成し、記者会見を行って発表した。副題は「二一世紀日本の国土づくりへの提言――日本再生に向けたグランドデザイン」であり、また、提言の表紙に「コンパクトシティとグリーンネットワーク」と記した。

この報告書にはいろいろな分析が書かれているが、最も重要な結論は「一体型コンパクトシティ＋グリーンネットワーク」であった。森稔氏も熱心に討議に参加してくれたが、私は次第に彼が私と同類の人であると感じるようになった。それはなぜかと言うと、私にとっては日本が世界の中で名誉ある地位を占めるということが何よりも大切であったが、森稔氏も根本的には同じであるということで

森ビルの森稔社長（左）と談笑する筆者（2004年頃）

あった。

彼は、東京の魅力を増し、磁力を高め、東京を海外企業にアジアの拠点として選ばれるような世界一の都市にしたいと考えていたが、それも彼のビジネスとしてだけではなく、根底には日本を輝かせたいという願望があった。さらに、森氏と私は、二人とも若い時に小説家志望の時期があり、夢と志とチャレンジが大好きであった。言うまでもなく森氏はビジネスマンであり、一見ビジネスにならないようなことをビジネスにしてしまうことも彼の夢であった。

森ビルという会社は、もともとは森稔氏の父である森泰吉郎氏が横浜市立大学の商学部長から不動産業に転じ、虎ノ門から始まってナンバービルがあるようにビルを建てていった。一九五八年の創業以来「都市を創り、都市を育む」という理念をもってきた森稔氏が初めて多くの地権者と交渉してつくった「街」がアークヒルズである。一九八六年に完成したこの「街」には、オフィスのみならず住宅、ホテル、クラブ、文化施設（サントリーホール）、人の集まる場所（カラヤン広場）、緑、桜並木及び庭園があった。

前に述べた研究会の当時、森稔氏はアークヒルズをさらに発展させる形で、二〇〇三年にオープンすることになる六本木ヒルズを建設中であった。六本木ヒルズは、テレビ朝日本社の建替え計画に端を発し、地権者との交渉もあり、完成までに一七年かかった。地権者の多くは引き続き六本木ヒルズに居住している。六本木ヒルズを創るにあたっては外国からもクリエーターやアーティストが参加した。

六本木ヒルズ

六本木ヒルズという街は次のようなコンセプトで成り立っている。

第一は、「安全・安心」である。森タワーの地下六階は発電所であり、地震が起きても地下水をくみ上げられるので水の心配はなく、さらに食料を常時一〇万食備蓄している。東日本大震災の時には、一日当たり一〇〇〇世帯に相当する電力を外部に供給した。

第二は、「文化都心」である。森タワーの最上階の五三階に森美術館をつくり、四九階にはアカデミーヒルズ、五一階には六本木ヒルズクラブ、五二階と屋上には展望台を設けて、全体をアーツセンターと呼んだ。

第三は、「緑化」である。毛利庭園をつくり、また、映画館の屋上には水田をつくり、毎年稲刈りをしている。

第四は、「国際性」である。世界中の人々が集まる街にすることを目標に、森美術館の初代館長はデビッド・エリオット（David Elliott）という英国人であった。六本木ヒルズの一部であるグランドハイアット東京ホテルにも外国人客が多く、同時に同ホテルも六本木ヒルズクラブも支配人は外国人であった。また、六本木ヒルズには音楽を主体とする国際性豊かなラジオのＪ－ＷＡＶＥが入居して発信している。

第五は、「コミュニティ」である。地権者の多くが六本木ヒルズに住んでいたこともあり、地域組合を結成し、盆踊りをはじめ各種の行事や清掃活動を行ってきた。

そして、第六が、「屋外広場」である。テレビ朝日に面した場所にアリーナという屋外広場を設け、そこでいろいろな行事を行っている。また、六本木ヒルズの一角には「乃木大将誕生之地」の石碑があり、赤穂義士一〇人が切腹した場所も同じ毛利藩邸にあった由である。

世界都市東京の夢

以上のような特性を生かして「街を育てる」ため、森ビル内にタウンマネジメントという部署をつくり、その手法を取り入れた。六本木ヒルズが開設された二〇〇三年頃から、森稔氏は「立体緑園都市」（バーティカル・ガーデンシティ）という構想を明確に語るようになった。地上と地下にはオフィス・住宅・文化施設を含む高層ビルを建て、その周りに緑と水辺の環境を設けるという構想である。

彼の考え方は『ヒルズ――挑戦する都市』（朝日新書、二〇〇九年）に詳細に記述されている。森稔氏は私に、日比谷公園から芝公園までの間を緑でつなげたいと夢を語っていた。また、彼は、ル・コルビュジエを愛し、ル・コルビュジエの絵画の最大のコレクターであったが、佳子夫人と二人で現代美術の勉強に精を出した。その森氏の要請で私は二〇〇四年春から森アーツセンターの理事長を務めている。森氏は笑うと目はいたずらっぽく、チャーミングになった。しかし、それは緻密、執拗、粘り強さ、気迫という本質を覆い隠している。森氏の夢と森夫人の優しさに関係者は慰められていたように思う。

森稔氏の魅力の一つは既成観念に挑戦する独創的な考え方を持ち、さらにこれを実現することである。たとえば、文化は経済よりも上であるということを実際に示すために、森タワーの最上階に美術館を持ってきてしまった。ビジネスとしては一番高い価値のある場所を、およそそれ自体ではビジネスにならないものに替えるということである。

森氏はこれを、六本木を文化都心にするためだと考えた。ロシアのプーチン（Vladimir Putin）大統領が六本木ヒルズの視察をされた。森氏に私も加わって、展望台を案内したことがある。プーチン大統領は大分気に入られたようで、柔道の師と仰ぐ山下泰裕氏とともに、六本木ヒルズクラブで食事をした。

その後、プーチン大統領の出身地であるサンクトペテルブルクにプーチンタワーというビルが建つとの噂も耳にしたが、結局できなかったようである。森美術館のように高いところにある美術館はその後も出ていない。また、六本木ヒルズの森タワーはワンフロアが約五四〇〇平方メートルあり、その広さは世界最大級と言われている。六本木ヒルズの設計を手がけた米国の著名な設計者ユージーン・コーン（A. Eugene Kohn）氏は、これに反対したそうであるが、森氏は社会がこれから必要とする知識産業のためには広いフロアが必要であるとして、押し切った由である。

森稔氏との思い出は尽きない。あと一つだけ述べれば、二〇〇五年に森美術館は「中国展」を行った。その際中国政府との間に意思の疎通を欠き問題が起こった。森稔氏と二人で車で五分の中国大使館に向かう間の重苦しい空気は忘れられない。出迎えた王毅大使（現外相）はにこやかな顔で「誤解がありました」と述べ、一件落着であった。その後我々をディナーに招いてくれた。

英国はさすがに目利きであると思った。二〇〇九年、女王陛下は森稔氏に大英勲章（ＫＢＥ）を授与された。すなわち「ナイト」を与えられたのである。日本人では平岩外四氏、盛田昭夫氏、豊田章一郎氏等と並ぶこととなった。

その森氏も誠に残念ながら病を得て、二〇一二年三月八日に帰らぬ人となった。上記の本が英訳され、それを読んだカリフォルニア大学のリチャード・ベンダー（Richard Bender）教授は、次のように述べている。「森稔にはさまざまな顔がある。しかし、私にとって彼は明確なビジョンのある芸術家だと思う。都市、特に東京は彼のキャンバスだ」。この言葉は事実上の追悼文となった。

建築家の安藤忠雄氏は、表参道ヒルズ建設の折に施主の森氏とともに苦闘したが、追悼文の中で次のように述べている。「世界都市東京の夢を描き続けてきた大きな人が逝った。遺影の中でほほ笑む森稔さんは遠くを見詰め、仕事にかける情熱と意気込みに満ちている。最期まで青春を生き続けてきた人間の顔だ」。

今にして思えば、若い時に私は後に作家となった柏原兵三君と親友となり、青春を過ごす幸いを得た。そして退官後、森稔さんの「青春」にいささかでも付き合うことができたのは本当に幸いであった。

森アーツセンター

森稔氏が創設した森アーツセンターは、既述の通り森タワーの最上階の五階分と屋上である。アーツセンターには理事長会がある。森稔氏の志をしっかりと受け継いでいる辻慎吾森ビル社長も出席して、理事長会は、竹中平蔵アカデミーヒルズ理事長、森佳子森美術館理事長、壬生基博アーツセンター副理事長兼六本木ヒルズクラブ理事長、小笠原正彦森ビル専務、市川宏雄氏、南條史生森美術館館長（二〇二〇年一月より特別顧問）、等々の人々により構成されている。

アーツセンターの中核はやはり森美術館である。森美術館は日本では数少ない現代アートの美術館であり、森佳子理事長の全般的な指導のもと南條館長、片岡真実副館長兼チーフキュレーター（二〇二〇年一月より館長）という逸材に恵まれ、さらに六名のキュレーターがいる。森美術館の特徴は野心的な展覧会を企画創作することであり、企画にあたっては徹底的な調査研究及びその分野の専門家との議論を尽くしている。その面ではすでに国際的な評価を得ていると思う。森美術館は写真撮影可能な展覧会を開催したはしりであり、ＳＮＳを通じて多くの人々にとどける工夫を行っている。また、国立新美術館、サントリー美術館と「六本木アートトライアングル」を形成し、年に一度六本木全体をアートの街にする「六本木アートナイト」を行っており一日で七〇万人程度の人が六本木に集まる。

一方、竹中平蔵理事長の指導の下で、アカデミーヒルズは数々のシンポジウムなどを行っている。特に二〇一三年からは毎年、「イノベーティブ・シティ・フォーラム」を開催している。これは科学技術とアートなどの面から都市のイノベーションをいかに促進し得るかについて、国際的な講師を招いて検討を重ねている。また、日本についての理解が深いジェラルド・カーティス教授にも、日米関係等について定期的に話してもらっている。

アーツセンターを構成する美術館、展望台、クラブ、アカデミーヒルズといった各部署はそれぞれ全く異質の業務であり、当初はお互いに協力して相乗効果を発揮するというより自分の部署の業績を上げたいと、ある意味では当然の欲求が先行し、お互いに衝突することもあった。しかし近年は全体が補完し合って機能し営業的にも成績を上げている。

さらに二〇一八年六月に森ビルと猪子寿之氏のチームラボが共同で運営する「森ビルデジタルアート・ミュージアム」が、お台場で開業した。その後一年間で世界一六〇ヵ国以上から約二三〇万人の来訪者があった。来訪者の五〇％が訪日外国人であった。

忘れ得ぬ人、粕谷一希氏

二〇一四年五月三〇日、かつて『中央公論』の名編集長だった粕谷一希氏が逝去された。以下は、私が「粕谷一希さんを悼む」と題して雑誌『外交』二六号に寄稿した一文である。少し長いが、ここに引用したい。

粕谷一希さんが亡くなられ、私は燈台と錨を一度に失った気がする。

私が粕谷さんと知り合ってから四半世紀が過ぎた。当時、外務省は『経済と外交』等五つの雑誌を刊行していたが、柳谷謙介外務次官のイニシアティヴで、この内の三つを一本にまとめ、編集を外部の専門家に依頼することとした。国民の理解なしに外交は不可能という考えによるものであった。

多くの人の努力によって『外交フォーラム』が創刊されたのは一九八八年一〇月で、当時は村田良平外務次官の下で私はたまたま官房長であった。最初の編集長は粕谷さんで編集委員は本間長世、糠沢和夫、北岡伸一の三氏。一九九六年に臨時増刊号「日本の安全保障」を発行したが、高坂正堯氏の巻頭論文は出版直前に急逝された彼の遺稿となった。

『外交フォーラム』を実現し、成果に尽くされた方々は多士済々で、お名前を挙げる事がかなわないのが残念である。粕谷さんと柳谷さんはさらに「志遊会」を作り、月一回の朝食会のメンバーは財界人を主とした十数人で、講師を呼び、自由な討論を行った。講師には次の総理と目されている人々から新進気鋭の学者まで、『外交フォーラム』と同様、新しい人を育てるという意図もあった。粕谷さんの訃報の直後優れた追悼記事を書いた細谷雄一氏もその一人である。

残念ながら『外交フォーラム』は二〇〇九年一一月の事業仕分けで買い上げが廃止と判定され休刊に追い込まれた。多数の方が反対の緊急声明を発出された。私はこの声明を見て涙を禁じ得なかった。

粕谷さんはまた、法律に規定された国際交流基金の運営委員会の一員として二十数人の文化人・学者等の方々とともに二〇〇三年基金が独法化するまで理事長としての私に貴重な意見を下さった。

粕谷さんと私はよく二人で酒を呑んでいた。私にとっては最もリラックスして「歴史散歩」などの出来た方だった。今になって想う。そもそも粕谷さんとは如何なる人であったのか？

粕谷さんは疑いなく戦後最高の編集者の一人であった。『中央公論』が永井陽之助の「日本外交における拘束と選択」を掲載した時の感動と衝撃を私は今でも昨日のことのように覚えている。粕谷さんは高坂正堯、山崎正和氏らを世に送り、左翼、観念的論調が横行する中で、現実を直視し世界的に通用する分析を論壇の主流に据えた功労者である。

また、希代の人物好きでもあった。人を見いだし世に出すことによって世の中を変えてゆこうとするプロデューサーでもあった。

さらに粕谷さんは歴史家であった。歴史に対するアプローチも歴史上の人物を研究することによって開けてくる風景全体を見渡すというものであった。歴史とは人物が織りなすストーリーと考えておられた。私が敬愛する塩野七生さんを後押ししたのは良く分かる。粕谷さんは日本の近現代史に通じ、何故日本は勝つはずのない戦争に突入したのか、という疑問が根底にあった。日露戦争の勝利により日本が満鉄を所有したことがすべての問題の根源だと考えておられた。私が『外交フォーラム』の中で「二十世紀は日英同盟により始まった。」と述べた短文を粕谷さんはいたく気に入られて、酒が入ると何度も繰り返された。評論家としての粕谷さんは対象への共感を持っていた。日本が無謀な戦争に突入したことを追及しつつも、滅びの美への愛惜の情もあった。

粕谷さんは都市にも興味を持ち、『東京人』の創始者でもあった。昨年、粕谷さんの孫の高橋広大君が、現在私がお世話になっている森ビルに入社したことを大変喜んでおられた。日本を愛し、東京を世界で輝かせよう、と独創的で本物の逸材であった故森稔氏のＤＮＡの一端を粕谷さんの孫が引き継いでくれることは私も嬉しい。

近く一杯やりましょうと電話しながら、それも果たせなかった、ここ数年であった。歴史を見据え未来を語り、編集者の域を超えてプロデューサーであった粕谷さん。ポスト冷戦後ともいうべき新局面に世界が動きつつある今日、粕谷さんを失ったことの損失は計り知れないものがある。

各種活動への参加

私は森アーツセンター以外にも、大和日英基金、トヨタ財団、放送文化基金等の活動に参加してきた。

二〇〇四年、高円宮久子妃殿下は一五日間にわたってカナダ各地を公式訪問された。私は首席随員として御訪問に同行した。『オタワ・シチズン』紙は「Japanese princess charms Ottawa（日本のプリンセスがオタワを魅了した）」の見出しで報じた。久子妃殿下は日本にとって貴重な財産であると思う。

二〇〇四年秋には第一七回の東京国際映画祭が六本木ヒルズを中心として大々的に行われることとなった。新しくチェアマンに就任した角川歴彦氏とともにカンヌ映画祭に行き、レッドカーペットやマーケット等を視察してきた。

また、二〇〇五年森美術館は杉本博司氏の個展を開催した。杉本博司氏は現代アート、特に写真が有名であるが、文楽はじめ日本の伝統芸術にも長けた万能人である。彼は小田原の海に面した小高い丘にあった蜜柑畑を海辺まで買い取り、壮大なランドスケープに屋外舞台、茶室、庭園、展示室等で構成される「江之浦測候所」を建設し拡大中である。二〇一七年にオープンしたこの施設は、海外でも注目を浴びている。この施設を運営する小田原文化財団には森佳子氏とともに私も評議員として参加している。

二〇〇八年一月には六本木に国立新美術館がオープンした。設計者の黒川紀章氏とは親しくしており、海外での活躍の話はよく聞いていたが、今回初めて彼の本領を見た思いであった。残念ながら彼はその時すでに病魔に侵されていた。

英国のロイヤル・アカデミー・オブ・アーツ（ＲＡ）では、一九九二年に当時のセゾン文化財団理事長の堤清二氏がトラスティとなったのに伴い、日本名誉委員会ができた。一九九九年より森佳子氏がトラスティとなり、以降会長を務めていただいた元メルシャン会長の鈴木忠雄氏が二〇一〇年に逝去され、以来私がその代役を務めてきた。二〇一八年にはＲＡの設立二五〇周年のお祝いに会員とともにロンドンを訪れた。

さらに、美術館と言ってもずっと小ぶりになるが、群馬県みなかみ町にある天一美術館の評議員をしている。天一は私の中学、高校の同級生であった矢吹潤一君が会長をしており、評議委員会は同じく同級生の保田博君や橋本龍太郎元総理夫人である橋本久美子氏がいて楽しい会合である。

また、森稔さんの発案で始まった俳句の会が六本木ヒルズのアカデミーヒルズで開かれていたが、私も遅れて参加した。最初は片山由美子先生、後に片山先生の親友の佐藤博美先生の指導の下、月一回の句会が開かれている。現在は場所を新橋に変えたが、句会には独特の雰囲気があり楽しい時間である。

前述したグレイトブリテン・ササカワ財団では日英関係に関わることができた。同財団は、日英の民間文化交流への助成金を出してきたが、笹川陽平日本財団会長のイニシアティブで二〇〇八年から五年間、英国の一二の大学において現代日本を研究する講座を新設した。さらに、二〇一四年から五ヵ年のプロジェクトで日本研究を目指す修士・博士課程の学生を対象に、年間三〇人ほどの奨学金を支給した。そして、二〇一三年から五年間、英国王立国際問題研究所（チャタムハウス）と協力して、「日英グローバルセミナー」を日本財団の助成によって実施し、二〇一九年五月には打ち上げのセッションがロンドンで行われた。笹川陽平氏、細谷雄一氏、竹中治堅氏らとともに私も出席した。その際、笹川氏と私は、「新たな日英同盟」を提唱した。

笹川陽平氏とは長いお付き合いであるが、その見識、着眼力、実行力は、ハンセン病、日中関係、ミャンマー和平、海洋、天災、パラリンピック等極めて多方向で際立っている。飛行機の中で暮らしているのかと思うほど現在でも世界中を飛び回っている。二〇一五年三月、笹川氏は文楽を日本中に広めるため「日本文楽」というプログラムを始めた。これは昔のように飲食をしながら気楽に文楽を楽しむ催しであり、東京オリンピック・パラリンピックまで年二回、全国各地で催すというものである。第一回は六本木ヒルズのアリーナに檜舞台を設けて開催し、笹川氏と私は日本酒の鏡割りを行った。笹川陽平さんは現在活躍中の本物の傑物の一人である。

第九章　──日本外交を回顧して

私の体験を振り返って、ここでいくつかの感想を述べたい。

私は常に人に恵まれてきた。私自身は至らぬところ大であるが、いつも近くにいる人々に助けられてきたことを実感する。さらに外交官という職業柄もあり、多くの優れた人にお会いすることもできた。

また私が外務省に在勤していた頃は、日本の良き時代であったと思う。日本に対する深刻な安全保障上の脅威はほとんどなく、日本は経済大国への道を上り詰めていった。世界における日本の存在感も今日よりはるかに重かったように思う。大使を務めていた頃は、私の実力ではなく、日本の大使という日本の重みで活動ができたのだと思う。

また、人との出会いということが人生でいかに大切かを感じる。家内との出会いは言うまでもないが、私にとって大平正芳先生との出会いが決定的であったと思う。

大平先生のお孫さんである渡邊満子さんの『祖父　大平正芳』（中央公論新社、二〇一六年）を読んで初めて気づいたことがある。その本で渡邊満子さんは、総理がつくった九つの研究グループの話に関連して、「田園都市国家構想」こそ大平先生が最も力を注ぎたかったことだと述べている。

総理になって最初の施政方針演説を「文化の時代」から始めた大平正芳先生。私が退官後、国際交流基金や、その後に森稔さんと目指したことはすべて大平先生のお考えに基本的に沿うものだったと感じた。

以下、半世紀に及ぶ外交官としての経験を回顧するとともに、現在残されている課題についても感想を述べたい。

日本の開発援助

私は日本の開発援助の初期に関与したが、その後日本の援助は質量ともに成長し、戦後日本の最大の特徴の一つは援助大国としての顔であった。特に日本の援助は相手国の要望に応えつつ、その効率性が高かった。カンボジアの紙幣の中に日の丸が入っているように、相手国からも感謝されている。戦後の日本の開発援助が特にインドと東南アジアの発展についてもたらした効果について、学術的な調査研究が行われることを期待したい。

日中国交正常化

今から振り返ると一九七二年九月の日中国交正常化は、世界史的な意義を持っていた。ソ連をより孤立させ冷戦の終了に役立った面もあるが、何よりも二一世紀での最大の現象の一つである中国の興隆のスタートを軌道に乗せたのは当時は意識していなかったが日中国交正常化であった。米国が中国と外交関係を樹立したのは七九年になってからである。初期段階における中国の経済発展にも技術や円借款供与等、日本が大きく関わっている。

日米関係

私は日米安保条約の調印式に立ち会ったが、その後北米第一課長の頃から、永遠の同盟はなく、日米安保条約をできるだけ長く維持させることが必要との考えを持っていた。

そのためには、第二次大戦にまつわる和解と国民同士の相互理解の増進が必要であったが、太平洋戦争を始めた時の天皇であった昭和天皇御自身の御訪米ほどこの役割を結果として果たしたものはなかったと思う。

御訪米は政治的行為でないため、外交の範疇に入らず国際親善である。したがって『外交青書』でも、御訪米については簡単にしか言及されていない。だが御訪米は、戦後の日米和解の上で極めて重要な事業であったと思う。ただし、これからは現在の日米関係に安住してはいられない。詳細は最終章で述べることにしたい。

戦後和解

日本が戦後和解に成功した国々は多いが、私が関わったのは米国と英国である。米国については昭和天皇の御訪米が重要であり、英国についても当時の天皇の御訪英が大きな役割を果たした。

米国との和解については昭和天皇が「おことば」で述べられているように米国の寛容と善意が一方にあった。他方、原爆投下や、東京をはじめとする日本の都市に対する爆撃という非人道的行為を米国が大規模かつ組織的に行った事実に対し、広島の原爆の碑文のように「過ちは繰り返しませぬから」という主語のない表現で米国の責任を不問に付したことも事実であった。

今日、日本が加害者としての和解がなされていない「歴史問題」が現存するのは、世界で中国と朝鮮半島の二ヵ所のみとなった。昭和天皇御訪米に随行し、また英国の元POWと直接接触してみて実感するのは、和解とは本人が生きている間に行ったほうがより容易であるということである。

第二次大戦までのことを実体験した人は少なくなった。その次の世代は子供の時の記憶や親の話を聞いたことがあるかもしれない。しかし、後の世代になると教科書等の文書や写真から学ぶ以外になくなる。すると歴史問題が実体験を離れてイデオロギー化していく可能性がある。イデオロギー化した歴史観を持つことがいかに恐ろしいことかは、戦前の日本が皇国史観に凝り固まって狭いナショナリズムの世論に流されて無謀な戦争に走ったことからも明らかである。

価値観を共有する国

戦後の日本は意識するとしないとにかかわらず、自由、人権、民主主義といった価値観を共有する国の結束と拡大に貢献してきた。欧米諸国との間では「西側の一員」として、日米安保条約締結、OECD加盟、G7参加、IMF等で結束の強化に貢献した。また、インドと東南アジア諸国については開発援助により、さらに主として東南アジア諸国については、いわゆる「雁行型発展」によって日本の資本、技術と米国の市場とにより経済が発展した。さらに「福田ドクトリン」以降、歴代の内閣はASEAN諸国とインドネシア半島諸国の和解のための外交努力を行ってきた。「自由で開かれたインド太平洋」はこれらの延長線上にある。

短命な日本の内閣

英国ではサッチャー政権の一一年、ブレア政権の一〇年という例もあるが、日本では若干の例外を除いて政権が短命である。その結果、特に外交面での損失は大きい。

私が直接経験しただけでも、竹下総理が一九八八年発表された「世界に貢献する日本」を主体とした国際協力構想も竹下政権がリクルート事件により退陣を余儀なくされ、結局十分なフォローアップができなかった。また、宮澤総理が一九九三年一月にバンコクのスピーチで表明されたインドシナ総合開発フォーラムの構想も宮澤内閣が同年八月に総辞職してしまったため、これも十分に行われなかった。

日本は、一旦選んだ政権をできるだけ支え、長く国際社会で活躍できるようにすることが望ましい。なぜならば国際政治においては、首脳個人が長く安定した外交を行うことによって力を発揮できるからである。

英国について

英国は現在苦境にある。私は日本財団が支援した「日英グローバルセミナー」の二〇一三年にチャタムハウスで開かれた第一回会合の際の基調演説においても、英国がEUに留まるべきことを述べた。EU離脱後のEUとの交渉がどうなるか予測困難な段階に入っている。結果がどうあれ、英国は厳しい時代を過ごすことになる可能性がある。私にとって、特に進出した日本企業が心配である。

しかしながら、教育・金融をはじめ英国のソフトパワーは群を抜いている。また、核兵器を含む軍事力を実際に行使する能力が大きいのは、自由先進国の中では米国に次いで英国である。いずれは英国らしい胆力と良識（コモンセンス）で世界の中で枢要な役割を果たす日が来ると思う。日本はその間も、温かい目で見守り、いずれルールに基づいた国際秩序（the rules-based international order）を日英米の三ヵ国で維持・建設するための、「新しい日英同盟」を結ぶことが望ましいと考える。

日本文化について

私は退官後、日本文化の発信に携わってきた。日本文化の多様性と大衆性が世界に普遍的な魅力を持っていると実感したことは、すでに述べた。芸術を含む広義の文化こそが、武力の行使に制約のある日本にとっては、最大の力の源泉の一つであると思う。

日本文化の継承と発展のために、日本の社会も政府も力を入れていくことが肝要であると思う。日本が「国際社会において、名誉ある地位を占める」ための最大のよりどころの一つは文化に他ならないと思う。

終章　――今後の日本外交へ

一　変化する世界の中で

戦後体制の終わり

今日、世界は、戦後体制の終わりの始まりを経験しつつあると思う。

二〇一六年の英国のEU離脱決定、トランプの米国大統領当選の頃から、グローバリゼーションに由来する格差の拡大と社会の分断が露呈しつつあり、また世界各国でナショナリズム、移民排斥、ポピュリズム及び独裁的政治が目立つようになってきた。

一方、主としてインドからアフリカにかけての地域では「人口爆発」といわれる現象が起きつつあり、世界の総人口は二〇一八年の七六億人から約一〇年間で一〇億人増加し、二〇三〇年には八六億人に達すると予測されている。

さらにこれらの現象よりももっと基本的なところで、人類史的な変化が起きている。人工知能からバイオテクノロジーに至るまでの広汎な分野で科学技術の幾何級数的な進化が進行中である。それはデジタル情報革命と、バイオテクノロジー革命が同時に起こる、「第四次産業革命」と言われている。

ダボス会議のクラウス・シュワブ（Klaus Schwab）会長によれば、この革命はシステムの変更を伴うとしている。さらに、地球温暖化による悪影響が現実に出始めている。

伝統的な分野においても、第二次世界大戦が終わり、ブレトンウッズ体制がつくられた頃、米国の経済力は世界の三割を占めていた。ところが、今日ではそれが二割になったと言われる。米国はすでに「米国による平和（パクス・アメリカーナ）」を維持する意思と能力を失ったのか、という問いが発せられるようになった。

また軍事強国化を目指す中国の将来、貿易戦争というより新技術の争奪を含む権力闘争である米中衝突の行方、朝鮮半島の将来等、日本にとって切実な課題が山積している。

いずれにしても、世界が変容する不安定な時代に入ったことは間違いない。

乱気流の中での日本外交

このように歴史の流れが乱気流に見舞われた時に、日本として想起すべきことがある。それは、戦前の日本の外交には一つの「癖」があったことである。

一九六六年に刊行された、入江昭氏による『日本の外交——明治維新から現代まで』（中公新書）の一節を引用したい。

「近代日本外交の……自国の国防と経済発展に専心しようとする傾向は、他国の外交が同じような特徴を示し、国際関係が比較的穏やかな場合には多大の成果を収めたが、そうでない場合には多大の不安感をかもし出し、日本の外交を深刻な危機に直面させるのがつねであった」（一七三頁）。

これは私の外交官人生において、常に念頭にあった一節である。確かに日本は、一九〇五年の日露戦争の勝利の記憶の虜となってしまい、第一次大戦後の世界の大変化についてゆけなかった。帝国主義が通常であった時代の中で、明治維新後の日本外交は安泰であった。日本は不平等条約の改正を勝ち取り、一九〇二年には日英同盟を結んだ。この同盟は近代史上、東洋と西洋の主要国が対等な立場で結んだ最初の同盟であった。

この同盟に支えられて強大な帝政ロシアと戦い勝利した日本の姿は、アジア、アフリカ、中東の人々やヨーロッパにおいて圧迫を受けていた諸民族の希望の星となった。中国の孫文、インドのガンディー、トルコのケマル・アタチュルクもそのような日本からインスピレーションを得た。日本は明治維新から四〇年近くは安定した世界の中で、坂の上の雲を見上げながら坂を登った国であった。問題は、日露戦争後にあった。

日本は、遅れて出てきた帝国主義国として、一九一〇年に韓国併合を行った。そして第一次世界大戦で大きく変容した世界の中で中国侵略を進め、さらにはその歴史的な意味を十分理解しないまま真珠湾攻撃を行って、ヨーロッパでの戦争を第二次世界大戦に拡大した当事者となってしまった。米国は、「リメンバー・パールハーバー」というスローガンの下で、自らの行動の多くを正当化した。

敗戦後は米軍による占領治下に入り、朝鮮戦争の際も安泰であった。その後の冷戦期には、核による「相互確証破壊（ＭＡＤ）」という恐怖の均衡の下ではあったが、安定した世界が続いた。その中で、日本は戦後処理をはじめとして日本政府が得意とする案件処理を進めることができた。経済は成長し、日本は西側先進国の一員という「立ち位置」を得て、一九九〇年代初めまでに世界第二位の経済大国、世界第一位の開発援助国となった。その後、日本は「失われた二〇年プラスアルファ」を経験しているところだが、幸いにして「米国による平和」は何とか維持されてきた。一方、相変わらず日本は、戦後の成功物語の上に安住しているところがある。

二　外交力の強化へ向けて

変容する世界に的確に対応していくことは、これまでの歴史を振り返って日本外交にとって苦手であることを認識する必要がある。そして、今後の日本外交は戦後の安定期と異なり、選択肢が増え本当の意味で日本の命運を左右するものであることを肝に銘ずる必要があろう。

したがって外交力を格段に強化する必要がある。そのためには、次の三つの要素がこれまで以上に重要になると思われる。すなわち、外交のビジョン、国力の充実、そして外交機能の強化である。

外交のビジョン

日本外交にとって不安定な世界が苦手であった一つの大きな理由は、安定した世界では自らのビジョンを考える必要はなく、目先の案件を処理すれば十分であったためであろうと思われる。したがって、今後の日本にとってまず求められるのは、世界と日本の進むべき方向に関し、自らの大まかなビジョンを意識的に形成してゆく構想力である。ビジョンは荒海の中での羅針盤となる。

ここでいう「ビジョン」とは、何を目指すのか、そのために現在の国際社会の何を変え、何を変えてはならないか、何に注意すべきかについての総合的、体系的な考え方である。そしてそれは透徹した現実認識と両立するもので、可変的なものでなければならない。

さらにそのビジョンは、日本のみにしか通用しないものであっては意味がなく、できるだけ価値観の近い諸国と共有してゆくべきものである。

ビジョンを考えてゆく上では、日本の場合には次の諸点について留意してゆくことが有用かと思う。

①国際政治の本質を理解する　国際政治の基本は、ソフトパワーを含む「力（パワー）」である。日本のような民主主義国の国内政治の基本は数であるが、国際政治は国内政治と異なる原理が働く。国際政治において最後に結果を出すものは軍事力である。軍事力といえば、米国は、朝鮮戦争、ベトナム戦争、湾岸戦争、イラク戦争、アフガニスタンにおけるテロとの戦い等、多くの戦争を闘ってきた。またドイツは、冷戦中は東西に分断され、赤軍の直接の脅威にさらされてきた。しかし、戦後の日本は外国からの重大な軍事的脅威にさらされることはなかった。したがって日本では「戦争」というと、第二次大戦に至る過程のみが想起されやすく、戦争は日本自身が軍備を増強し加害者にならない限り起こらないという暗黙の考え方が根強く残っている。また、日本の安全を保障するためには、平和憲法以外は何も必要ないと考える人さえもいる。戦後日本の平和を維持してきたのは朝鮮戦争の時は占領軍であり、その後は主として日米安保条約と自衛隊であった。しかし、この安保条約も一方の締結国が他方に通告すれば、その一年後には終了するものである仕組みとなっていることは、あまり意識されていない。

②原点に回帰してみる　前述したが、登山をする人はよく知らない山で道に迷った時、一旦よく分かっている地点に戻って地図を見る必要がある。日本外交のビジョンを考える時、いくつかの原点を想

起することは意味があることと思う。

一つの原点は、日本文化に厳然として基調をなしている縄文文化である。自然と人、人と人、人と道具との共生、共感の精神はアニミズムであり、人類が最も普遍的に共有している感情である。すべての人類は長い旧石器時代においてアニミズムを経験していたが、その後農耕を始めることによって定住し、文明が進歩してきた。日本の場合は土器の発明によって定住することができ、アニミズムの時代が一万数千年続いた。二一世紀においては、このことが特に意味を持ってくると思われる。

二つ目の原点は、明治維新の始まりの時、一八六八年四月六日に示された「五箇条の御誓文」である。特に第一条の「広ク会議ヲ興シ、万機公論ニ決スヘシ」及び第四条の「旧来ノ陋習ヲ破リ、天地ノ公道ニ基クヘシ」、また第五条の「知識ヲ世界ニ求メ、大ニ皇基ヲ振起スヘシ」が重要であると思う。これを見れば、戦前の軍部が主導し、新聞、ラジオがこれを煽り、国民が同調した狭隘なナショナリズムは決して明治建国の精神ではなかったことが分かる。

三つ目の原点は、全世界を相手に戦って敗北した直後の焦土と化した一九四五年八月の日本の姿であり、その屈辱である。「国際社会において、名誉ある地位を占めたいと思ふ」という日本国憲法前文の一節は、この時代を想起せずには、その真の叫びは分からないと思う。

③歴史を参考とする　前述のように、二〇世紀に入ってから敗戦までの日本の歴史を常に心に留めておくことが肝要である。なお、第二次大戦に至る歴史の中で目立つことの一つが、第一次大戦後のドイツに課された高額な賠償金の支払いが、ナチスの台頭を許した点である。日本の場合は、戦勝国の地位にありながらも、一九二四年のカリフォルニアにおける排日移民法が、日本のプライドを著しく

傷つけた面がある。「恨み」の感情を持った国が軍事的に拡大することの危険性を明らかにしている。

なお、二つの原爆の投下は日本国民の米国に対する「恨み」のもととなり得たが、「過ちは繰り返しませぬから」という主語のない表現で祈り、戦争の惨禍を二度と繰り返してはならないという普遍的な形にしたことは日本人の知恵でもあった。

戦後の日本は、占領、憲法、戦争裁判等があったが、サンフランシスコ平和条約と日米安保条約で再起することができたことは幸運であった。日本国憲法の作成過程についてはいろいろな議論がある。その前文は一部の不可解な部分を除いておおむね正しい理想を表明していると思う。サンフランシスコ平和条約及び同時に締結された日米安保条約は、その後の改定等を経て、日本の戦後外交のよき基盤となった。

戦後日本の外交の最大の成果は、日米関係の構築である。日米同盟は、異なる人種、そして異なる宗教や文化を持つ国家間で締結した同盟でありながら、基本的な価値観と世界観を共有するものであり、ライシャワー教授の言う通り世界史的な意義を持つ。それのみならずさらに欧州、カナダ、オーストラリア、ニュージーランドとも価値と世界観の共有を実現した。ＡＳＥＡＮ諸国をはじめインドとも強固なパートナーシップを構築しつつある。

しかし、中国と韓国、北朝鮮との間ではそれ以外の諸国と異なり、いわゆる「歴史認識」の問題が顕在する。一九七二年の国交正常化後、子々孫々に至る友好をうたった日中の蜜月は続いた。一九七八年の鄧小平による改革開放政策発表自体に日本の影響があった上、日本はこれを支援した。たとえば大平総理は一九七九年に対中円借款を開始し、その後二〇一三年に終了するまで総額三兆円を超える円借款が行われた。日本は海外から中国への援助の約七割を占めた。また民間でも稲山嘉寛氏は反対を押し切って上海にある宝山製鉄所への協力を進めた。政治面でも一九八九年六月の天安門事件のあと、日本は一九九〇年にヒューストンで行われたG7サミットの際に強硬な西側諸国を説得することに成功している。

なお、二〇〇七年には温家宝首相が、また二〇〇八年には胡錦濤国家主席が「中国の改革開放と近代化建設に対する日本の支援を中国人民は永遠に忘れない」と公式に述べている。他方、中国は天安門事件を契機として、いわゆる反日教育を開始した。中国において「歴史問題」が大きな政治問題となった。今日、これまでの日本の努力ははたして正しかったのかという疑問が呈されている。

以上、戦後の日本外交は日米関係では成功し、世界各国からの好感度、信頼感の高さは貴重な成果であったと思うが、中国及び朝鮮半島との関係では答えが出ていないと言えると思う。

もう一つの近代史の教訓は、日本は深刻な不安のあとに成長期を迎えていることである。黒船のあとに明治の坂の上の雲があり、敗戦と焦土のあとに高度経済成長があった。今日の最大の問題は日本がバブル崩壊後の「失われた二〇年プラスアルファ」にあるとの危機感の少なさであると思う。

国力の充実

①**経済力**　経済力こそが、国際社会におけるパワーの最も基本的な源である。近年日本の国際的地位の低下は顕著であり、それは総理が一年ごとに替わったあの不幸な六年間によって加速した。だが、基本的な理由は経済力の低下である。

それは、主として成長力の低さであらわされる。イノベーティブな技術力の相対的低下等問題が多い。日本はＩＴ革命という第三次産業革命に乗り遅れてしまった。今日の世界の企業の時価総額で、一九九〇年代初めに創業したＧＡＦＡ等のＩＴ企業が上位を占め、日本企業トヨタは四八位になってしまった。日本は決して過去の経済成長の記憶の虜となってはならない。従来の延長ではないイノベーションやパラダイムシフトを起こす個人や企業を支援すべきである。そのためには一律性から脱却して教育その他の面で改革を行っていく必要がある。それに果敢に取り組めば、日本のものづくりの能力が第四次産業革命のＩｏＴ（モノのインターネット）の時代には追い風になる可能性が高い。

さらに日本が抱える基本的な問題の一つは、社会の高齢化を伴った人口の減少である。二〇一一年から明治以来初めて日本の人口は減少を始めた。この問題の対策としては出生率の増大が根幹であり、抜本的な子育て支援や女性及び高齢者の活用が必要となる。同時にロボット、ＡＩ等の活用の一つの機会として捉えられるべきであろう。

外国人の高度人材の獲得は世界の都市間競争の最大のポイントとなっており、都市としての東京のあり方（たとえば住居、学校、病院等）、英語使用の拡大等にさまざまな課題がある。同時に通常の外国人労働者の拡大も必要であり、外国人労働者及びその家族が日本社会に親しんでくれるよう日本語教育を含め総合的な対策が求められる。

外国人労働者の問題は欧州において最大級の政治問題となっている。治安、規律、思いやり等日本社会のよいところが損なわれないよう、単に労働力としてではなく、移民政策全般として我が国も正面から取り組む必要がある。

他方、今日の世界では二つの現象が起きている。一つはIT革命の次の時代、IoT、ブロックチェーン、5G、AI、量子コンピューターの時代に入りつつある。もう一つは経済の成長が世界の中でインド、中国、インドネシア及び東南アジアでますます顕在化しつつある。アジアにあって、ものづくりの技に強い日本はこの二つの流れを大きなチャンスとして捉え、企業も国家もビジネスモデルの変革を行ってゆくべきであろう。この関連でも特に必要とされるのが人材の育成である。

②人材の育成　国力の充実の根幹の一つは、減少する日本の人口の中での人材の育成である。明治維新以来、日本の義務教育制度は優れていたが、高等教育は特に今日後れを取っていることは各種の大学ランキングからも明らかである。

日本の企業、官庁は大学三年頃から有能人材の採用を内定してしまい、大学生が本当に勉学にいそしむことができない。優秀な人材は大学では古典に親しむ機会を持ち、最低限ビジネススクール等の修士課程と同程度か出来るだけ博士号を取得することが、技術が変化する人生百年時代を生きる人材として必要である。博士の学位を持つことは過去に前例のない問題を自ら設定しその解決を考えるということであり、他人と同様なことを行っていては不十分である。

日本の社会は型にはまったサラリーマンを求めるのではなく、異質の才能の輩出に注力すべきである。日本にもメディアアーティストの落合陽一氏のような論客も出てきた。彼は『日本進化論』（SBクリエイティブ、二〇一九年）で次のように述べている。「これまでの工業社会におけるホワイトカラーの労働スタイルは極めて農耕民族的です。……武器をもたないゆえに農耕社会に縛られていた今までと違い、ソフトウエアテクノロジーという猟銃を手に入れたことで、僕たちはもはや猟銃本能の赴くままに生活できる時代です。……AIがロボティクスを操る術を学んでゆくことでテクノロジー以降の時代をサバイブしていけるはずです」。日本の社会は安定協調を維持すると共に異能の人材を育て受け入れることが必要である。

③**防衛力**　経済と人材育成以外に国力の充実で求められるのは、軍事的な抑止力の強化である。特に、サイバー・宇宙空間においても日本を攻撃しようとする国に対し、抑止力を強化して、日本への攻撃そのものをやめさせる軍事的能力である。

現在は米国の核の傘の下での拡大抑止に頼っているわけであり、将来もこのようにあるためには、安保条約の運用をできるだけ双務的なものにしてゆく必要がある。いずれにしても日米安保条約を当然視せず、専守防衛の内容を再検討（たとえば巡航ミサイル等による相手国への攻撃能力の強化、ＳＤＩのような新たなレーザー技術の開発によるミサイル防衛網の強化）等の安全保障問題に従来にも増して取り組む必要がある。

以上のような国力の充実に加え、外交機能の強化を図らなければならない。

外交機能の強化

外交機能の強化には、外交政策立案能力、対外発信力とハード・ソフトパワーという三つの要素がある。

①**外交政策立案能力**　国際情勢についての正確な知識の集積と、分析、判断の精度を上げること、及びそれに基づいた外交の企画力を強化することが肝要である。

外交における総理大臣等トップの役割がますます増大する中で、日本の総理大臣については次の二点を指摘したい。一つは日本の総理は短期間で替わることが多いことであり、これは戦前からのいわば「宿痾」である。一九三一年九月の満州事変から一九四一年一二月の真珠湾攻撃までの一〇年間に一三の内閣があった。もう一つは日本の首相、外相は他国と比べ、国会審議に時間をかけ過ぎることである。米国の大統領が議会に出席するのは年に一度、年頭教書を読む時だけである。日本と同様な議院内閣制の英国においてすら、二〇一六年の数字で英国の首相は安倍総理の七分の一程度の日数しか国会に出席していない。

外務省職員については、質と量の問題がある。外務省の調査によれば二〇一九年度で日本の外務省職員数六二八八人に対し、英国七七七三人、ドイツ八五九七人、フランス八七〇八人、中国九〇〇〇人、ロシア一万一七三八人、そして米国に至っては二万八九一七人と、日本の四・六倍であった。日本の場合はインバウンドの旅行客や在外邦人保護のための職員の需要が急増している。また質については外交官試験を廃止したため、英語（あるいは他の外国語）、外交史、国際法を受験科目として学んでこなかった職員が多い。一般に、外交官は治安的、健康的にも危険な任地が多く、また家族を巻き込むので、外交を一生の目標とする若者達を何とか日本の社会が守り育ててほしいと願うばかりである。

さらに大切なことは、日本外交の質はそれを支える世論に依拠しており、外交専門家や外交史家、ジャーナリスト、評論家などの発信レベルによって大幅に左右されることである。そしてこの人たちの発言が世界に向けても行われることが重要である。

また、情報収集分析の強化のためにはいわゆる「インテリジェンス」機能の抜本的な向上も極めて重要である。

②対外発信力　かつて『文明の衝突』を書いたサミュエル・ハンティントンは日本は孤独な文明（ローン・シビライゼーション）と述べた。確かに日本は欧米に比べれは独特な所が多い。それだけに、日本は自己の国益を擁護するためにも、日本がいかなるビジョンを持ち、何を求めているのか等について、また重要な個別案件について、諸外国に分かりやすく、できれば魅力的なストーリーを創って発信する必要がある。

日本政府の日々の方針説明は、通常有力閣僚である官房長官が記者会見で行ってきた。これは世界的に見れば極めて例外的である。在日の外国メディアの特派員や日本の英字新聞等に対し、日本の立場を要約して英語で政府関係者が直接発信する体制の強化も検討すべきである。また、政策の対外発信力は政府に限らず、多くの関係者が強化してゆく必要がある。

③ハード・ソフトパワー　軍事力の行使にさまざまな制約がある日本の場合は、ハードパワーは主として経済技術協力や、開発援助という手段を通じて行う必要があった。だが、これも特に中国と比較してみると大幅に魅力が下がっている。

上記のごとく軍事抑止力を強化する必要が出てきた。さらに、国連によるＰＫＯに対する参加等の機会を増加してゆくこと、及びＪＩＣＡや民間のＮＰＯを通じて諸外国の各種ニーズに積極的に貢献してゆくことが求められる。

日本はソフトパワーに恵まれた国である。上記のビジョンをしっかりと発信できれば、ソフトパワーはさらに増大するであろう。日本のソフトパワーの源泉は、日本人のライフスタイルであり日本の伝統、現代の文化である。二〇一八年にパリにおいて展開された「ジャポニスム」のごとく、文化発信の一層の強化が求められる。同時に、日本のソフトパワーは賢明にして公正（フェアー）な外交それ自体がこれを高めることになる。

なお、近年「シャープ・パワー」という用語が使われ出した。一例としてサイバー攻撃はサイバーが戦争領域に入ったことでこの対策は急を要する。他方、民主主義国においては一部の国による他国内政治や世論への介入が問題となっている。

三 日本外交が直面する課題

日本のビジョンは、当然のことながら日本の国益に基づいたものでなければならない。日本の国益は、次の二つの点に配慮したものであることが望ましい。一つは「狭い国益」と、「広い国益」である。日本にとってよいだけではなく、国際社会全体のためになるかどうかも重要である。このバランスを考えることは、近江商人の三方よし（売り手よし、買い手よし、世間よし）の伝統がある日本には、それほど難しいことではないかもしれない。

もう一つの点は、「今日の国益」と、「後世の国益」である。今日の日本の生きざまが、一〇〇年後の日本人にとっても誇らしいものであるがどうかである。この点は戦後和解などを担当した筆者にとっては切実な問題である。ますます深刻化する地球環境問題は、その最たるものの一つであろう。

日本のビジョンの方向としては、おおむね次のような諸点が含まれると思う。

「米国による平和」の維持

米国の相対的な力と、それを行使する意思の減少は、ある程度事実であろう。すでにオバマ大統領も「米国は世界の警察官ではない」と発言している。しかし、米国に代わる国はない。トランプ大統領も、「アメリカ・ファースト」ではなく「アメリカを再び偉大にする」という公約に重点を置いてもらいたい。アメリカの偉大さの一つの根源は、同盟国の存在である。特に日本はアメリカ軍の前方展開能力の最大の拠点である。

横須賀を母港とする第七艦隊は、インド太平洋に対する米国のパワー・プロジェクションを可能にしている中核である。日本は既述のごとく、防衛政策の再検討を要すると思うが、あらゆる外交的手段を使って「偉大なアメリカ」をできるだけ長く存続させるため、米国の人々や欧州、オーストラリア、カナダ等、価値観を共有する国の人々との協力を強める必要がある。また日本は日米関係を当然視することなく、草の根レベルの交流をはじめ、大学やシンクタンクにおける日本研究の支援強化に努力することが極めて重要である。

ルールに基づいた国際秩序の維持

「米国の平和」とともに戦後の世界経済を支えてきた体制は、ブレトンウッズ体制に示されるように、二度の世界大戦の反省の上に成立したものである。特に、一九二九年の大恐慌のあと、米国をはじめ主要国が保護主義に走ったことが、第二次大戦を招いたとの反省がある。それだけに戦後の国際経済体制は自由貿易を基礎としたものとなり、基本的に正しい方向を向いている。

その上で、経済の発展を取り入れ、かつ世界貿易機関（WTO）などによって、ヒト、モノ、カネの自由な移動を担保してきた。日本はこのシステムの享受者であったが、必要な改良も含めて今後ますます支援者となることが望ましい。

EUとの経済提携協定（EPA）と「環太平洋パートナーシップに関する包括的及び先進的な協定」（CPTPP）、いわゆるTPP11は、日本の重要な成果であった。さらには「自由で開かれたインド太平洋」構想に米国が積極的に関与したことで、日本のイニシアティブの意義は高まった。ハワイに司令部を持つ米国の太平洋艦隊はその名をインド太平洋艦隊に改めた。今後は民主主義国であるインドの経済発展に全面的に協力するとともに、ASEAN諸国が同構想の中心にいることをよく理解してもらい、英国及びフランス等にも参加を促すとともに、この「自由で開かれたインド太平洋」構想により実質的な中身を加えてゆくことが望ましい。

日本は「ルールに基づく国際秩序」に対する国際社会での幅広い支持を得て、この秩序を維持することに力を注ぐ必要がある。

ナショナリズムの台頭の抑制

戦前にナショナリズムを身をもって経験した日本は、いかに狭隘なナショナリズムが人類に害をなすかを、世界に発信することができるはずである。国を愛すること（パトリオティズム）それ自体は、極めて正常である。

しかし、敵を作って国内の統一を図ろうとするようなナショナリズムは、危険極まりない。なお、世界におけるナショナリズムの一つの温床が、格差や移民等の排斥である。格差の縮小や異文化間の共生をいかにはかってゆくか、日本の成し得ることを検討することが望ましい。

台頭する中国への対応

二〇一七年の中国共産党第一九回大会は、中華人民共和国建国一〇〇周年の二〇四九年までに「社会主義現代化強国」を建設することを新たな目標に設定した。これを受けて、二〇一八年六月の習近平総書記の重要説話において「グローバル・ガバナンスの改革に積極的に関与・主導し」、「中国の特色ある大国外交の新局面を開く」と述べている。そして二〇一九年の国防白書においても二〇三五年までに国防と軍の現代化を基本的に達成すると述べている。

中国の名目GDPは二〇一〇年に日本を抜き、二〇一七年には日本との差を二・五倍に広げ、さらに拡大しつつある。IT・AI等々の新しい技術や経済分野でも日本を凌ぐ面が多い。

しかし、中国もさまざまな問題を抱えている。たとえば経済成長の減速、国有企業等の財務体質の悪化、少子高齢化、富の不均衡、香港の問題、そして諸外国から敬愛されるソフトパワーの欠如である。中国がどのような国になっていくかという問題は中国人のみならず全世界の人々にとって今世紀半ばの最大の問題の一つであると言えよう。中国の経済が発展し、より豊かになること自体に問題はない。問題は富強となった中国が軍事的、政治的な力を誇示し覇権を求めるかどうかである。中国がどのような国になっていくかについて、もし外国の影響力が及び得るとすれば、米国に次いで日本が潜在的に果たし得る役割は大である。中国は「中華民族の偉大な復興」という「中国の夢」を実現し

「社会主義現代化強国」を目指している。そして、中国の国防白書は「中国は永遠に覇権を求めず拡張をしない」と述べている。中華民族が偉大であったことを一番よく知っている民族の一つは日本である。

確かに、中国はかつて世界にまれな超大国であった時期がある。唐の長安には世界の文物が集まり、当時最大の世界都市の一つであった。日本は唐と宋から日本の好む文明をよいとこ取りし、それを日本化した。そして、日本の文化は正倉院が代表するように古いものをそのまま保持している面がある。中華民族の歴史の一部である漢籍も膨大な量が日本にはある。多くの中国の文化人が奈良、京都を見て中国の文化が最も輝いていた盛唐の文化が残っていることに感激しているのを筆者は目の当たりにした。また、中国の一般の若者、主婦、知識人等は日本人の文物に「懐かしさ」を含む親しみを感じてくれることを実感した。

非常に重要なことは、日本と中国は隣国であるが、歴史上日本が中国の政治的軍事的な脅威を感じたことはなかったという事実である（元寇はモンゴル帝国が中国、朝鮮半島を侵略して、日本に侵攻させたものである。また、白村江の戦いでは、唐と新羅の連合軍に日本と百済の連合軍が敗北しているが、唐に対して脅威を感じたのは敗れた直後のみであった）。これに対し、日本には何回か中国侵攻の試みがあり、二〇世紀前半には実際に侵略した。今後、歴史上かつてない事態が発生するのであろうか。

中国建国の父である孫文は日本に支援者が多かったので、日本を拠点とし辛亥革命を一九一一年になしとげた。日本で軍国主義が台頭し始めた頃、孫文が神戸で一九二四年に行った有名なスピーチは孫文の日本への別離（フェアウェル）スピーチと言われている。その中で彼は日本は「覇道」を目指すのか、それとも「王道」を目指すのかと問いを発している。この孫文の問いは今日の中国に向けられている。中国が大唐のような魅力あふれる国になることを願うし世界のためにも大切であると思う。かつて、中国も豊かになれば自由、人権、民主主義のような価値観を共有するという希望があった。もしそれが十分にかなわないとしても、中国が現状の延長で国際秩序を主導することは不可能であり、中国がよき地球市民としての王道を歩むことを期待したい。日本との関係では天安門事件以降、反日教育が始まり日本に対する怨恨を再生産し始めたことは、王道を行く中国には似つかわしくはないと思う。

日本は中国から多くの文化を借用し続けたが、同時に幕末以降の近代では日本が西洋文明を吸収し、それを中国に伝えた。たとえば西洋の多くの言葉や概念を日本は漢字に変換した。「philosophy」を「哲学」に、「revolution」を「革命」に、「communism」を「共産主義」に、といった具合である。

中華人民共和国という名称のうち、「中華」以外の「人民」も「共和国」も日本の翻訳である。日本は西洋と中国の両方の文化を理解しやすい立場にある。今日、日本の立ち位置は明確であり、中国の体制とは相いれないが、同時に米国と中国の決定的な対決の間に入れるとすれば数少ない、あるいは唯一の、ともいえる国である。日本は外交を通じて人類全体のためにこの立場を賢明に活かしてゆくことが望ましい。

朝鮮半島との関係

歴史上日本は朝鮮半島と常に深い関わりを持ってきた。この間、朝鮮半島に攻め入ったのは日本であり、その逆ではなかった。日本人はこのことをよく認識する必要がある。それにしても、一九六五年の請求権協定は戦後の日韓関係の基盤であり、歴代の韓国政府もこれに異を唱えなかった。二〇一九年に入り、日韓の関係は戦後最悪と言われている。双方の民族の中で、本当に相互に信頼し得る関係を構築することができるのだろうかといぶかる声も大きくなってきた。日中国交正常化後にかつて大平正芳外相は「日本と中国は大晦日と元旦のごとく近いようで遠い国だ。お互いの理解は想像以上に難しい。しかし引っ越すわけにはいかないので努力と忍耐が必要だ」と述べている。同じことが朝鮮半島についても言える。日本は儒教の国ではなく縄文文化を基調とする日本文化と韓国文化とは基本的に異質なものであることを十分に認識した上で、お互いに努力と忍耐が求められる。いずれにしても、日韓間の歴史問題は朝鮮半島全体との問題であり、将来北朝鮮と国交交渉を持つことができればその際に両民族の和解ができることを期待したい。

第四次産業革命の世界に向けて

『サピエンス全史』を書いたユヴァル・ノア・ハラリ（Yuval Noah Harari）は近著『ホモ・デウス——テクノロジーとサピエンスの未来』（河出書房新社）において次のような趣旨のことを述べている。「人類が狩猟採集民であった時代のアニミズムの壮大なオペラは、農業革命（農耕を始めたこと）によって人間と神との対話劇に変わった。そして五〇〇〇年前に始まった科学革命によって人類は神々までを黙らせた。この世界は今やワンマンショーになった。人類はがらんとした舞台に独りで立ち、途方もない力を手に入れた」。そしてハラリは「意識を持たないものの高度な知能を備えたアルゴリズムが間もなく、私たちが自分自身を知るよりもよく私たちのことを知るようになるかもしれない」として、知能と意識のどちらのほうが価値があるのかという問いを提起している。

この日本列島に一万五〇〇〇年前から存在し、農耕が朝鮮半島からやってくる二九〇〇年前まで、一万年以上にわたって続いた縄文文化こそ「アニミズムの壮大なオペラ」であった。日本は第四次産業革命を先取りし、イノベーションを重ねて経済の成長に結びつけてゆく必要がある。同時に、ハラリが述べるように第四次産業革命は人類にとって問題に満ちている。一つは我々が今日享受している資本主義がどう変容するかという問題であるが、より基本的な問題は人類がどのような道徳観をもってこの革命に接するかである。文明の進歩こそ大切という近代の旧い考え方を反省し、自然や人や道具がすべて合唱する新しい「アニミズムの壮大なオペラ」を、縄文文化を色濃く残している日本こそが主導していくべきであると思う。

この観点から、日本が求めるべきことは経済の成長と同時に、富の極端な集中やアフリカ等における貧困の増大、そして気候温暖化を緩和し、人類の生存をはかってゆくことであると思う。二〇一五年に国連で採択されたSDGs（持続可能な開発目標）は環境、社会、経済の三つの側面から世界を変革しようとしているものであり、日本政府も努力しているが、その方向に日本の生きていく道があると思う。いずれにしても、日本は改めて「世界に貢献する日本」を目指し、実力と外交によってこれからの変容する不安定な時代を生き抜いてゆかねばならない。

四　後続の人々へ

一九九八年三月に私が国際交流基金理事長として外務省研究所で行った「外交官の心構え」と題する講演の要旨を、その時の研修生の一人が書いたメモが残っている。二〇年前のものであるが、現在でも通用すると考え、それに少し手を加えたものを紹介するので参考としていただきたい。

①外交官はある意味では裏方としての人生。外交というのは波打ち際に文字を書くようなものだ。きれいな文字を書けても、それが次の波の時には消えてしまう。自分がいろいろなことをやった後、その人たちも去っていく。状況も変わっていく。永続的でない。

②タレイラン曰く、外交の要諦は「なかんずく、あまり情熱を持ちすぎないこと」(mais, surtout, pas trop de zèle)。冷静になる。一定の距離を保つ。

③ハロルド・ニコルソン『外交』より
第一の要件は、誠実さ(integrity)。
第二の要件は、正確さ(知的のみならず道徳的にも)。

④予定調和的な世界観を持たない。一つの大きなペシミズムを持つ必要あり。常に世界は一つ間違えば崩壊し、奈落に落ちていくという危機感を持つ必要がある。

⑤日本は攻めの時はよいが戦略的な守りの時期に入ると、世界の中で不適応を起こす。戦略的守り、

そのための自立心、国際的道義にのっとった自己主張。
⑥答えは一つではない。正解はいくつもある。オプションを考える。
⑦大切にすべきこと
一、自分の専門分野を持つ。歴史からものを見ること。
二、任国の人に優しい目を注ぐこと（相手のよいところを見ようと思って近づくこと。さもないと相手を理解できない）。
⑧社交の勧め。日頃から夫婦による付き合いを深めておく。
⑨国際会議に出たら必ず発言すること。加えて、できるだけ提案すること。
⑩語学力は外交官にとって必須（essential）。一生のものである。
⑪意に添わないところに赴任した時にすねるな。その時は明るく、積極的に、元気に振る舞って、そのポスト、その国の潜在的なメリットを引き出す。
⑫日本の文化は、人口が増加し続ける世界の中で地球に優しい。これを保ってソフトパワーを強化する。明るく、文化的に寛容性を持っているというのが原点。
⑬国際情勢について深みのある的確な認識。そのための情報の集積、分析、判断、そして提案。
⑭新渡戸稲造による武士道と大英帝国の共通性（fairness as a moral foundation）の大切さ。
⑮外交で必要なのはバランス。現実と理想のバランス。目は星に足は地に。
⑯好奇心を持って、とにかく元気で。この宇宙では光と闇が会えば必ず光が勝つ。光り続けるためにはエネルギーが要る。だから元気が必要。常に明るい方にかける。

⑰外交官の財産は、結局思い出。

以上が、私が自らの外交官人生の中で学んだことである。これらを参考にして後続の人々が世界で活躍してくれることを願ってやまない。

解説——「戦後日本」の外交官・藤井宏昭

白鳥潤一郎

「国際社会において、名誉ある地位を占めたいと思ふ」

国内外に未曽有の被害をもたらした第二次世界大戦の終結——それは日本にとって敗戦国としての再出発を意味した。連合国に占領された日本を率い、その針路を定めたのは外交官出身の外政家達であった。

敗戦受け入れのための皇族内閣が退陣した後、戦前の政党内閣期に四度にわたって外務大臣を務めた幣原喜重郎が首相の座に就いた。幣原は外交官試験（文官高等試験外交科）出身者として初めての外相であり、専門性を持つ自律的な外務省を体現する存在であった。しかし幣原の外相退任後、日本の対外政策は軍部の影響を強く受けるようになり、次第に外務省内にも「革新派」が台頭するようになった。敗戦によって占領され、GHQとの交渉が求められる状況もあり、親英米派であった幣原に日本の再出発は託された。その幣原は天皇の「人間宣言」起草に深く関わることで象徴天皇制への道を拓き、そしてGHQとの関係に苦慮しつつも新憲法制定への道筋を付けた。

新憲法は幣原内閣で外相を務めていた吉田茂首相（外相兼摂）の下で公布される。戦争放棄と戦力不保持を規定した第九条に注目が集まる日本国憲法だが、「国際社会において、名誉ある地位を占めたいと思ふ」という前文の一節は、敗戦国を率いた外政家達の想いとも重なるものだろう。新憲法公布に伴う総選挙を経て下野した吉田は、その後宰相の座に返り咲き、講和を達成する。

吉田内閣に挟まれ、短命に終わった中道政権で、外相、次いで首相（外相兼摂）を務めた芦田均もまた外務省出身であった。一九五二年四月にサンフランシスコ平和条約が発効し、日本は独立する。その舵取りを引き続き担った吉田も最後は追われるように政権を手放す。

吉田退陣後、かつて首相就任を目前にして公職追放され、政権を吉田に託した鳩山一郎が首班指名を受ける。その鳩山の下で外相には重光葵が就任した。戦中と敗戦直後に外相に就いた重光も外務省出身の外政家であり、そして外務省出身者として最後の外相であった。占領下で外相に就いた重光、吉田、芦田は外交官として第一次世界大戦後、パリ講和会議に参加した経験を持っていた。敗戦で焦土となった日本は、国際感覚豊かな指導者に率いられ、その針路を定めたのであった。

本書は、藤井宏昭元駐英国大使（以下敬称略）の回想録である。一九三三年に東京の三宅坂で生まれた藤井は、一九五六年四月、東京大学教養学部を中退して外務省に入省する。入省時の大臣は重光葵――「帝国日本」の外交官が政治の表舞台から退場するのと前後してキャリアを歩み始めた形である。外務本省で大臣秘書官、北米第一課長、人事課長、北米局長、官房長といった要職を経験し、在外では在米大使館総務参事官、香港総領事、さらにOECD（経済協力開発機構）代表部、タイ、英国と三つの特命全権大使を歴任しながら、これまで藤井はまとまった回想を残してこなかった。それだけに、本書に残された証言は貴重な記録となっている。

本書の内容には大きく四つの柱がある。第一に、様々な部署を経験した事務官時代を経て大平正芳外相に仕える大臣秘書官となる若手としての歩みである。現在では各ポストの年次が高くなっており、大臣秘書官を務めるのは四〇代半ばが通例だが、藤井は就任時まだ三八歳であった。大平との縁は藤井の外交官生活をより一層彩り豊かなものとした。

第二に、アメリカとの関係である。留学先及び初任地であるのみならず、若手事務官時代にも経済局米国カナダ課を経験し、さらに北米第一課長として昭和天皇訪米を担当した。その後もハーバード大学国際問題研究所でのサバティカル（在外研究）、在米大使館総務参事官、北米局長とアメリカとの縁は続いた。

第三に、アジア地域との関係もポイントの一つとなっている。ただし、その「アジア」は一般にも馴染みのある北東アジアに留まらない、より広いアジアである。若手事務官時代には在インド大使館に在勤し、アジア局参事官・審議官としてカンボジア和平問題等と向き合った。その後も返還問題に揺れる香港に総領事として赴任し、さらにタイでは宮澤喜一首相訪問を迎えると共にカンボジア和平の側面支援を行っている。

最後は外交力の強化である。人事課長、官房長といった大臣官房の要職を経験したのみならず、OECD代表部大使として日本からの事務次長派遣を導き、駐英大使としては戦時捕虜問題をめぐる日英間の和解にも関与した。退官後は国際交流基金理事長、次いで森アーツセンター理事長として「パブリック・ディプロマシー」を担い、政府間の交渉という狭義の外交を超えた外交力の強化に努めた。秘書官として仕えた大平正芳との関係をはじめ、様々な人々との交流や思い出を軸に展開される回想から浮かび上がるのは、「国際社会において、名誉ある地位を占めたいと思ふ」という憲法前文にある一節への共感であり、それを具体化しようと裏方として汗を流した「戦後日本」の外交官による努力の轍である。

若手事務官時代

いわゆるキャリア外交官は、特定の地域や問題の専門家ではなく様々な課題に対応する総合職として育成される。藤井も若手事務官時代には様々な部署を経験している。

東京大学を中退して外務省に入省した一九五六年の九月、藤井はアマースト大学（米国マサチューセッツ州）での在外研修に派遣された（現在では在外研修は入省三年目からとなっている）。「「学問」と「体力の増強」と「社交力」をつけることが三本柱であった」というアマーストの生活であったが、そこで藤井は一般のアメリカ人に日本がいかに理解されていないかを知り、現在の言葉で言うところの「パブリック・ディプロマシー」に目覚める。後に知己となる山本正（日本国際交流センター理事長）との関係と併せて、退官後の活動の柱となる文化交流や知的交流の重要性に藤井は早くから気づかされることになった。

アマースト大学卒業後には在米大使館で外交官補となる。慣例として一年目はプロトコール（大使秘書）として朝海浩一郎駐米大使に仕え、二年目は経済班に所属した。大使館の次席は下田武三、三席は安川壮といずれも後に駐米大使となる館員の下で藤井の仕事は始まった。戦前に駐日大使を務めたグルーや、上院議員時代のケネディらに出会い、改訂された日米安全保障条約の調印式にも立ち会うことになる。

二年間の勤務が終わりに近づく頃、朝海との間で次のような会話が交わされた。「大使もそう遠からず帰朝されることと思いますが、その後は選挙に出られるのですか」と藤井が尋ねると、朝海は「最近は官僚から政治家になる人が多いようだが、政治家と官僚は、弁護士と医者のように全く別の職業だよ」と笑いながら答えたという。後の大臣秘書官時代には、日中航空協定をめぐる対応に関する田中角栄首相の振る舞いについて意見したところ、大平外相から「田中と大平のことは私に任せてください」と叱られたという話も紹介されている。多くは語らないものの、こうしたエピソードに藤井の政治家との距離感を読むヒントがあるように思われる。

留学及び外交官補としての仕事を終えた後に帰国した藤井は、経済協力部政策課を皮切りに経済局米国カナダ課、在インド大使館、在ジュネーブ国際機関代表部で経験を重ねる。

戦後日本のアジア外交は、東南アジア各国との賠償交渉から本格的に始まった。だが、一九五四年にコロンボ・プランに加盟したことからも分かるように、当初から賠償を超えた経済協力を見据えていた。藤井は経済協力部政策課でＤＡＧ（開発援助グループ／一九六一年にＤＡＣに改組）を担当し、日本のＯＥＣＤ加盟に向けた取り組みを進めた。関係各省や直属の上司からも極めて強い反対や消極論がある中でもＯＥＣＤ加盟の意義を説きつつ、藤井は他方で「日本が異分子と認識されている間にいたずらに加盟をあせってＯＥＣＤの「国連化」を来すような事態はわが国としても避けなければならない」と、起草した文書に記している。国際均衡と国内均衡をいかに両立させるかが外交の真髄であることを若手事務官時代から認識していたことがうかがえる。日本は一九六四年四月にOECDに加盟し、国際社会における先進国の一員としての第一歩を踏み出した。

インド大使館在勤を経て、一九六八年五月、ジュネーブの国際機関代表部に赴いた。代表部で藤井はUNCTAD（国連貿易開発会議）を担当し、三年間にわたって厳しさを増す南北問題に向き合うこととなった。続いて、一九七一年五月、UNCTADやECOSOC（国連経済社会理事会）を主管する国連局経済課長となる。外務本省で経済協力や南北問題に取り組み、在外ではインドとジュネーブ国際機関代表部を経験した若手事務官時代の延長上にあるポストと言えようか。すでに西側陣営第二位の経済力を誇っていたものの、国際社会で求められる役割を果たすことや南北問題へ向き合う姿勢が国内には十分には見られなかった。「訓令作成の段階でも現地においても日本政府の態度を決める取りまとめは簡単ではなかった」と藤井は振り返る。

なお、一九六三年一月から経済局米国カナダ課に配属された藤井は、日米間の繊維製品をめぐる貿易摩擦を担当している。高度経済成長の果実は日本社会を豊かにしたが、それは国際社会との摩擦を生じさせた。一九七〇年代後半から欧米諸国との経済摩擦が深刻化するが、日米間の繊維問題はそのはしりの一つであった。経済大国となった日本が対処を迫られることになる諸課題に取り組む中で、若手時代は終わりを告げようとしていた。

大平正芳との縁

沖縄返還を見届けた後、長期政権を築いた佐藤栄作が退陣し、一九七二年七月に田中角栄内閣が発足すると、藤井は大臣秘書官となるよう告げられた。藤井が仕えることになったのは大平正芳である。名門・宏池会の領袖として幹事長ポストを期待する声が派内では強かったが、大平が選んだのは池田勇人政権以来の登板となる外相であった。「内政は田中、外交は大平」という役割分担を確認した上での就任と言われる。

大平と藤井の縁は最初の外相時代にさかのぼる。一九六三年五月、藤井は在米大使館時代の上司でもある下田武三の二女・清子と結婚した。その際、仲人を務めたのが大平であった。

秘書官就任後、約二年にわたって「週末を除いて毎日朝から夕方まで」を大臣と共にする濃密な生活が続いた。「毎朝八時頃に瀬田にあった大臣の私邸に赴き、外務省や首相官邸に向かう道すがら、四〇分ほどの時間を事務連絡と大臣決裁の説明にあてた」。次官の決裁を得た山積みの文書のすべてに目を通した上で「大部分は私の責任で大臣了承とし、あとの一部の内容を大平大臣に説明するのが日課であった」。

田中政権はまず日中国交正常化に取り組んだ。前年夏に始まった米中接近以来、対中関係は政局をも左右する外交課題となっていた。佐藤政権下での対中接近は実を結ばず、自民党総裁戦でも焦点の一つとして取り扱われた。日中国交正常化への積極姿勢を見せていた田中新政権だが、いたずらに功を焦って動いたわけではない。「田中総理の並外れた胆力と、大平大臣の緻密で粘り強い意志がかみ合って、そこに外務省の事務当局もぴったりと息を合わせた」という。

公明党の竹入義勝委員長訪中等が地ならしとなり、さらに訪中に先立って日米首脳会談が行われた。

大平は日中間の「国交正常化が日米関係を損ねることがないよう、最初の行動として米国側の理解と、できればその祝福を取りつけねばならない」と考えていたという。日米会談の帰路、「大平大臣は外の風景を見ながら珍しく鼻歌を口ずさんでいた」。同年九月、田中首相、大平外相、二階堂進官房長官等が訪中、現地での厳しい交渉を経て日中共同声明が発表された。

とはいえ、日中共同声明は日中国交正常化の始まりに過ぎない。「〔大平が〕最も苦労した案件の一つだった」と藤井が振り返る日中航空協定等の実務協定締結や、関係各国との調整といった課題に日本は引き続き取り組むことになった。航空協定をめぐっては中国側と難しい交渉が続いたのみならず、外務省にも不穏な手紙が頻繁に届き、自民党内も荒れに荒れ、さらには同時期に大平の自宅が焼失するなど厳しい状況が続いた。

日中航空協定と並んで大平が苦労した案件として藤井が挙げるのは、金大中事件への対応である。一九七三年八月、韓国の民主活動家で東京に滞在していた金大中が韓国中央情報部（ＫＣＩＡ）によって白昼堂々拉致されたこの事件は、いまだにその真相が詳らかではない「政治決着」が図られた。「公明正大を旨とする大平大臣は外交との狭間で大変に悩まれた」という。現在に至るまで日本が悩まされることになる、中国及び韓国という隣国との難しい付き合いが本格的に始まりつつあった。

日中国交正常化は、同年五月の沖縄返還と併せて終戦以来の戦後処理を中心とした外交に区切りを付けるものであった。他方、同時期の日本は戦後処理の枠には収まらない様々な外交課題に直面していた。四〇歳を前に大臣秘書官として藤井は、変わりつつある日本外交の全体像を見渡す機会を得た格好である。

大平の外国訪問に同行した際のエピソードをここではソ連訪問に絞って紹介しておきたい。一九七三年九月、大平は国連総会出席後、イタリアとイギリスとの外相定期協議を経て田中と合流し、西ドイツ経由でソ連に向かう。その際、大平はシェール西独外相にソ連との交渉へのアドバイスを求めた。シェール曰く「ソ連は決して交渉のテーブルでは降りてこない、オペラに呼ばれたら必ず応じろ、オペラの幕間が二回あるからそこで何か言われるかもしれない」。田中はソ連からオペラに呼ばれていたものの「面白くない」と言って断っていた。シェールとの会談後、日本側はオペラへの誘いを受けることにした。大平は、かつて周恩来から「ソ連と交渉する時は最後の最後まで結果が分かりません。ある時は飛行機がプロペラのエンジンをかけ始めたところに、ちょっと待ったと声がかかった」とも言われていた。

外交に臨むスタイルは国ごとに異なるし、ぎりぎりの交渉であれば、盗聴も辞さない世界である。藤井は最後の交渉を前にした晩、大平に「交渉はうまくいきません。もう席を蹴って帰りましょう」と話し、すぐに「これは盗聴用です」と紙に書いて見せた。翌日の会談を経て発表された日ソ共同声明には北方領土問題を意味する「未解決の諸問題」という文言が盛り込まれた。

田中角栄は通産大臣時代から積極的な「資源外交」を進めたと記憶されている。海外資源開発支援としての「資源外交」は外務省ではなく通産省出向の秘書官が担当し、訪ソに先立つ訪欧に際しても、フランスとはウラン鉱の共同開発、イギリスとは北海油田をめぐって突っ込んだやり取りを交わしていた。しかし、自国の資源を呼び水にシベリア開発を誘いかけるソ連に対して、田中は「俺たちはそれで来たのではない。北方四島の話をしに来たのだ」と言い放つ。「私はあれほど迫力ある総理大臣を、後にも先にも見たことがない」と藤井は回顧する（なお、田中訪ソ時の会談記録は「オンライン版三木武夫関係資料」（丸善雄松堂）で閲覧可能となっている）。

一九七四年七月の内閣改造で大平は蔵相に横滑りし、藤井も大臣秘書官の任から離れたが、大平の蔵相時代、首相時代にもしばしば個人的に会いに行くなど、その交友は続いた。在米大使館総務参事官時代、一九七九年四月末から五月にかけて大平が首相として訪米した際には、広報・文化・議会を重視しながら「日程の作成段階から積極的に介入」したという。在外の立場としては異例だが、それも大平との個人的な関係あってのことだろう。二度の外相経験を持ち、一貫してアメリカとの関係を重視していた大平だが、政権発足当初の日米関係は必ずしも良好とは言えなかった。

この訪米を経て首脳間の信頼関係が育まれ、政権も軌道に乗ったかに見えたが、折からの第二次石油危機に自民党内の激しい派閥抗争も重なり、大平にとって厳しい状況が続くことになった。そして一九八〇年五月、自民党内からも造反者が出たことで内閣不信任案が可決され、解散総選挙に突入するが、その選挙戦初日に大平が倒れる。一時は記者団の代表との面会に応じるまで回復したもののその後容態は急変し、選挙戦が続く中六月一二日に大平は死去する。藤井が最後に会ったのは太平が外遊に立つために官邸から空港へ移動する直前のことであった。「少しの間二人きりになって、いろいろな話をした」。

大平の死去後も縁は続いた。政権を獲得した大平は、中長期的な展望を描くために中堅・若手を中心に研究者、文化人、官僚などを集めた九つの政策研究グループを立ち上げたが、大平の生前に報告書を提出できたのは三つのみであった。このグループは部分的にではあるが、後に中曽根康弘が引き継ぐことになった。

中曽根内閣成立後、ブレーン集団を中曽根が引き継ぎたいと、大平に近かった関係者に打診があった。大平の女婿である森田一を中心とした相談に藤井も加わった。第一次石油危機の前後に大平と中曽根に政策的な対立があったこともあり「少し斜に構えていたところがあった」が、中曽根の政権運営が軌道に乗る中で評価する声も次第に大きくなり、「いずれにしても主がいないのだからこの研究会は中曽根さんにもアドバイスしたらいいじゃないか」という結論になった。こうして大平の遺産は引き継がれた。その後、この研究グループの参加者を中心に浅利慶太（劇団四季）を代表世話人に「研牛会」が組織された。

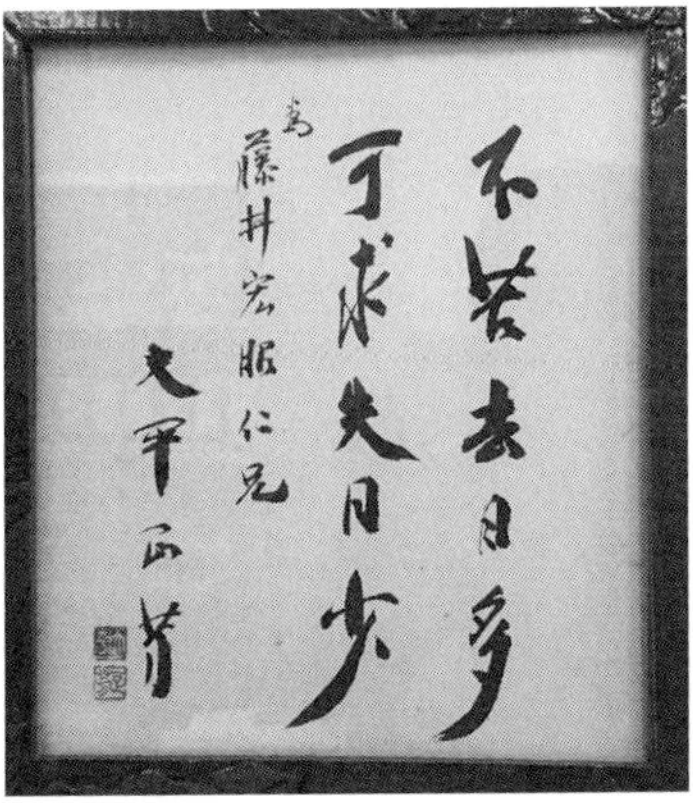

研牛会は長年にわたって活動を続け、藤井も世話人の一人を務めてきたが、二〇一八年の七夕をもって終了することとなった。「文化の時代」、「田園都市国家」、「総合安全保障」、「環太平洋連帯」といった大平の政策構想は、この間に実現したものもあれば、今なお課題となっているものもある。それは大平の見通しの確かさの証明であり、構想をいかに実現するかが問われているということなのだろう。

本書の基となったインタビューが行われた藤井の執務室には大平の揮毫が置かれていた。

「不苦去日多　可求失日少」（去る日の多きを苦しまず　失う日の少なきを求むべし）

昭和天皇訪米

一九七五年一月、藤井はアメリカ局北米第一課長に就任する。アメリカ及びカナダとの政務関係を所掌し、日米首脳会談の際には取りまとめ役となる外務省の花形課長ポストの一つである。藤井も一九七五年八月の三木武夫首相訪米や二度の主要国首脳会議（サミット）などに取り組んだ。だが、藤井の課長時代最大の課題は日米首脳会談ではなかった。昭和天皇の訪米が予定されていたからである。「北米第一課長になった私にとって、御訪米は振り返っても外務省在勤中、最も心血を注いだ課題の一つであった」という。

日本国憲法は、天皇は日本国及び日本国民統合の象徴であり、「国政に関する権能を有しない」と規定している。「御訪米は政治的行為でないため、外交の範疇に入らず国際親善である」と藤井も言う。立憲君主から象徴となっても、否、それゆえにこそ天皇の外国訪問の持つ意味は格別に重い。「もし御訪米で変な事件が起きたら内閣が潰れるからね」とは、訪米への出発時に藤井が外務省の官房長から言われたことだが、それは決して大袈裟なことではなかった。

次代の平成時代には天皇の外国訪問は毎年のように行われたが、昭和時代は一九七一年の訪欧と一九七五年の訪米のみであった。また、昭和天皇は「米英両国に対する宣戦の詔書（開戦の詔勅）」を発した当人でもある。欧州訪問時には戦時捕虜問題を抱える英蘭両国で抗議行動を受け、オランダでは生卵を投げつけられる事態も生じていた。

天皇訪米は外交的にも難しい問題であった。欧州訪問の途次、アラスカでの給油をニクソン米大統領が出迎えたが、「ニクソン・ショック」に揺れる関係を打開するための政治利用ではないかと日本の外交当局は警戒した。その後、一九七三年夏の日米首脳会談で天皇訪米が合意されたものの、ウォーターゲート事件によるアメリカ政治の混乱、訪米時期をめぐる駐米大使の「錯覚発言」といった問題もあり、昭和天皇の訪米の成否は日米関係の行方を左右しかねない課題となっていた。

いまから振り返れば、昭和天皇訪米が実現した一九七五年はここしかないというタイミングであった。一九七〇年代初頭、日米関係は岐路を迎えていた。敗戦国として日本は戦後処理の地道な努力を続け、復興、次いで高度経済成長を経て「経済大国」として国際社会に本格的に復帰した。他方アメリカはベトナム戦争が泥沼化するなかで余裕を失っていた。ニクソン政権は一九七一年夏、同盟国の頭越しにアジア冷戦の仇敵であった中国に接近し、追い打ちをかけるように金とドルの兌換停止と輸入課徴金の導入といった措置を発表する。米中接近を伝えるニクソン米大統領の会見を受けた佐藤栄作は「すなほに慶賀すべき事」と日記に残す余裕がまだあったが、後者については「やりもやったりの感」と憤りを隠すことができなかった。

ベトナム戦争にニクソン政権の一方的な外交政策の転換も重なり、日本国内の対米好感度は下がり続けていた。一九七三年一月にパリ和平協定が調印されたことでベトナム戦争は終結したが、その年の秋には第一次石油危機が発生する。さらに、ウォーターゲート事件（大統領選挙をめぐる不法侵入事件とその後の司法妨害等が焦点となった）の責任をとって一九七四年八月にニクソンが大統領を辞任する前代未聞の事態も生じていた。

一連の危機が沈静化し、日本の対米世論も好転する中で迎えたのが一九七五年であった。翌年が大統領選挙の年であることを考えれば、落ち着いて天皇訪米を実施可能なのはこの年しかなかった。前年秋にはニクソン辞任後に副大統領から昇格したフォードが現職の大統領として初訪日しており、天皇訪米は外交儀礼上その答礼に当たるものであった。後知恵にはなるが、一九七七年一月のカーター新政権発足後、日米間は貿易や防衛問題等をめぐって様々な摩擦が生じる。その意味でも奇跡的なタイミングでの天皇訪米実現であった。

藤井は「七五年はまさに「無風状態」であり、……御訪米は極めて恵まれた状況の下で行われた」と振り返るものの、その実現に向けた作業には様々な苦労があった。

まず実施体制が通常の外交課題とは異なる。通常は事務次官―局長―課長という「ライン」が要であり、北米第一課長の上司はアメリカ局長だが、天皇訪米は訪欧時の前例を踏襲する形で儀典長の主管となり、ラインにアメリカ局長（及び同局の参事官）は入らず、北米第一課長が儀典長に直接報告するというシステムとなっていた。

一番難しかったのは天皇の「おことば」である。全体で一七回ほどあったという機会の中で、最も重要なのはホワイトハウスにおける晩餐会での「おことば」であった。関係者の意見を総合しつつ、北米第一課員の助けも借りながら藤井が案文は起草した。「おことば」の英文は、眞崎秀樹外務省参与によって確定された。このような訪米時の体制や天皇の「おことば」案の作成、さらには訪問地の設定を含む日程作成、随行時の様子、天皇訪米の成果に関する詳細な回顧が本書には残されている。

昭和天皇訪米では、「日米の和解を完成させる機会とすること」が目指された。日米間で「和解」が達成されたのはいつのことであろうか。二〇二〇年の現在から眺めれば、日米両首脳の広島と真珠湾の相互訪問が実現した二〇一六年がその答えになるように思われる。その和解に先立つこと約四〇年前に行われた昭和天皇訪米は、日米関係に確かな礎を築き、厳しい貿易摩擦や防衛摩擦に先立つ戦後処理の総仕上げであった。難題と向き合い、周到な準備をしつつ時機を逃さずに成功に導くのは容易なことではない。首脳外交が頻繁なものとなり、外交の形も変わりつつある時期にあって、日米首脳会談が天皇訪米の「露払い」となるイレギュラーとも言える北米第一課長時代であった。

日米関係の舵取り

北米第一課長退任後、藤井は「サバティカル」としてハーバード大学国際問題研究所に派遣された。ここで、エドウィン・ライシャワー元駐日大使をはじめ、サミュエル・ハンティントン、ジョセフ・ナイといったアメリカを代表する知性と交歓する。とりわけライシャワーとは、『ザ・ジャパニーズ』の草稿にコメントを求められるなど深く付き合うことになった。

ハーバードでの一年間を終えた後は在米大使館で総務参事官となった。「各省から多士済々が集まっていて、さながらミニ霞が関のようであった」という在米大使館の全体を見渡して大使を補佐するのがその役割であった。総務参事官として議会対策を進め、日本大使公邸の維持に努めたほか、大平訪米にあたっての尽力は前述の通りである。

その後も藤井は日米関係の舵取りを担うことになる。一九八五年一一月、藤井は北米局長に就任する。北米局は北米第一課、北米第二課、安全保障課の三つの課から構成されている。北米第一課長の経験を持ち、北米第二課の前身である経済局米国カナダ課にも若手事務官時代に所属していた藤井にとって、北米局長は最も縁のある局長ポストであった。

北米局長の責任範囲は広い。日本にとって最も重要な二国間関係である日米関係全般に加え、筆頭局として総合外交政策局が設置される以前でもあり、北米局安全保障課が安全保障問題の全般を所掌し、さらに米ソ関係を主としてフォローしていたのも北米局であった。外務省では通常二国間関係は相対的に小さい国を所掌するほうの担当となる。たとえば米中関係は基本的にアジア局（現・アジア大洋州局）が所掌してきた。冷戦期の超大国間関係はその例外として北米局が担当する格好であった。また安全保障問題も当時はまだＰＫＯ（国連平和維持活動）や海賊対処等の国際安全保障への参画が本格化する以前であり、日米同盟の運用も防衛省自衛隊の役割が増している現在とは異なる。最も機微な事項としていわゆる核密約問題も抱えており、国会答弁も重要な職務であった。「閣僚を含めて国会答弁数が十指に入るか入らないかというところだった」という。藤井は「この時に私は常に、議事録と勝負をしていた。すなわち、二〇年前の局長が行った答弁とも矛盾しないように、言葉を選んで答弁をしていた」と振り返る。

様々な問題を抱えながらも、藤井は北米局長として安全保障問題に特に注力した。日米同盟の運用に関する諸問題も当然あったが、戦略防衛構想（ＳＤＩ）研究への参加に最も力を入れた。ＳＤＩはレーガン米大統領が一九八三年四月に提唱したもので、ソ連の核ミサイルの脅威から米本土と米国民を防衛するための構想である。実現すれば相互確証破壊（ＭＡＤ）が崩れ、米ソの戦略的なバランスを変える可能性を持っていた。一九八七年七月、日本はアメリカと政府間協定を結び、研究参加を決定する。

ソ連が反発する様子を見て「米ソの外交上の取引材料としても極めて有効」と藤井は考え、レーガンへの支援にもなると日本の研究参加を局長案件として強く推進した。両首脳がファーストネームで呼び合う「ロンヤス」の関係にも支えられ、藤井の北米局長在任中、日米関係は深化をしていった。日米経済摩擦は激しさを増していたが、「レーガン大統領と国防省を、経済面での日本たたきの「防波堤」にする」というのが藤井の考えであり、その象徴となる案件がＳＤＩへの研究参加であった。

藤井は「日米同盟をできる限り長く存続させることが日本の国益であり、また世界のためにもなる」と考えていた。しかし、日米両国は人種、文化も異なるがゆえ「自然にでき上がる同盟」ではなく、かつ片務的な関係にある。それゆえ「少しでも片務的な要素を軽減していこう」と動いた。「日米同盟を当然視すべきではない」という指摘は重い。

アジア諸国と向き合う

若手事務官時代にインドに在勤した藤井は、一九八一年九月にアジア局参事官となったことで久しぶりにアジア諸国と直接向き合うことになった（同年一二月にアジア局審議官に昇任）。

参事官と審議官は「中二階」とも言われるように、通常の政策決定の「ライン」からは外れる。「中二階」の使い方は局長によっても異なるが、藤井の場合は「特定の案件を担当するというよりは、さまざまな場面で局長の代わりをするという、局長代行の面が多かった」という。藤井は、鈴木善幸首相のＡＳＥＡＮ訪問のフォローアップとなる「江崎ミッション」随行、後の歴史認識問題のはしりとなる一九八二年の歴史教科書問題、二階堂進自民党幹事長訪中、カンボジア和平問題等に取り組んだ。

一九八三年九月、藤井は香港総領事に発令される。「特命全権大使」ではないものの、初めての公館長ポストである。外務本省で責任ある中堅幹部を経験した後に日本を代表するポストに就いた藤井は勇躍する。

当時、香港は激動の秋を迎えていた。「東洋の真珠」と呼ばれて繁栄していた香港の大部分をイギリスが中国から租借していた。租借期限が近付き、前年から中国とイギリスとの間で返還問題をめぐる交渉が始まっていたのである。藤井の着任直前には、難航する交渉を受けて香港ドルが急落する「ブラックサタデー」も生じていた。

着任を前に「香港の繁栄は日本と中国を含む東アジアの繁栄に通じ、世界の繁栄にも通じるという基本的な態度をとる」という方針について安倍晋太郎外相の了承を得た。この事態を通じて、「初めて在外公館の館長になってみて実感したことだが、一般に変転極まりない情勢の下で判断を下していくのは、本省の担当官ではなく、館長自身であった」と藤井は振り返る。困難な問題に直面した際、どのように臨むか現場で決断するのは確かに難しい。その判断を外務本省に請訓という形で委ねれば公館長が責任を取る必要はなくなるが、その分思い切った行動は取れなくなる。本省での経験をふまえて現場で判断し、結果が悪い場合は自らが責任を取るだけの決断力を求められるのが公館長ポストと言えよう。

なお、「〔香港情勢に臨む〕態度を決める上で決定的だったのは、実は赴任にあたっての田中角栄元総理の言葉であった」。田中は「藤井君、香港は大丈夫だからな」と、一時間以上にわたって藤井も初耳だという現地の具体的な諸事情も含めてその理由を説明したという。そして、田中は「もし何か問題があったらいつでも自分に言ってきてくれ、自分が直接中国の上層部に連絡する」と語った。藤井は田中の話を自身の胸に収め、「外務省の関係者にも一切話さなかった」が、それが自信につながったとする。有力な政治家は霞が関以外にも独自の情報網や人脈を持つ。公文書にはなかなか残されない、政策決定の背景や政治家と官僚の独特な関係がうかがえる。

実際のところは、香港の将来をめぐる交渉も難航し、先行きは必ずしも明るいものではなかった。また、藤井が着任してみると想像以上に人心は揺れていた。それでも藤井は、限定的かもしれないが日本の態度が交渉結果に影響を与え、さらに「香港の人々が苦しんでいる時に日本がどのような態度を取ったかは、香港の人々の心に将来残るかもしれない」と考え、「香港の将来は大丈夫だ」というメッセージを発し続けた。「「……世の中を欺いて、その責任はどうするのだ」という思いがしばしば頭をよぎったものであった」という回想は微妙な心中を伝える。最終的に一九九七年七月、香港は「一国二制度」の下で中国に返還され、藤井は駐英大使として英国政府の建物の中でテレビ中継を通じて返還式を眺めることになった。

北米局長、官房長、在ＯＥＣＤ代表部大使を経て、一九九二年六月、藤井は駐タイ大使としてバンコクに赴任した。皇室とタイ王室との深いつながりもあり、一般的な印象以上に日本とタイの関係は深い。さらに言えば、世界各国の王室との多年にわたる「皇室外交」は日本外交の大きな資産となっている。また、経済協力だけでなく日本からの直接投資が拡大した時期でもあり、他の東南アジア諸国同様に日本大使は外交団の中でも一目置かれる立場であった。

日タイ関係深化に向けた努力や宮澤喜一首相の東南アジア諸国歴訪への対応に加えて、一年八ヵ月の在任中の思い出深い出来事として藤井が振り返るのはカンボジア和平の側面支援であった。

アジア局審議官時代に藤井も関与したカンボジア和平問題は、多年の努力が実り、一九九一年一〇月にパリ和平協定が締結された。これを受けて明石康国連事務総長特別代表をトップとする国連カンボジア暫定統治機構（UNTAC）が翌九二年二月から活動を開始していた。日本では六月に国際平和協力法（PKO協力法）が成立し、九月から陸上自衛隊の施設部隊を中心に停戦監視要員や文民警察官等がUNTACの活動に参加した。

タイはカンボジアと約八〇〇キロ国境を接しており、しかもその大部分は密林地帯である。「この地域は事実上タイ軍部が支配しており、産出される貴重な木材や宝石が軍の大きな財源となっている」という噂もあり、さらにカンボジア和平に反対するポル・ポト派の残党が主としてタイとの国境付近にいた。

藤井はチュワン首相や外務次官に「UNTACの歴史的な意義を説き、ポル・ポト派の策動を抑え、何とか総選挙を無事に終わらせるようタイも努力をしてほしいと何回も申し入れた」。この申し入れもタイの内政に関係することであり慎重に行われたが、それに留まらず、藤井は極秘裏に軍部と直接接触することにした。途中犠牲者を出しながらも最終的にUNTACは成功裡に活動を終えた。自身の「タイ政府や軍部への働きかけは効果があったのかどうかは分からない」と振り返るが、事が公になれば「大使を辞任せざるを得ないかもしれない」という覚悟を決めての行動であった。

外交力の強化

藤井の外交官生活の柱の一つとなったのは外交力の強化である。

一九七八年八月、藤井は大臣官房人事課長となる。内閣人事局が各省の審議官級人事までを差配する現在とは異なり、当時は次官、官房長及び人事課長が人事職務の全般を事実上三名で受け持っていた。とはいえ、当時も「主要国の大使や次官級のポストについては総理まで、そして局長級以上は外務大臣まで、必ずご報告することになっていた」。

人事課長は課長及びそれ以下の案を作成し、局長級以上については次官と官房長から指示があれば案を出すという形であった。局長級以上については、次官が主要国大使や後任の次官及び外務審議官について、官房長が局長クラスを見る、という役割分担が藤井の人事課長及び官房長時代の進め方であったという。

人事以外では外務省の定員増強も課題であった。外交権を停止されたこともあって、占領期に戦中と比べて約半分にまで定員が削減された影響もあり、外務省にとって定員増強は悲願とも言うべき課題であった。藤井の人事課長時代一九八〇年に三四八三名であった外務省の定員は、現在では六〇〇〇名を超えている。この四〇年でそれだけ国際社会における日本の役割が増しているということなのだろう。その他人事課長時代には、外交官試験の見直し、外部人材の登用、外務省殉職者の顕彰像設置といった課題に取り組んだ。

藤井は一九八八年一月に官房長に就任する。人事課長の経験もあり、「官房長にとって最大のエネルギーは人事に注がれた」が、官房長は大臣官房のトップであり、人事以外にも総務、会計、国会関係、その他の特定案件などの職務を抱えていた。

特定案件で藤井が力を入れたのは、昭和天皇を送る「大喪の礼」と竹下登内閣の対外的な看板となる国際協力構想の二つである。

「大喪の礼」はいわゆる弔問外交の舞台でもある。就任したばかりのブッシュ米大統領を含む世界一六四ヵ国、二七の国際機関から約七〇〇名が参列し、一五〇〇人に及ぶ外国人記者も駆け付けた。ロジの事務量は膨大である。かつて北米第一課長在任中、昭和天皇訪米に心血を注いだ藤井は、官房長として「大喪の礼」に際して外務省全体がうまく回っているか目配りする立場となった。

国際協力構想は竹下に本格政権が期待される中で打ち出された。

中曽根の後を継いだ竹下は、所信表明演説で「世界に貢献する日本」という外交姿勢を掲げた。とはいえ竹下は、蔵相経験はあったものの、国際派ではなく国内の利害調整に長けた政治家であった。竹下が掲げた「世界に貢献する日本」というフレーズは、前年の臨時国会冒頭の所信表明演説で前任者の中曽根康弘が用いたもので、それをいかに具体的な政策構想として形にするかが問われた。

一九八七年一一月に行われた竹下訪米は、藤井にとって北米局長として最後の仕事となった。この訪米に際して藤井が作成した文書には次のように述べられている。「日米関係は極めて重大な局面に差しかかっており、今日本がすべきことは、「米国から言われたから」という発想からではなく、日本自身の判断と負担において国際社会の政治的安定と経済的繁栄のために果たすべき責任と役割をみずから進んで果たすことである。そうすることが米国の対日信頼感を深め、日米関係の安定化につながる」。この認識が三本柱からなる国際協力構想に結実する。

三本柱とは、「平和のための協力強化」「政府開発援助の拡充」「国際文化交流の強化」である。外務省関係者は「平和のための協力強化」を特に重視していた。具体的には国際安全保障の分野における人的協力が焦点である。

その背景にはもちろん日本の経済大国化とゴルバチョフ登場後の米ソ関係の改善があったが、より具体的な二つの事情が存在した。一つはカンボジア和平である。一九七〇年代末の「福田ドクトリン」以来、日本はＡＳＥＡＮ諸国とインドシナ諸国を橋渡しするための地道な取り組みを続けていた。カンボジア和平が達成されればＰＫＯが組織されることになり、アジアの地域大国として日本には相応の貢献が期待される見込みであった。

もう一つは、ペルシャ湾の安全航行問題に関する苦い記憶である。一九八七年夏、イラン・イラク戦争に際してイランがペルシャ湾に機雷を敷設した。原油輸送の要となるペルシャ湾の航行が難しくなれば世界経済は大混乱に陥る。世界の平和が自国の繁栄の前提となる日本にとって無視し得ない問題である。欧米諸国は軍艦を派遣していた。日本としていかに取り組むかが問われていた。

前者にアジア局審議官として、後者に北米局長として藤井は関与した。とりわけ藤井が力を入れたのがペルシャ湾の問題であった。具体的にはまず海上自衛隊の掃海艇派遣が検討され、これが頓挫すると海上保安庁の巡視船派遣が俎上に載せられた。橋本龍太郎運輸相は了承したが、中曽根内閣の柱石であった後藤田正晴官房長官は強硬に反対した。藤井は「私にとってこの出来事は、次の竹下登内閣において「世界に貢献する日本」という日本の姿勢を打ち出していくことの必要性を強く感じさせるものであった」と振り返る。

竹下の所信表明演説から約半年間の全省的な検討を経て国際協力構想はまとまる。ヨーロッパ諸国への配慮もあり（アメリカの厳しい対日姿勢に隠れていたものの日欧間の経済摩擦も深刻であった）、構想の全体像と国際文化交流については、一九八八年五月、竹下訪欧時にロンドンで公表された。翌六月に、平和のための協力の詳細を国連軍縮特別総会で、政府開発援助に関してはトロントで行われた主要国首脳会議で説明するという周到な計画であった。

三本柱はそれぞれに冷戦後の日本外交の課題を先取りしたものだが、残念ながらリクルート事件によって竹下が退陣し、推進力を失うことになった。平和のための協力の隠れた狙いの自衛隊海外派遣は竹下であっても難航したであろう。それでも湾岸危機時の混乱を考えると、盤石の党内基盤と野党とのパイプを持つ竹下が政権を担い続けていれば、よりスムーズに国際安全保障への参画という課題に対処できたように思われる。竹下の後を継いだ宇野宗佑と海部俊樹両首相も国際協力構想を掲げてはいたものの、いずれも本格政権とはほど遠く、また本人が打ち出したのではない政策構想はインパクトに欠ける。外交力の強化という観点から見て長期政権が望ましいことは明らかだろう。

その他に、藤井は官房長として、「個別案件処理に追われている職員を、広く、かつ歴史的な視野から目先の外交を考える方向に」持っていきたいと考えていた。そこで、日本国際問題研究所の人的及び予算面での強化、『外交フォーラム』の創刊に取り組んだ。『外交フォーラム』の編集は『中央公論』時代に高坂正堯や永井陽之助らを論壇に送り出した粕谷一希に託された。後年まで続いた粕谷との付き合いは、本書に再録された追悼文をご覧頂きたい（二八一－二八四頁）。

官房長を退任後、一九八九年八月に藤井はＯＥＣＤ代表部に特命全権大使として赴任する。

ＯＥＣＤは、アメリカの大規模な対ヨーロッパ援助であるマーシャル・プランの受け入れのために設置されたＯＥＥＣ（ヨーロッパ経済協力機構）が役割を終えた後、アメリカ及びカナダを加える形で改組された国際機関であり、前述の通り、藤井も若手事務官時代に日本の加盟に向けて尽力した。

ＯＥＣＤの役割はその時々で変化しているが、藤井によれば二つの基本的な座標軸があったという。一つは「市場経済体制を奉じる「西側」という立場」、もう一つは「開発途上国への援助を供与する先進国としての「北側」としての立場」であった。冷戦終結が視野に入り、ＯＥＣＤではその役割が再検討されていた。その際、西欧諸国の代表が対東欧支援を「ＯＥＣＤは主体的に進めるべき」と強く主張したのに対し、藤井は「それは大いに結構だが、同時に経済発展により先進国へ移行しつつあるような途上国の国々にも目を向け、これを支援することも大事であって、アジアにおいても韓国など加盟国の拡大も考えられるのではないかと提案した」。当時の日本は非欧米諸国で唯一の先進国であり、アジア諸国の声を代弁し、欧米諸国とは異なる視座を提供することは外交力の強化に通じるものであった。

また、ＯＥＣＤ大使としては、次項で詳述するように前任者からの継続的な取り組みであったＯＥＣＤ事務次長を一名増員し、そこに日本人を充てる構想を実現に導いた。敗戦国として歩みを始めた日本が国際社会で一定の地位を得るために関係者が行った地道な努力の成果と言えよう。

パブリック・ディプロマシーの取り組み

アメリカ及びアジアとの関係、そして外交力の強化と並ぶ藤井の活動の柱はパブリック・ディプロマシーの実践である。

藤井は様々な局面で広報を重視してきた。昭和天皇訪米に際しても事前広報に力を入れ、単独会見を含めて七回にわたってアメリカのプレスとの会見が設定された。また在米大使館在勤時の大平訪米では、ホワイトハウスでの公式行事の前日に『ワシントン・ポスト』紙と大平の単独会見をセッティングするなど、情報を一方的に伝えるだけでなく、より効果的に要路を押さえる努力をした。しかしながら、藤井の現役時代の動きは広報に留まるものではなくパブリック・ディプロマシーの側面を視野に入れたものであった。

それを振り返るためには、パブリック・ディプロマシーについて改めて考える必要がある。人口に膾炙しているものの「パブリック・ディプロマシー」という言葉を定義するのは難しい。担い手は必ずしもパブリック・セクターに限られるわけではないが、外務省は「広報文化外交」の一環と位置づけ、現在の体制では外務報道官・広報文化外交組織の広報文化外交戦略課がパブリック・ディプロマシーの実施を担っている。

政権による違いもあるが、その実態は一方向的な対外広報が中心であり、場合によってはプロパガンダに近いものもないわけではない。だが、本来のあるべき姿は対外的なパブリック・リレーションズ（PR）にあるのではないだろうか。すなわち、一方的な発信に終始したり、自国に都合の良いイメージを相手に印象づけようとしたりするのではなく、パブリック・ディプロマシーを進める過程で自らのあり方を模索し、諸外国との関係の中でアイデンティティを再発見することである。

本書で紹介される藤井の取り組みは、日本文化の対外発信や広報に加えて、本来あるべきパブリック・ディプロマシーの実践であった。国際交流基金や森アーツセンターでの活動に限らず、大使時代にもそれは言える。国家を代表する外交団の長である特命全権大使には様々な役割が求められる。移動手段や通信手段が発達した現在、パブリック・ディプロマシーの実践は大使にとって最重要な職務の一つとなっているように思われる。

藤井のOECD大使時代に事務次長の増員及びそこに日本人を充てる構想が実現したことは前述したが、その際、具体的な構想の根回しに先立って前任の小和田恆大使が考案した一つの取り組みがあった。一九八九年一〇月、日本の加盟二五周年に当たるこの年、OECD理事会が東京で開催されることになった。理事会が本部のパリ以外で開催されるのは初めてのことであった。

OECD理事会メンバーにも「率直に言って日本異質論やリビジョニズムに近いイメージを抱いていた一面がある」と感じていた藤井は、これを機会に理事会メンバーの日本理解を深めることを狙っていた。OECD理事会の終了後には隅田川を屋形船で下る夕食会があり、さらに翌日には皇居で天皇皇后両陛下との引見が行われた。その後、一行は熊本、大分、京都、大阪を回った。「皇居の伝統と気品」に触れた後、熊本の泰勝寺で「自然と伝統文化との調和」を、大分のキヤノンの工場で「自然と最新鋭技術の調和」を見てもらうという流れである。日本国内はバブル景気の真っ只中にあり、対外的には貿易摩擦が経済摩擦に、さらには文化摩擦にまで発展したかの様相であったが、それに対処する過程で日本自身が自らのアイデンティティを見つめ直した格好と言えようか。

OECD大使在任中、パリには多くの要人が来訪した。官房長経験者として個人的に多くの国会議員を知っていたこともあり、藤井はできるだけ多くの議員を公邸やレストランで接待することにした。

「ＯＥＣＤから見た日本について説明を行うことも、私の役目かと考えていた」からである。

駐タイ大使を経て、一九九四年三月、藤井は駐英大使としてロンドンに赴任した。それまでアメリカとの縁が深く、イギリス在勤経験も無く、本省でも担当したことがない赴任地で藤井は「英国中を回って講演をして歩く」ことにした。円高を背景に日本企業のイギリス進出が進みつつあり、「イギリス各地で日本に対する関心が大いに高まっている時期でもあった」ことも講演旅行を後押しした。日英関係といったテーマで講演を重ねつつ、藤井はイギリス各地で歴史を学び、そして日本を紹介して歩いた。

着任後間もない時期に行われた王立国際問題研究所（チャタムハウス）での講演では、「あえて「極東（Far East）」という用語を避け、「東アジア（East Asia）」という言葉を使った」。冷戦後の日本は「アジアと日本」から徐々に「アジアの中の日本」へと関係性を変えていくが、藤井の講演の背後にもそのような認識がうかがえる。なお、藤井はグレイトブリテン・ササカワ財団と大和日英基金という民間文化交流事業を担う、日英関係を支える二つの財団に外務省退官後も関与し、草の根レベルでの知的交流の推進に取り組んだ。

駐英大使時代に取り組んだ大きな案件の一つが戦時捕虜の問題である。第二次世界大戦中に日本軍に捕らえられたイギリス人捕虜は約五万人に及ぶ。「その人々の恨みは日英関係に暗い影を落としてきた」。戦後処理の課題であり歴史認識問題とも重なる戦時捕虜の問題は、一九九〇年代に入って再燃し、戦後五〇周年を迎える一九九五年に向けてますます深刻化すると見られた。藤井は館員と相談の上で、大使館を挙げて「正面からこの問題に取り組むことにした」。

藤井は、この問題には「法的処理」「謝罪」「和解」の三つの側面があると説く。法的処理はサンフランシスコ平和条約で決着済であったが、これを確実なものとするために、戦時捕虜問題の解決に「民間資金を活用するという英国政府及び日本側の一部にあった考え方を断念させる」というのが戦略の一つであった。謝罪については、終戦五〇周年を機会に村山富市総理大臣による謝罪を求める意見具申（在外公館長としての本省への意見表明）を行った。これらを前提としつつ、人の気持ちに関わる最も難しい和解に取り組んだ。

在英大使館の和解に向けた活動は入念かつ慎重に進められた。第一歩は大使を含む館員と元捕虜の直接接触である。なお、このような前例のないことを本省に請訓すると「否定的な、あるいは条件付きの指示」が来る可能性がある。藤井は、「本省には相談せずに、あくまで私の責任の上で行動していくことが肝要」と考えて対応を進めた。香港総領事以来の経験が生かされている。

この問題に対処する際の分かれ道となったのはイギリス側の姿勢であった。かつてメージャー首相が述べた民間による補償という案をイギリス政府は取り下げた。これによって「法的処理」という問題が蒸し返される可能性が無くなったことが、和解に進む大きなポイントとなった。イギリス政府が「法的処理」の側面について日本側と一致した対応を取らなければ、問題が燻り続けるからである。藤井は「戦後処理といういわば後ろ向きの問題の解決のためには、日英関係の積極面を日英両政府が協力して創出し、英国の国民に対しても広報することが大切である」と考え、一九六九年九月の「日英行動計画」に結実する日英関係の深化に向けた働きかけを開始した。

一九九五年を迎えて戦時捕虜問題は深刻化の一途を辿ったが、入念に進められた準備もあり、八月一五日を境に落ち着きを見せるようになった。民間団体とも協力して進められた日英間の和解に向けた取り組みは、藤井の大使退任後も継続的に行われている。

なお、藤井は「日本国内であまり報道されず、日本の国内問題とならなかったこと」が幸運だったとふり返る。「もし日本で政治家が不用意な発言でもしようものなら、英国においては火に油を注ぐようなことになることは間違いないと思ったからである」。第二次世界大戦が遠い過去となる中で、歴史認識問題の「解決」はますます難しくなっているが、日英間の和解の経験はその解決の道筋の一つを示唆しているように思われる。

一九九七年一二月、駐英大使を最後に藤井は外務省を退官する。退官後の活動も多岐にわたったが、その柱となったのはパブリック・ディプロマシーである。藤井は退官後間もなく国際交流基金の理事長に就任し、二〇〇三年九月まで務めた後、森アーツセンターの理事長となる。

外務省が所管する国際交流基金は、福田赳夫外相のイニシアティブで一九七二年に設立された、文化・芸術交流、日本語教育、日本研究、知的交流、草の根交流等を総合的に支援する機関である。藤井の在任中は、アジア地域を中心にしつつ世界各国との文化交流事業が進められた他、横浜トリエンナーレの開催が大きな案件であった。これまでも皇室との縁が続いた藤井は、国際交流基金の職員でもあった高円宮と出会う。基金在任中、四七歳の若さで倒れた高円宮との想い出は本文で詳述されている（二六八―二七三頁）。

六本木ヒルズにある森美術館等を統括する森アーツセンター理事長就任のきっかけとなったのは、駐英大使時代に森ビルの事実上の創業者だった森稔との出会いである。「一九九七年一〇月、ロンドンから日本へ帰ってみると東京の街はあまりにもみすぼらしく、無味乾燥であった」と藤井は振り返る。「失われた二〇年」とも言われ、停滞ばかりが強調されるが、平成の後半に入り、確かに東京の街は大きく変わった。それを象徴するのが六本木ヒルズであろう。東京の顔の一つである六本木ヒルズだが、ビジネスフロアの上に森美術館やアカデミーヒルズといった文化施設が置かれている。「文化の時代」を掲げた大平の理念は、形を変えつつ、実現しつつあるのかもしれない。

日本外交の将来に向けて

今日、世界は戦後体制の終わりの始まりを経験しつつあると思う――本書の終章はこの一文に始まり、「後続の人々」に向けたメッセージで結ばれる。その末尾、一七項目に及ぶ「外交官の心構え」の最後は次のように結ばれる。「外交官の財産は、結局思い出」。この解説では十分に触れられなかったが、本書には藤井の外交官としての努力や経験だけでなく様々な思い出も綴られている。

政治家であれ官僚であれ経営者であれ、責任ある立場にいる実務家には、冷静な現状認識と共に明るい未来への確かな見通しと努力が求められる。敗戦直後のどん底にあって「戦争に負けて外交に勝った歴史はある」と言い放った吉田茂が道筋をつけ、復興、高度経済成長を経て経済大国となったのが「戦後日本」である。

「失われた二〇年」とも言われるように、日本の相対的な経済力のピークは一九九〇年代半ばであり、二〇一〇年には世界第二位の経済大国の座を中国に譲り渡した。敗戦国として国際社会への復帰を目指した過去とは異なり、未来に向けて、将来に向けた展望を主要国としていかに描くかが問われている。「今後の日本にとってまず求められるのは、世界と日本の進むべき方向に関し、自らの大まかなビジョンを意識的に形成してゆく構想力である」と藤井は説く。

藤井の外交官生活を通して常に念頭にあったのは、入江昭『日本の外交――明治維新から現代まで』（中公新書、一九六六年）の次の一節だという。

近代日本外交の……自国の国防と経済発展に専心しようとする傾向は、他国の外交が同じような特徴を示し、国際関係が比較的穏やかな場合には多大の成果を収めたが、そうでない場合には多大の不安感をかもし出し、日本の外交を深刻な危機に直面させるのがつねであった。

中国の台頭や米英両国を筆頭とする先進諸国の混乱もあって二一世紀の国際秩序の行方は定かではない。日本も長く続く経済的な停滞に少子高齢化に歯止めがかからない状況が続いている。逆境にあって、日本はどのような国家として国際社会の中で歩んで行くのか――。グローバル化が進む中、それは必ずしも外交官だけに問われているのではない。民主主義の時代に国民の理解なく外交を推し進めることは不可能である。

「後続の人々」が日本の歩みを考え、そして未来を展望していくための貴重な手がかりが本書には記されている。

編者あとがき

本書は、元駐英大使の藤井宏昭氏へのインタビューをもとに、藤井氏自らが執筆した原稿を加えて、一般読者向けの回想録として再構成したものである。藤井氏へのインタビューは、六本木ヒルズにある森アーツセンターの理事長室において、二〇一七年一一月から二〇一八年八月まで八回にわたって行われた。

藤井氏は、その外交官としての人生において、戦後史の数多くの重大な出来事に直接関わってきた。最初に配属された在米大使館勤務時代には、一九六〇年一月のホワイトハウスでの新日米安保条約の調印式の場に立ち会っている。また、一九七一年には大平正芳外相秘書官として日中国交正常化の現場に立ち会い、さらには一九七五年には北米第一課長として昭和天皇御訪米を担当された。その後の一九八三年からは香港総領事として中国返還に揺れる英中関係を観察していた。また中曽根康弘政権下の北米局長時代には、いわゆる「ロンヤス時代」の緊密な日米関係を背後で支えた。

それ以外にもカンボジア和平に関与した駐タイ大使時代や、戦後和解に尽力した駐英大使時代と、まさに昭和から平成に移る時代の日本外交を、その中心で支えてきた。それゆえ本書を読むことで、戦後初期から現在に至るまでの日本外交の推移を、当事者の視点から概観することができる。そして、その合間に描かれる魅力的なエピソードの数々が、激動の歴史をよりいっそう生き生きとした臨場感に溢れるものにしている。

本書をお読みになった読書の方々は、藤井氏が次々と歴史の重要な局面に居合わせて、それを観察し、さらには関与していく様子を追体験することになる。たとえば、本書の第一章は次のような言葉から始まる。「物心ついて最初の忘れ得ぬ記憶は二・二六事件である」。一九三三年に東京の三宅坂で生まれた藤井氏は、自宅が陸軍省の隣にあったことから、青年将校達によって引き起こされたあの事件の一幕を目の当たりにする。一九三六年二月二六日、藤井氏が三歳のときに、陸軍の青年将校の一部が決起して、いわばクーデタを起こそうとしたとき、彼らの一部は藤井氏の自宅の前に陣取った。彼らへの同情を示した父は、青年将校に食事やお酒をふるまったという。幼い藤井氏はこのときに目の前で何が起こっているのか分からなかったようだが、後日、藤井家の書生や姉からその始終を聞いたらしい。そして藤井氏は、次のように綴る。「この幼少の記憶が「日本はなぜあの無謀な戦争へ突入して行ったのか」という私の一生の疑問に通じる」。

そして、都立一中に進学してからの藤井少年の毎日は、文学への情熱によって彩られるようになる。入学直後に、後に芥川賞作家となる柏原兵三と出会い、無二の親友となった。柏原の『長い道』という青春小説は、後に『少年時代』という漫画、そして映画となって広く知られることになる。そして、もう一人の文学を愛する同級生の江頭淳夫、のちの江藤淳ともこの一中時代に出会っている。熱く文学を語り合い、未来の希望を描く旧制中学時代の回想には藤井少年の息吹を感じ、青春文学を読むような心地よさを感じるであろう。

東京大学教養学部から外務省に入省した後も、藤井氏は数々の魅力的な人物と出会い、また重要な歴史の現場に立ち会う運命になった。アマースト大学留学を終えた藤井氏は、その後ワシントンＤＣの在米大使館で、外交官補としての勤務を始める。大使公邸で行われた天皇誕生日レセプションで、藤井氏はエレガントなスーツに包まれた若き一人のアメリカ人政治家と出会う。ジョン・Ｆ・ケネディ上院議員である。日本の国会議員に、この若き情熱的な上院議員を紹介する際に、藤井氏は将来を予見して、「次の大統領になる方です」と述べたという。その翌年、実際にケネディ氏は大統領選挙に出馬して勝利を収め、大統領に就任した。そのような藤井氏の外交官としての勘の鋭さ、そして物怖じしない行動力は、退官される時まで繰り返し示されることになる。

外交官時代の藤井氏の活動については、戦後日本外交史が専門の白鳥潤一郎氏が記し、本書に所収されている解説で鮮やかに示されている。そこであまり触れていないことで、一点付け加えたい。それは、都立一中時代の文学少年であったとき以来の、文章への愛着である。この外交回想録でも、まるで文学作品を描くかのように、藤井氏は自らの過ぎ去った日々を流麗な文章で綴っている。一中時代の盟友、柏原兵三と江藤淳の両氏が文学の道に進み、それを職業として成功したのに対して、オノレ・ド・バルザックのオマージュとして「ヒロアキ・ド・ミヤケザカ」と自称していた藤井氏は、それとは異なる職業を選択した。外交官である。

藤井氏は語る。「自分に才能のないことを悟り、文学からは意識的に離れることとした」。しかしながら外交官は、武器の力ではなくて、筆の力により目的を追求する職業である。たとえば、昭和天皇訪米の際にホワイトハウスでのスピーチ原稿を綴る際に、さらには駐英大使として戦後和解を実現するための最も相応しい文章表現を選ぶ際に、そのような藤井氏の文章に対する愛情とこだわりが存分に発揮された。かつて、「ヒロアキ・ド・ミヤケザカ」を名乗った藤井氏の文学への愛情は、国境を越えた人と人のつながりを豊かにする上で、思わぬかたちで活かされている。文学とは、人の心に浸透するための力を与える。藤井氏が着任したイギリスの外交官で、文学を愛する者が多いのは、それゆえではないか。

戦後日本の多くの外交官は、法学部出身であって、学生時代に文学や哲学に傾倒する者は少数派ではないだろうか。そのことはまた、日本外交における修辞の豊かさの欠如にも帰結する。政治や外交において言葉は重要な位置を占めている。どのような言葉を、どのような表現により包み込むかで、相手の心情に浸透する程度は異なるであろう。そのような文化や文学を愛する藤井氏が、外務省退官後に国際交流基金理事長や、森アーツセンター理事長の要職に就くことは、おそらく自然なことであった。そしてそのような文化や文学への愛情は、戦後の日本外交に重要な精神を提供したのではないだろうか。それは、『外交フォーラム』（現在では『外交』として、都市出版から定期的に刊行されている）という、外交専門誌の発刊に携わり、その編集長に著名な文人でもある旧知の粕谷一希氏を就かせたことにも示されている。

そのような認識もあって、グレイトブリテン・ササカワ財団の理事として、また日英グローバルセミナーの参加者として藤井氏とご一緒させていただく中で、是非ともこれまでの外交官としてのご経験を回想録としておまとめになることへの強い要望をお伝えした。存命の方々へのご配慮などからも、当初は躊躇していた藤井氏も、あくまでもご自身の描きたいことを中心に描くということを前提に、インタビューをもとにして、藤井氏が大幅に自らの言葉にするよう手を入れることで、回想録をおまとめになることにご同意いただいた。その果実が、本書である。その刊行をとても嬉しく感じている。とても誠実なお人柄で、またつねに正確さを求められるご姿勢からも、藤井氏は本書をまとめるに際して、ご自身の記憶に頼るのみならず、ご自身が保管していた各種の資料や、外交史料館に保管されて閲覧可能な外交記録など、膨大な量の資料を参照してご自身の外交官としての活動の内容を確認されておられた。また同時期に活動をされていた他の外交官の方々の回想録などに目を通して、他の方の視点ではどのようにその出来事が映っていたのかを参照されていた。したがって、流麗な文章で綴られた一つの「文学作品」である側面と、可能な限り正確を期そうとする価値ある外交記録ともなっている。

本書のもととなるインタビューには、基本的に、白鳥潤一郎氏と山本みずき氏、そして私はほぼすべての回に参加した。また、昇亜美子政策研究大学院大学客員研究員、および藤山一樹日本学術振興会特別研究員のお二人には、その一部に参加していただき貴重なご協力をいただいた。記して感謝申し上げたい。

本書を刊行する上では、吉田書店の吉田真也氏には、最良のご助力をいただいた。すでにいくつもの優れた外交回想録を刊行した経験のある吉田氏には、インタビュー記録と藤井氏が綴った原稿、そしていくつかのすでに書かれている文章などを組み合わせて、一つの書籍にまとめていく上で、鮮やかな作業を行っていただいた。記して感謝申し上げたい。

現職の外交官、外交官を目指す学生のみなさん、さらには戦後史や国際政治に関心を有する一般読者の多くの方々が本書を手にとっていただき、「国際社会において、名誉ある地位を占めたいと思ふ」

という藤井宏昭氏が大切にする精神が、より広く共有されていくことを期待したい。

二〇二〇年三月

編者を代表して　細谷　雄一

藤井宏昭　略歴

1933（昭和8）年　8月21日	東京にて出生
1955（昭和30）年 10月	昭和30年度外交官領事官試験合格
1956（昭和31）年　3月	東京大学教養学部中退
1956（昭和31）年　4月	外務省入省
1958（昭和33）年　6月	米国アマースト大学卒業
1971（昭和46）年　5月	国際連合局経済課長
1972（昭和47）年　7月	外務大臣秘書官事務取扱
1974（昭和49）年　8月	経済協力局技術協力第二課長
1975（昭和50）年　1月	アメリカ局北米第一課長
1976（昭和51）年　7月	在アメリカ合衆国大使館参事官
1979（昭和54）年　8月	大臣官房人事課長
1981（昭和56）年　9月	アジア局参事官
1981（昭和56）年 12月	アジア局審議官
1983（昭和58）年　9月	香港総領事
1985（昭和60）年 11月	北米局長
1988（昭和63）年　1月	官房長
1989（平成元）年　7月	駐OECD代表部特命全権大使
1992（平成4）年　5月	駐タイ国特命全権大使
1994（平成6）年　2月	駐英国特命全権大使
1997（平成9）年 12月	国際交流基金理事長
2003（平成15）年 10月	国際交流基金顧問
2004（平成16）年　3月	森ビル株式会社特別顧問
2004（平成16）年　4月	森アーツセンター理事長

【ま行】

【や行】

【た行】

【さ行】

【か行】

主要人名索引

【編者紹介】

細谷 雄一（ほそや・ゆういち）

1971年生まれ。慶應義塾大学大学院法学研究科政治学専攻後期博士課程修了、博士（法学）。
慶應義塾大学法学部教授
著書に、『倫理的な戦争――トニー・ブレアの栄光と挫折』（慶應義塾大学出版会、2009年）、『外交――多文明時代の対話と交渉』（有斐閣、2007年）など。

白鳥 潤一郎（しらとり・じゅんいちろう）

1983年生まれ。慶應義塾大学大学院法学研究科政治学専攻後期博士課程修了、博士（法学）。
放送大学教養学部准教授
著書に『「経済大国」日本の外交――エネルギー資源外交の形成 1967～1974年』（千倉書房、2015年）、共編著に『朝海浩一郎日記　付・吉田茂書翰』（千倉書房、2019年）など。

山本 みずき（やまもと・みずき）

1995年生まれ、慶應義塾大学大学院法学研究科政治学専攻修士課程修了、修士（法学）。

慶應義塾大学大学院法学研究科政治学専攻後期博士課程在籍中

【著者紹介】

藤井 宏昭（ふじい・ひろあき）

1933年生まれ。東京大学教養学部中退、1956年外務省入省。北米局長、官房長、駐OECD代表部大使、駐タイ大使、駐英大使等を歴任。1997年退官。国際交流基金理事長などを経て、現在、森アーツセンター理事長。

国際社会において、名誉ある地位を占めたいと思ふ
藤井宏昭外交回想録

2020年5月15日　初版第1刷発行

著　者　藤井宏昭
編　者　細谷雄一
白鳥潤一郎
山本みずき
発行者　吉田真也
発行所　合同会社吉田書店
102-0072　東京都千代田区飯田橋2-9-6 東西館ビル本館32
TEL：03-6272-9172　FAX：03-6272-9173
http://www.yoshidapublishing.com/

装丁　野田和浩
DTP　閏月社
印刷・製本　藤原印刷株式会社

定価はカバーに表示してあります。

©FUJII Hiroaki, 2020

ISBN978-4-905497-86-8

吉田書店刊

元国連事務次長　法眼健作回顧録

法眼健作 著

加藤博章・服部龍二・竹内桂・村上友章 編

カナダ大使、国連事務次長、中近東アフリカ局長などを歴任した外交官が語る「国連外交」「広報外交」「中東外交」……。　2700 円

回想　「経済大国」時代の日本外交――アメリカ・中国・インドネシア

國廣道彦 著

中国大使、インドネシア大使、外務審議官、初代内閣外政審議室長、外務省経済局長を歴任した外交官の貴重な証言。「経済大国」日本は国際社会をいかに歩んだか。
解題＝服部龍二、白鳥潤一郎　4000 円

元防衛事務次官　秋山昌廣回顧録――冷戦後の安全保障と防衛交流

秋山昌廣 著

真田尚剛・服部龍二・小林義之 編

激動の 90 年代を当事者が振り返る貴重な証言。日米同盟、普天間基地問題、尖閣諸島、北朝鮮、新防衛大綱、PKO, 阪神・淡路大震災、オウム真理教事件……。　3200 円

井出一太郎回顧録――保守リベラル政治家の歩み

井出一太郎 著

井出亜夫・竹内桂・吉田龍太郎 編

官房長官、農相、郵政相を歴任した“自民党良識派”が語る戦後政治。巻末には、文人政治家としても知られた井出の歌集も収録。　3600 円

戦後をつくる――追憶から希望への透視図

御厨貴 著

私たちはどんな時代を歩んできたのか。戦後 70 年を振り返ることで見えてくる日本の姿。政治史学の泰斗による統治論、田中角栄論、国土計画論、勲章論、軽井沢論、第二保守党論……。　3200 円

佐藤栄作　最後の密使――日中交渉秘史

宮川徹志 著

1972 年、田中角栄によって実現した日中国交正常化。「99％までは、佐藤栄作の手で解決済みであった――」。謎の言葉を残して戦後史の闇に消えた、密使・江鬮眞比古（えぐちまひこ）の実像に迫る！　2900 円

定価は表示価格に消費税が加算されます。

2020 年 5 月現在